TOMA DE DEC
EN LA GER

CW01095338

Traducción: **Carlos Villegas García**
Revisión técnica: **Rodolfo E. Gutiérrez Martínez**
Licenciado en Psicología, UNAM
Diplomado en Psicología industrial y Psicología
social aplicada, Instituto de Psicología de la
Universidad de París
Doctor en Sociología, Universidad de
París-Sorbona
Profesor en la Facultad de Psicología de la
UNAM

TOMA DE DECISIONES EN LA GERENCIA

George P. Huber

EDITORIAL TRILLAS

México, Argentina, España,
Colombia, Puerto Rico, Venezuela

Catalogación en la fuente

Huber, George P.
    Toma de decisiones en la gerencia. -- 2a ed. --
México : Trillas, 1989 (reimp. 2007)
    247 p. : il. ; 23 cm.
    Traducción de: Managerial Decision Making
    Incluye bibliografías e índices
    ISBN 978-968-24-3155-5

    1. Administración. 2. Habilidad ejecutiva. I. t.

D- 658.403'H866t   LC- HD30.23'H8.8   1299

Título de esta obra en inglés:
Managerial Decision Making
Versión autorizada en español de la
primera edición publicada en inglés por
Scott, Foresman and Company
ISBN 0-673-15141-7

La presentación y
disposición en conjunto de
TOMA DE DECISIONES
EN LA GERENCIA
son propiedad del editor.
Ninguna parte de
esta obra puede ser
reproducida o trasmitida, mediante ningún
sistema o método, electrónico o mecánico
(incluyendo el fotocopiado, la grabación
o cualquier sistema de recuperación y
almacenamiento de información),
sin consentimiento por
escrito del editor

Derechos reservados en lengua española
© 1984, Editorial Trillas, S. A. de C. V.

División Administrativa
Av. Río Churubusco 385
Col. Pedro María Anaya, C. P. 03340
México, D. F.
Tel. 56884233, FAX 56041364

División Comercial
Calzada de la Viga 1132
C. P. 09439, México, D. F.
Tel. 56330995, FAX 56330870

www.trillas.com.mx

Miembro de la Cámara Nacional de
la Industria Editorial
Reg. núm. 158

Primera edición en español XL
ISBN 968-24-1547-0
Segunda edición en español XO
ISBN 978-968-24-3155-5
✧(OR, OM, OO, ST, SL)

Reimpresión, 2007*

Impreso en México
Printed in Mexico

Prólogo

La serie teoría y práctica organizacional se relaciona con la aplicación de investigaciones, teorías y técnicas administrativas contemporáneas. Hay muchos libros excelentes dirigidos a niveles avanzados de conocimiento, pero son pocos los que se refieren a la aplicación de tales conocimientos. Los autores de esta serie están debidamente preparados para este propósito, dado que todos son estudiosos con experiencia en la instrumentación de cambios en las organizaciones reales, mediante los métodos sobre los que escriben.

Cada volumen trata un solo tema en profundidad. Cuando se presenta la alternativa de tratar o bien muchos métodos en forma breve, o un solo método en detalle, se opta por la última. Así, después de leer la obra, el estudiante o el aspirante a gerente deberán saber aplicar la metodología descrita.

La selección de temas para la serie se basó en la importancia actual de las prácticas administrativas y en la disponibilidad de un autor experto, y a la vez capaz de escribir a un nivel básico de comprensión. En ningún momento se pretende cubrir todos los métodos de la administración, tampoco hay una secuencia implícita en la serie, aunque los libros se complementan entre sí. Por ejemplo, los métodos de cambio podrían ajustarse perfectamente bien a la administración por objetivos.

Los libros de la presente serie pueden utilizarse de diversas formas; por ejemplo, para complementar libros de texto en cursos básicos sobre administración, comportamiento organizacional, psicología y sociología industrial o del personal. Los estudiantes se darán cuenta de que el material resulta aplicable en forma inmediata. Los gerentes podrán utilizar cada libro para incrementar sus habilidades, ya sea por medios autodidactas o con el apoyo de programas de desarrollo gerencial tanto dentro como fuera de la organización.

ALAN C. FILLEY

Prefacio

¿Es muy importante la toma de decisiones en la administración? Peter Drucker afirmó en uno de sus libros más relevantes que la toma de decisiones es "la primera habilidad administrativa". Charles Kepner y Benjamin Tregoe, cofundadores de una destacada firma de asesoría, opinan que "Ningún buen gerente necesita que lo convenzan de que el análisis del problema y la toma de decisiones son las cosas más importantes que hace... El éxito que consiga prácticamente depende de que haga bien estas cosas". David Miller y Martin Starr, profesores de administración en la Columbia University y autores reconocidos en el campo de la administración, se han referido a la toma de decisiones como "la principal responsabilidad y función del gerente", y han observado que a los gerentes se les "considera y evalúa en términos del éxito que alcanzan en su toma de decisiones".[1]

El autor está convencido, como resultado de su experiencia como gerente industrial, como administrador en instituciones educativas y como asesor gerencial, de que estas afirmaciones ilustran en forma precisa la importancia de la toma de decisiones para el profesional de la gerencia. Sin embargo, aun cuando se desempeñe una función más modesta, no puede haber ninguna duda en absoluto de que la carrera y la vida de los que toman buenas decisiones son más provechosas, desde el punto de vista profesional, y más satisfactorias, desde el punto de vista personal, que la carrera y la vida de quienes no saben tomar decisiones. Los gerentes que saben tomar buenas decisiones dedican el tiempo a sacar provecho de los resultados de sus acertadas elecciones. Los gerentes que no saben tomar buenas decisiones gastan su energía en desanimar a los que están a su alrededor, a remediar errores y a apagar fuegos;

[1] Véase la bibliografía de la pág. 23.

además siempre dan la impresión de haber tenido "un día frustrante".

El presente libro trata de la toma de decisiones. Está dirigido a gerentes y futuros gerentes. Su finalidad es ayudarlos a mejorar sus decisiones y las de sus subordinados y colegas. Describe técnicas que cualquier persona puede utilizar para aumentar su capacidad actual en la toma de decisiones. Explica también la manera de decidir si debe utilizarse una técnica en particular, cuándo y cómo debe utilizarse. Es posible que varias de las técnicas que se presentan en este libro sean nuevas para la mayoría de los gerentes, pero es importante señalar que cada una de ellas se ha examinado a fondo y se ha visto que es útil *tanto* para investigadores *como* para futuros gerentes. Estas técnicas no son ni especulativas ni esotéricas, pues están probadas de manera práctica. Muchos de los ejemplos presentados en el texto se basan en informes de situaciones reales en las que se aplicaron dichas técnicas. Algunas de ellas no requieren habilidad aritmética en absoluto. Parte de las que se describen en los capítulos 4 a 7 requieren álgebra de escuela secundaria para poder ser aplicadas, pero la mayoría están en un punto medio. Para aquellos lectores que tienen aversión a las matemáticas, se presenta antes de cada una de las ecuaciones una oración que dice exactamente lo mismo que la ecuación, pero con palabras sencillas.

Como ya se mencionó, este libro se dirige a dos clases de personas: una de ellas es el gerente que desea mejorar su habilidad gerencial. El autor sabe lo que significa ser gerente, pues lo ha sido durante muchos años, y a través de la experiencia ha aprendido la importancia de tomar decisiones acertadas. También sabe cómo enseñar este tema a los futuros gerentes pues ha sido profesor en numerosos cursos breves sobre gerencia.

La otra clase de personas para las cuales se ha escrito este libro son los futuros gerentes, es decir, los estudiantes de escuelas superiores o de universidades. Creemos que el libro encaja perfectamente en las necesidades de estas personas. El material se ha enseñado tanto en cursos para la licenciatura como en los de posgrado, y esperamos tenerlo perfectamente acabado, pues la retroalimentación de los estudiantes así lo indica.

El libro se divide en tres partes. Los capítulos 1 y 2 comprenden la primera parte y, como presentan un panorama general de la toma de decisiones, integran los cimientos del resto del libro. La segunda parte trata del mejoramiento de las decisiones de los gerentes; contiene cinco capítulos, el capítulo 3 examina las dificultades inherentes a la evaluación correcta de la información que rodea a la toma de decisiones, en tanto que los capítulos 4 a 7 describen algunas técnicas analíticas fáciles de utilizar para superar estas dificultades y mejorar las decisiones. La tercera parte del libro se refiere al uso de comités, equipos de estudio y otros grupos de toma de decisiones o de auxiliares para ello; contiene cinco capítulos. El capítulo 8 analiza las dificultades con que se enfrentan los gerentes cuando intentan utilizar grupos que les ayuden en la toma de decisiones, en tanto que los capítulos 9 a 11 describen algunas técnicas fáciles de utilizar para mejorar la efectividad del grupo al superar estas dificultades. El capítulo 12 trata del pronóstico de las decisiones y de cómo se puede influir en ellas.

Durante los últimos meses en que trabajé en este proyecto, mi esposa y mis hijos fueron muy benévolos y comprensivos acerca de los inconvenientes que les causaron mis ausencias. Les agradezco esto profundamente.

Para terminar, debo decir que he disfrutado al escribir el presente libro. Espero que el lector disfrute también al usarlo.

GEORGE P. HUBER

Índice de contenido

TERCERA PARTE
LA TOMA DE DECISIONES GRUPAL

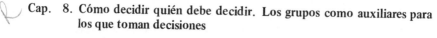

Primera parte

Panorama de la toma de decisiones y de la solución de problemas

1 ||||||| Introducción

Con el fin de ayudar a alcanzar el propósito general de la obra, mejorar las decisiones, el primer capítulo tiene tres funciones: 1. destacar la importancia que tiene para el gerente la toma de decisiones, 2. describir una fuente principal de conocimientos con la cual puedan contar los gerentes para mejorar sus decisiones, y 3. delimitar la naturaleza y el alcance del resto del libro.

¿POR QUÉ ESTUDIAR LA TOMA DE DECISIONES?

Dada la naturaleza competitiva de sus puestos, no nos sorprende que la mayor parte de los gerentes busquen activamente formas de reforzar su capacidad y habilidad administrativas para lograr un desempeño efectivo. Muchos de estos esfuerzos de autosuperación se dirigen al mejoramiento de las decisiones y de las capacidades de tomarlas. Abundan las pruebas de esto: existencia de centenares de empresas consultoras en administración en cualquier ciudad grande, inscripción de aspirantes a gerentes en cursos universitarios sobre toma de decisiones, conversaciones de los mismos gerentes en reuniones profesionales o en reuniones sociales, etc.

¿Por qué existe tanto interés en el mejoramiento de la toma de decisiones a nivel gerencial? Parece haber por lo menos tres razones. Primera, la calidad y aceptabilidad de las decisiones de un gerente pueden ejercer una influencia considerable sobre su carrera profesional y sobre su satisfacción personal; la prueba del efecto positivo de este reconocimiento abunda en la práctica. Esta influencia se deriva del hecho de que si las decisiones suelen ser de baja calidad, o provocan resistencia por parte de los afectados por ella, entonces el gerente gasta sus energías en la frustrante tarea de remediar errores, en lugar de dedicarse a otras actividades más satisfactoras como sacar provecho a sus éxitos. Así, una razón por la cual la toma de decisiones es importante para los gerentes es que los resultados que se deducen de ellas afectan en forma directa tanto a su profesión como a sus remuneraciones y satisfacciones.

La segunda razón por la que los gerentes buscan mejorar su capacidad para la toma de decisiones es que la calidad y aceptabilidad de éstas afectan a la organización en cuyo nombre actúan. No hay duda de que las decisiones de un gerente tienen consecuencias sobre la realización de las metas organizacionales de la casa matriz, sobre la unidad que supervisa y sobre sus compañeros de trabajo. También, por este motivo, la mayor parte de los gerentes se sienten responsables del desarrollo de su capacidad para tomar decisiones.

La tercera razón deriva del hecho que la mayor parte del tiempo, un gerente se dedica a tomar decisiones, a supervisar su ejecución, o a ambas. El deseo de disminuir la cantidad de tiempo y esfuerzo que los gerentes emplean en tomar y en orientar decisiones es un fuerte motivador para buscar el mejoramiento de éstas. La efectividad de cualquier instrumentación de medidas depende muchísimo del acierto de una serie de decisiones gerenciales sobre cómo planificar, organizar, dotar de personal y controlar el esfuerzo de dicha instrumentación. Tal vez lo más importante es que este alto nivel de interés en mejorar la toma de decisiones se inspira únicamente en el problema percibido, el problema real es mucho mayor. El hecho es que muchas de nuestras decisiones son de calidad muy inferior a lo que creemos. [1] Una razón por la que no reconocemos su falta de calidad es que nuestras defensas —como por ejemplo nuestra habilidad para olvidar selectivamente nuestras "malas" decisiones y recordar las "buenas"— o nuestra habilidad para racionalizar y considerar que los resultados negativos se deben a acontecimientos incontrolables y que los positivos son consecuencia de nuestros actos; todo ello hace que creamos tener un rendimiento muy superior al que realmente tenemos. Si bien algunos de nuestros compañeros de trabajo señalarán nuestros errores, mucho más reforzarán nuestras falsas percepciones, ya sea porque ellos mismos participaron en la decisión tomada o porque no desean que actuemos en represalia y señalemos sus propios defectos.

Otra razón por la que no estamos conscientes de que la diferencia entre nuestro rendimiento real y nuestro rendimiento potencial es tan grande es que, en gran parte, no conocemos los métodos que pueden utilizarse para alcanzar una elevada proporción de decisiones de gran

---

[1] En esta obra, cuando nos refiramos a la calidad de las decisiones, utilizaremos la palabra "calidad" en su sentido más amplio, que abarca todos los criterios razonables, por ejemplo, la oportunidad y aceptación de todos aquellos que resultan afectados por la decisión.

calidad. Nuestra falta de conocimiento proviene de muchas fuentes: la falta de entrenamiento gerencial formal, la falta de asesoramiento por parte de un gerente experimentado en los métodos de toma de decisiones, y la participación en actividades de trabajo hasta el grado de impedir la intervención en actividades de autodesarrollo. En cualquier caso, todos nosotros tenemos un problema de rendimiento deficiente en lo que respecta a toma de decisiones, y algunos de nosotros lo padecemos en grado considerable.

La situación se representa en la figura 1.1, donde podemos ver que la diferencia real entre la calidad de la mayor parte de las decisiones y su calidad potencial, es mucho mayor que la diferencia percibida.

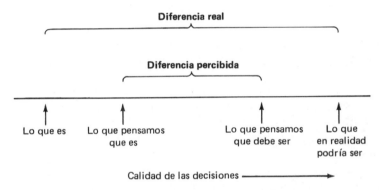

Figura 1.1. Diferencia entre calidad real y potencial de las decisiones.

Aunque resulta difícil para la mayoría de la gente admitir el grado en que su toma de decisiones necesita mejorarse, el que sea tan elevado el número de gerentes que buscan formas de desarrollar más plenamente su capacidad de toma de decisiones es un reconocimiento a su buen juicio. Estos gerentes no se sienten satisfechos si confían *sólo* en la experiencia, y son prudentes al proceder de esta forma. Alvar Elbing, al discutir el problema del enfoque de la toma de decisiones como una disciplina sistemática, explica el porqué:

La toma de decisiones es un proceso en el cual todo el mundo ha adquirido ya mucha experiencia... gran parte de esa experiencia ha tenido bastante éxito, por lo menos el suficiente como para conservarnos vivos y habernos traído a nuestra situación actual.

Sin embargo, en la toma de decisiones la experiencia pasada no garantiza la enseñanza de los mejores métodos posibles para... tomar decisiones y resolver problemas. El aprender a través de la experiencia es por lo regular casual. Además, aunque todos *aprendemos experiencias*, no hay garantía alguna de que *aprendamos de las experiencias*. De hecho, es posible aprender a detectar errores francos y a aplicar métodos de segunda categoría a partir de la experiencia, como a jugar golf sin tomar lecciones de un profesional. Lo mismo que sucede con el jugador de golf acontece con el gerente: sólo el entrenamiento sistemático le da la preparación necesaria para analizar correctamente situaciones, de manera que se pueda, de verdad, aprender de la experiencia en ellas (Elbing, 1970, págs. 13-14.)

Dada la importancia de tomar decisiones, no es sorprendente encontrar que gran parte del esfuerzo se dirige hacia su estudio y mejoramiento sistemáticos. Este trabajo lo realizan principalmente los científicos en las universidades, las grandes empresas y las firmas de consultores. Los resultados forman una base valiosa e importante de conocimiento, en particular cuando se someten a escrutinio para determinar su viabilidad en la gerencia.

LA INVESTIGACIÓN EN LA TOMA DE DECISIONES UNA FUENTE IMPORTANTE DE CONOCIMIENTOS

Con el fin de identificar el punto focal de la toma de decisiones y sus intereses comunes con otros factores dentro de ese campo, muchos investigadores —independientemente de su preparación en psicología, ciencias políticas, estadística o cualquier otra disciplina— se refieren a sí mismos como "científicos de la decisión". Por la conveniencia, aplicaremos este término a aquellos científicos que, al menos durante el periodo en que produjeron los resultados que nos interesan, estudiaban la toma de decisiones.

Por diversas razones, los científicos de la decisión han tendido a especializarse en diferentes secciones del campo general. Una de las más importantes es la que se denomina dicotomía "descriptiva-prescriptiva". Los científicos que están en el campo "descriptivo" se concentran en investigar cómo se toman las decisiones. Por ejemplo, desarrollan modelos o teorías para predecir cómo *cambiaría* de opinión una persona que toma decisiones a medida que dispusiera de nueva información. Por el contrario, los científicos que trabajan en el campo "prescriptivo" se concentran en el mejoramiento de las decisiones; intentan determinar un comportamiento de toma de decisiones. Por ejemplo, podrían utilizar la teoría estadística con el fin de determinar cómo *debería* revisar su opinión una persona que toma decisiones a la luz de información nueva.

Por tanto como resultado de esta división del campo general, se han desarrollado dos cuerpos separados de conocimiento. Uno trata con la forma en que se toman las decisiones y el otro con la forma en que pueden mejorarse éstas. El material de ambos cuerpos es muy importante para mejorar la toma de decisiones.

Utilizar las ideas y los conocimientos de la investigación orientada en forma descriptiva para predecir los procesos y resultados de las decisiones, permitirá al gerente tanto planificar de manera más efectiva partiendo de las decisiones de otros, como intervenir en forma más eficiente cuando estas decisiones sean equivocadas. Al hacer uso de los métodos y técnicas de la investigación orientada en forma prescriptiva como base para guiar los procesos de decisión, tanto propios como ajenos, el gerente estará en condiciones de lograr que haya una proporción mayor de decisiones de alta calidad.

Este libro se apoya sobre ambos cuerpos de conocimiento y describe las mejores técnicas desarrolladas hasta ahora para ayudar en la toma de decisiones.

NATURALEZA Y ALCANCE DEL LIBRO

Al discutir el alcance del libro, tal vez deberíamos explicar lo que entendemos por *toma de decisiones*. Este término se utiliza algunas veces para describir el reducido conjunto de actividades que entran en juego al escoger una entre varias alternativas disponibles. En otras ocasiones se utiliza para describir el amplio conjunto de actividades que entran en juego para encontrar e instrumentar un curso de acción. En el primer caso, la *toma de decisiones* se usa en lugar del término más específico pero menos familiar de *hacer una elección*[2]. En el segundo caso, se utiliza en lugar del término más amplio pero menos específico de *solución de problemas*.

El alcance o la definición de la *toma de decisiones* no ha sido un problema para los científicos de la decisión, probablemente debido a que la circunstancia o contexto en el cual se utiliza suele siempre aclarar el sentido. En este libro, utilizaremos los términos *elección* o *solución de problemas* para describir, respectivamente, los conjuntos reducidos o amplios de actividades a los que algunas veces se alude como toma de decisiones. Utilizaremos el término *toma de decisiones* para referirnos a una serie de actividades de magnitud intermedia. La figura 1.2 aclara estas distinciones, pues muestra que resolver un problema puede suponer muchísimas actividades, algunas de las cuales tienen lugar después de que se ha tomado una decisión. Por otra parte, una elección a partir de un conjunto dado de alternativas supone relativamente menos actividades.

El proceso de toma de decisiones comienza cuando se analiza un problema y termina cuando se ha escogido una alternativa. Es importante advertir que el alcance pleno de la toma de decisiones, tal como utilizamos el término en el presente libro, incluye el desarrollo de una

---

[2] *Choice making.* Para mayor claridad este término se manejará en el texto como "elección". (*N. del R.*)

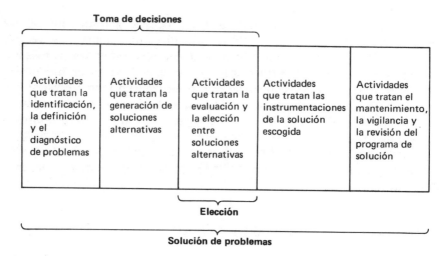

Figura 1.2. Alcance de las elecciones, de la toma de decisiones y de la solución de problemas.

total comprensión del problema. Por esta razón la figura 1.2 muestra cómo el proceso de toma de decisiones abarca algunas de las actividades relacionadas con la identificación, la definición y el diagnóstico del problema.

Según estas ideas, podemos definir la toma de decisiones como *el proceso a través del cual se escoge un curso de acción.*

Como reflexión final debemos señalar que no intentamos definir la elección como un proceso de alcance más limitado que el proceso de tomar decisiones, ni queremos distinguir "elección" de "decisión". Estas dos palabras se refieren, ambas, al resultado inmediato del proceso de toma de decisiones.

RESUMEN Y PANORAMA

En esta sección introductoria indicamos tres razones por las cuales la toma de decisiones reviste una considerable importancia para los gerentes: 1. afecta a las remuneraciones y satisfacciones derivadas de su profesión; 2. afecta a las vidas y los ingresos de la gente con la cual y para la cual trabaja; 3. consume una buena parte de su tiempo y de su esfuerzo. Todo ello ha provocado que muchos científicos se interesen por la toma de decisiones. Estos científicos tienden a adoptar en sus trabajos un enfoque o bien descriptivo o bien prescriptivo, pero en cualquier caso los resultados pueden utilizarse como base para mejorar la capacidad gerencial de toma de decisiones. Finalmente, discutimos el papel que asume la toma de decisiones en cuanto a elección y solución de problemas.

El siguiente capítulo está destinado a abundar en las bases sobre las cuales se fundamenta el resto del libro. Para ello se examina el proceso de· solución de problemas como el contexto en el cual se produce la toma de decisiones. También se describen algunos de los comporta-mientos contraproducentes o ineficaces en cuanto al costo, que todos tendemos a mostrar a medida que nos ocupamos de actividades que se relacionan con la solución de problemas. Las técnicas que se presentan en los capítulos subsiguientes nos ayudarán a superar estos comporta-mientos.

REFERENCIAS BIBLIOGRÁFICAS

Drucker, P. F., *Management: Tasks, Responsabilities, Practices,* Harper and Row, Publishers, Inc., Nueva York, 1973.

Elbing, A. O., *Behavioral Decisions in Organizations,* Scott, Foresman and Com-pany, Glenview, Ill., 1970.

Kepner, C. H. y B. B. Tregoe, *The Rational Manager,* McGraw-Hill, Inc., Nueva York, 1965.

Miller, D. W. y M. K. Starr, *The Structure of Human Decisions,* Prentice-Hall, Inc., Englewood Cliffs, N. J., 1967.

2 La solución de problemas. El contexto de la toma de decisiones

El presente capítulo trata de la solución de problemas. Sus propósitos son: 1. proporcionar una perspectiva amplia sobre el tema de la toma de decisiones, y 2. abundar en las bases sobre las cuales se fundamentan los capítulos siguientes.

El capítulo tiene seis secciones; la primera es sumamente breve y describe lo que entendemos por problema, cada una de las cinco restantes discute uno de los cinco pasos que intervienen en la solución de problemas. Antes de discutir estos pasos, vamos a definir lo que entendemos por problema.

¿QUÉ ES UN PROBLEMA?

Una definición válida podría ser: "ocurre un problema cuando hay diferencia entre la situación *real* y la situación *deseada*". Por ejemplo, existe un problema cuando el almacén tiene 70 unidades en existencia pero la orden del cliente es de 100 unidades, o cuando el personal del departamento es de 17 personas, pero el servicio que se necesita para atender a la clientela es de 25.

Como gerentes, continuamente nos enfrentamos con problemas. En un momento dado podríamos identificar probablemente muchas situaciones en donde existe una diferencia entre lo que tenemos y lo que queremos. Cuando una de estas situaciones llega a ser lo suficientemente seria como para exigir una acción de nuestra parte, podríamos denominarla problema *activo*. Por fortuna, muchos problemas, como los volcanes, no están activos. Por lo que no exigen nuestra atención. Todos los problemas que figuran en el presente libro serán considerados como problemas activos.

Por nuestra definición de lo que es un problema, podemos ver que para resolverlo un gerente tiene que cambiar o bien la situación real o la deseada. En muchos casos, cambiar la situación real significa aumentar el rendimiento, por ejemplo producir las 30 unidades adicionales que originan el problema de inventario descrito antes. En otros casos, significa persuadir a alguien para que cambie la situación real, por ejemplo hacer que otro de los almacenes de la compañía proporcione las 30 unidades que faltan.

En algunas circunstancias, el ponderar las ventajas e inconvenientes indicará si el problema puede "resolverse" en forma adecuada al cambiar la situación deseada en lugar de la situación real. Por ejemplo, podríamos pedir al cliente que ordenara 70 unidades ahora y las 30 restantes la semana siguiente (para cuando esperemos tener organizado un inventario aceptable). Este es un buen enfoque práctico para resolver un problema, a pesar de que existe un peligro al utilizarlo, ya que los deseos expresados por los demás involucrados pueden cambiar, mientras que sus deseos reales permanecen constantes.

Dado que los problemas pueden resolverse cambiando sea la situación real o la situación deseada, podemos definir la solución de problemas como *el proceso consciente de reducir la diferencia entre una situación real y la situación deseada.*

Teniendo presentes estas definiciones, vamos a tratar los cinco pasos que intervienen en la solución de problemas.

Estos pasos, así como las actividades incluidas en ellos, se resumen en la tabla 2.1. A medida que consideremos los pasos, examinaremos algunas de las tendencias reductoras de la efectividad, que las personas o los grupos frecuentemente muestran en el proceso general para la solución del problema. Nuestro propósito al examinar la naturaleza de este proceso, es obtener una perspectiva adicional sobre la toma de decisiones y continuar formando la base sobre la cual se construirán los capítulos siguientes. El primer paso se refiere a la naturaleza del problema.

ANÁLISIS DE LA NATURALEZA DEL PROBLEMA

Este primer paso incluye la identificación, definición y diagnóstico del problema y sus causas. Cuando se realiza en forma apropiada, ayuda a evitar "resolver el problema equivocado".

Para resolver un problema, debemos tener alguna idea tanto de la situación real como de la situación deseada. Los gerentes emplean diversos métodos en sus intentos para determinar la situación real; por ejemplo, leen informes de rendimiento, celebran reuniones para revisar el progreso realizado, o mantienen políticas de "puerta abierta". Con el fin de establecer la situación deseada pueden realizar encuestas

Tabla 2.1. Pasos en la resolución de problemas

---

1. Análisis de la naturaleza del problema. (Incluye las actividades que se relacionan con la identificación, definición y diagnóstico del problema).

2. Generación de soluciones alternativas. (Incluye las actividades que se relacionan con la generación de soluciones alternativas para el problema).

3. Elección entre soluciones alternativas. (Incluye las actividades que se relacionan con la evaluación y la elección entre soluciones alternativas).

4. Instrumentación de la solución escogida. (Incluye las actividades que se relacionan con la aplicación de la solución escogida).

5. Control del programa de solución. (Incluye las actividades que se relacionan con el mantenimiento, verificación y revisión de la solución instrumentada).

---

para estudiar la actitud de empleados y clientes, leer las regulaciones gubernamentales o conversar con sus superiores. En muchos casos, la información que se relaciona con un problema se obtiene sólo al detectar lo que piensan y sienten aquellos que están situados alrededor del gerente, ya que no necesariamente lo manifiestan.

Existen tres tendencias que a menudo interfieren con el análisis adecuado del problema:

1. *La tendencia a definir el problema en términos de una solución propuesta.* Por ejemplo, "el problema es que el departamento de relaciones públicas tiene menos personal del que necesita" esto hace que nos concentremos en una posible solución y se reduzca la probabilidad de que consideremos otras soluciones. El problema más importante puede ser que la organización necesite una imagen pública favorable. Visto de esta forma, existen varias soluciones posibles además del aumento de personal en el departamento de relaciones públicas. Posiblemente dicho departamento pueda utilizar diferentes estrategias de relaciones públicas; tal vez deba contratar a un asesor para determinar por qué la calidad de las actividades de relaciones públicas no es tan alta como desea la empresa. El peligro al definir un problema como la falta de instrumentación de una solución particular, es que reduce o elimina la búsqueda de otras soluciones que tal vez sean más satisfactorias.

2. *La tendencia a concentrarse en metas estrechas, de orden inferior.* Al identificar la situación deseada, un gerente puede concentrarse en metas estrechas y de orden inferior, sin embargo, los gerentes que ob-

tienen más éxito, o que tienden a promoverse en sus organizaciones, son los que tienen presente la necesidad de alcanzar metas más amplias, de orden superior. Por ejemplo, el aumento en el número de conglomerados en las últimas dos décadas ocasionó que muchos ejecutivos se dieran cuenta de que la meta de su organización no era producir y vender una línea particular de productos, sino más bien obtener beneficios en cualquier actividad legítima que pudieran emprender. En otros casos, y especialmente frente a acciones legales, se comprobó que ni siquiera ésta era una meta apropiada de orden superior. Más bien se trataba de sobrevivir al encontrar una coyuntura favorable en la situación económica o industrial del país en donde las restricciones impuestas por el gobierno, por los grupos de consumidores, por los competidores y los accionistas fueran, o bien satisfechas, o bien puestas en juego unas con las otras. Tal vez el reconocimiento más claro de las metas de orden superior se dio en el caso de la organización conocida como la "Marcha de los Dimes"[1] en la década de 1960. Después de haber contribuido de manera notable a vencer la poliomelitis, decidió no disolverse, sino colectar fondos para la investigación dirigida a superar los defectos de nacimiento. Como la meta original había sido alcanzada pudo verse claramente que en realidad "la" meta era de orden superior: sobrevivir como organización que servía para satisfacer las necesidades de sus miembros tanto de empleo como de tener la oportunidad para proporcionar servicios altruistas.

Aunque el alcanzar metas de orden inferior es un medio de alcanzar metas de orden superior, el gerente más sofisticado considera que la realización de metas de orden inferior es un medio para alcanzar otros fines, más que un fin en sí mismo, y define los problemas de acuerdo con esto.

3. *La tendencia a diagnosticar el problema según sus síntomas.* A veces resulta apropiado tratar los síntomas, sin embargo otras veces el gerente debe profundizar más. Por ejemplo, el tomar aspirinas para aliviar el dolor de cabeza originado por la tensión arterial (síntoma) puede ser un comportamiento adecuado de solución de problemas; pero si los dolores de cabeza son intensos, frecuentes y debilitadores, conviene diagnosticar las causas de manera que puedan corregirse ellas, y no los síntomas. Por lo tanto varía según la situación el que se profundice más o menos en los niveles de un problema. Cada nivel es tanto la causa de un problema superficial como el síntoma de un problema básico. La mayor parte de los gerentes investigan sin demasiada profundidad y por tanto gastan la mayor parte de su tiempo en luchar contra síntomas que surgen repetidamente y se refieren al mismo problema. Todos somos culpables, hasta cierto punto, de tratar los síntomas en lugar de las

---

[1] Dime: moneda de 10 centavos de dólar. (*N. del R.*).

causas. Reconocemos el hecho sólo ocasionalmente, cuando ya nos cansa. Una tercera tendencia que los gerentes y otras personas que enfrentan problemas muestran en la fase de exploración del problema, es que tienden a diagnosticarlo sólo en términos de sus síntomas, en lugar de hacerlo en términos de sus causas.

Debemos advertir que en muchos casos son otras personas las que nos identifican y definen el problema; estas personas pueden ser, por ejemplo nuestros superiores, o colegas. Sin embargo, esto no quiere decir que la exploración del problema no forme parte del proceso de solución del mismo; simplemente destaca el hecho de que dentro del proceso general de solución de problemas cada paso puede ser realizado por distintos individuos o grupos.

GENERACIÓN DE SOLUCIONES ALTERNATIVAS

El segundo paso en el proceso de solución de problemas, la *generación de soluciones alternativas*, supone identificar conceptos o acciones que podrían reducir o eliminar la diferencia entre la situación real y la situación deseada. En otras palabras, supone identificar soluciones para el problema.[2]

La conducta reductora de efectividad, frecuentemente revelada en este punto del esfuerzo de solución de problemas, es *la tendencia a menospreciar el proceso de generación de alternativas y avanzar en el de evaluación de las mismas.* En otras palabras, los esfuerzos para *generar* alternativas no están separados de los esfuerzos para *evaluar* alternativas previamente identificadas.

Muchos lectores recordarán haber observado esta tendencia en las reuniones para resolver problemas, en donde la mayor parte de la sesión se dedica a argumentar en favor de los méritos de la primera solución propuesta, en lugar de identificar una serie de soluciones alternativas que se pueden considerar. Como esta tendencia distrae a los miembros del grupo del proceso de generación de ideas, también reduce la oportunidad de encontrar soluciones de alta calidad aún por identificar.

La tradicional "tormenta de ideas"[3], con sus instrucciones a los participantes de no criticar las ideas presentadas, fue un intento inicial de tratar esta tendencia. Las técnicas que se han desarrollado recientemente son todavía más efectivas tanto para superar esta tendencia como en generar soluciones de alta calidad. Examinaremos con detalle estas técnicas en el capítulo 11. Aquí simplemente diremos que la gente a menudo apresura el proceso de generación de alternativas con el fin de des-

---

[2] Para una mayor brevedad, utilizaremos el término alternativas u opciones en lugar de "soluciones alternativas".

[3] *Brainstorming.*

plazarse a etapas que reduzcan en forma más directa la tensión creada por el problema. Este engaño del proceso de generación de alternativas es una estrategia poco previsora que, en la mayor parte de los casos, sólo garantiza una solución de calidad inferior.

ELECCIÓN ENTRE SOLUCIONES ALTERNATIVAS

El tercer paso en el proceso general de solución de problemas consiste en *escoger entre las alternativas*. Para una mayor brevedad, nos referiremos a este paso como elección.

Existen algunas dificultades con las que se encuentran los gerentes en el momento de hacer una elección. El efecto de estas dificultades es *la tendencia a ser asistemático en el uso de información pertinente para la decisión*. Debido a que estas dificultades y esta tendencia merecen un examen detallado, y debido a que conducen en forma directa al uso de técnicas para ayudar a tomar decisiones, dedicaremos gran parte del siguiente capítulo y algunas partes de los capítulos subsecuentes a analizarlas en forma detallada.

A continuación trataremos brevemente los diferentes tipos de situaciones de decisión; es importante que lo hagamos porque cada tipo de situación conduce a un proceso de elección perceptiblemente distinto.

El primer tipo que se va a tratar es lo que llamamos *situación de alternativa conspicua*. Estas situaciones se caracterizan por la disponibilidad de una alternativa aceptable y conspicua. Como veremos en el capítulo 3, el comportamiento típico en estas situaciones es la aceptación e instrumentación de dicha alternativa disponible. Un ejemplo de esto sería un caso en donde condujéramos un automóvil por una autopista desconocida y advirtiéramos que casi no quedaba gasolina. En tal situación, probablemente "escogeríamos" la gasolinera más próxima con preferencia a otras que indudablemente encontraríamos a lo largo del camino. La elección aquí es trivial. El único interés debe ser la validez de nuestra creencia de que los beneficios que se obtendrán de la ulterior búsqueda de alternativas son pequeños en relación con los costos de la búsqueda. En situaciones de decisión en donde tanto los beneficios como los costos de la búsqueda adicional de alternativas son grandes, generalmente resulta efectivo con respecto al costo, comparar explícitamente estos beneficios y costos antes de elegir la solución inmediatamente disponible o esperar encontrar una solución mejor. El capítulo 7 describe un planteamiento sistemático para elegir entre estas dos alternativas.

Un segundo tipo de situación de decisión es aquel donde se cuenta con varias soluciones alternativas y donde es importante la calidad de la solución. Un ejemplo de esto podría ser la elección de un sitio para construir un nuevo edificio para oficinas. Debido a la multiplicidad de alternativas, nos referiremos a tales situaciones de decisión como *situaciones de múltiples alternativas*. En las situaciones de este tipo, donde son importantes los beneficios obtenidos al escoger la mejor alternativa, es conveniente instrumentar un proceso sistemático de elección. Los capítulos 4 y 5 describen tal proceso.

El tercer tipo de situación de decisión ocurre cuando la etapa de generación de alternativas no identifica una solución que sea aceptable. Cuando nos encontramos con esta situación tenemos tres opciones:

1. Podemos reducir nuestras aspiraciones o las aspiraciones de las personas que nos presentaron el problema. En otras palabras, podemos reducir los requerimientos mínimos, de manera que una alternativa que ya habíamos rechazado se convierte en aceptable.
2. Podemos continuar la búsqueda de alternativas, hasta encontrar alguna que sea aceptable.
3. Podemos intentar diseñar una alternativa aceptable.

La tercera de estas opciones, el diseño de soluciones alternativas, se suele emplear cuando es poco probable que alguna alternativa prefabricada satisfaga los requerimientos o las condiciones restrictivas. Por ejemplo, en un escenario académico es poco probable que el currículo utilizado en un programa de posgrado de una universidad satisfaga todas las condiciones impuestas por el personal docente, así como las políticas y los procedimientos de alguna otra universidad. En consecuencia, es mucho más probable que un profesorado diseñe un programa de posgrado propio, en lugar de que adopte un programa ya hecho para otra universidad. La opción del diseño también se utiliza cuando la calidad es importante y cuando se considera que puede encontrarse una solución superior a las alternativas disponibles.

Hay dos esfuerzos relacionados con el proceso de decisión, el de identificar y el de escoger entre los componentes para la solución que se está diseñando. Por ejemplo, cuando hay que escoger cuáles son las vías de comunicación que se deben incluir en el diseño de una campaña de publicidad, o qué rutas consideran en el diseño de un sistema de transporte municipal. Estos esfuerzos corresponden a los pasos de generación de alternativas y de elección antes descritos.

La necesidad de retroceder en el proceso de solución de problemas, de un paso dado a otro paso anterior, es evidente en el caso de un esfuerzo de diseño; en realidad, es típico del proceso general de solución de problemas. Los gerentes con frecuencia se enteran de algo que desearían haber conocido en una etapa anterior y retroceden en el proceso de solución de problemas con el fin de tomar en cuenta el nuevo conocimiento. Un ejemplo común de este retroceso tiene lugar cuando la resistencia de los empleados a la instrumentación de la alternativa escogida saca a la luz información nueva, ya sea acerca de la naturaleza del problema original o acerca de la naturaleza del criterio que debería haberse utilizado al escoger entre las soluciones alternativas al problema.

Nos referiremos al tipo de situación de decisión descrita en los párrafos anteriores como *situación de solución diseñada.*

En resumen, vemos que la naturaleza del paso de elección puede variar en forma considerable según sean los resultados del proceso de generación de alternativas o la naturaleza de la situación de decisión. En la *situación de alternativa conspicua*, el proceso de elección equivale a escoger entre instrumentar la alternativa disponible y buscar más alternativas. En la *situación de alternativas múltiples*, el proceso de elección consiste en comparar los méritos de las soluciones alternativas. En la *situación de solución diseñada*, la elección cambia su naturaleza y se convierte en un proceso de diseño en el cual se emplean los esfuerzos de generación del componente interdependiente y los de elección para crear una solución aceptable al problema.

Para que un problema se resuelva, no sólo debe identificarse y escogerse una solución, sino que también debe ser instrumentada, éste es el cuarto paso en el proceso de solución de problemas: *instrumentar la solución escogida.*

INSTRUMENTACIÓN DE LA SOLUCIÓN ESCOGIDA

Esta etapa consiste en planificar y realizar las actividades que deben tener lugar para que la solución elegida en realidad resuelva el problema. Por ejemplo, si se elige la construcción de una nueva planta como solución al problema de que los beneficios son menores al máximo posible, entonces la instrumentación supondría planificar y realizar todas las actividades necesarias para diseñar, construir y preparar la operación de una nueva planta manufacturera.

La atención gerencial inadecuada al paso de instrumentación es una de las principales razones por las cuales las buenas soluciones a menudo no resuelvan los problemas que estaban destinados a resolver. Ciertamente "el supuesto de que una decisión de hacer un cambio es equivalente a su éxito, no es viable en lo que concierne al comportamiento humano" (Elbing, 1970, pág. 318). Si consideramos esto y reconocemos que los gerentes instrumentan decisiones dirigiendo el comportamiento de otras personas, podemos revisar algunas de las tendencias de reducción de efectividad que se observan frecuentemente al principio del paso de instrumentación.[4]

La tendencia a no asegurar la comprensión de lo que necesita hacerse. Una forma importante de ayudar a alcanzar esta comprensión es involucrar a los instrumentadores en el paso de la elección. Cuando esto no es posible, debe hacerse un intento enérgico y explícito para identificar cualquier mal entendimiento. Se puede tratar, por ejemplo, de que el instrumentador explique lo que piensa que debe hacerse y por qué.

La tendencia a no asegurar la aceptación o motivación de lo que necesita hacerse. Otro método importante para lograr la aceptación y motivación es crear la participación de los instrumentadores en el paso de la elección. Asimismo se puede citar lo que se obtendrá a cambio de una instrumentación efectiva (por ejemplo, el problema se resolverá) y mostrar cómo la terminación de diversas tareas conducirá a una instrumentación exitosa.

La tendencia a no proporcionar recursos adecuados para lo que necesita hacerse. Muchas instrumentaciones son menos efectivas de lo que podrían ser debido a que no se proporcionan los recursos adecuados, como son tiempo, personal e información. En particular, muchas veces se supone que las asignaciones de tales recursos a través de unidades y tareas son apropiadas porque lo fueron para instrumentar un plan previo. Estos supuestos deben revisarse.

Notemos aquí, antes de dejar nuestro análisis de instrumentación, que debido a que la calidad de una decisión está en función de su "instrumentabilidad", los gerentes experimentados se preocupan por ésta durante sus esfuerzos de toma de decisiones. Así, aunque la instrumentación no sea parte del proceso de toma de decisiones, afecta sin embargo a dicho proceso.

Procederemos ahora a analizar el último paso en la solución de problemas.

CONTROL DEL PROGRAMA DE SOLUCIÓN

El quinto y último paso en el proceso de solución de problemas es *controlar el programa de solución*. En este paso, el gerente emprende las acciones necesarias para ver si lo que realmente sucede es lo que se pretendía que sucediera. Por ejemplo, si escogemos utilizar un sistema de incentivos por bonos para aumentar el rendimiento de nuestro personal de ventas, el controlar el programa de solución significaría llevar registros y distribuir los bonos de acuerdo con lo que pretendimos cuando escogimos esta solución.

---

[4] Algunas de las técnicas que se describen en los capítulos 9 a 11 son efectivas para reducir estos errores.

Este paso consiste realmente en la administración del programa; es decir, en su vigilancia y supervisión ya que al haber sobrevivido a la instrumentación constituye, esperamos, una solución efectiva al problema. La palabra "control", sin embargo, indica que para asegurar que esta situación está resolviendo el problema, debemos comparar el logro real de las metas con el logro de la meta deseada. Un comportamiento reductor de efectividad, observado a menudo en este punto, es *la tendencia a no proporcionar anticipadamente la información necesaria para vigilar el programa de solución.* Como resultado, una evaluación improvisada muy poco satisfactoria, constituye la regla más que la excepción.

Incluso puede econtrarse que una solución escogida e instrumentada cuidadosamente presente condiciones imprevistas que ocasionan que sea una solución menos efectiva de lo que se pensó durante el paso de elección. Cuando esta comparación indica una diferencia importante entre la situación real y la deseada, tenemos un "problema", y vuelve a comenzar el proceso de solución de problemas. Los costos asociados con tal solución "reactiva" del problema serían menores si no fuera por el segundo comportamiento reductor de efectividad, *la tendencia a no desarrollar anticipadamente planes contingentes* para problemas que pueden preverse.

RESUMEN Y PANORAMA

En este capítulo analizamos la naturaleza de los problemas de administración y revisamos los pasos que deben tomarse para resolver tales problemas. Las pruebas indican que los gerentes que reconocen y manejan conscientemente estos pasos individuales alcanzan mayor éxito que los que se apresuran y concentran en el paso de toma de decisiones o que son menos analíticos en lo que respecta al proceso en general. Como parte del análisis de estos pasos, analizamos las tendencias para reducir la efectividad que los gerentes y otras personas encargadas de tomar decisiones muestran con frecuencia a medida que realizan las actividades implicadas.

Los siguientes cinco capítulos tratan acerca de la toma de decisiones. En el primero de ellos examinamos algunas de las dificultades a las que se enfrentan los gerentes cuando intentan tomar decisiones. En los cuatro subsiguientes, describimos técnicas que los gerentes pueden utilizar para superar estas dificultades y, como consecuencia, mejorar sus decisiones.

EJERCICIOS

1. Describa una situación que usted haya presenciado, en donde la inadecuada atención a la etapa de exploración del problema cau-

só, o estuvo a punto de causar, que se resolviera un problema "equivocado".

2. Describa una situación en la que usted estuvo presente y donde ocurrió una de las tendencias reductoras de efectividad descritas junto con el paso de exploración del problema.

3. Describa una situación que usted haya presenciado en donde la tendencia a menospreciar el proceso de generación de alternativas en favor de proceso de evaluación de alternativas causó, o estuvo a punto de hacerlo, que una buena alternativa se desviara o fuera descartada.

4. Describa una situación que usted conozca en donde realmente se presentó una de las tendencias reductoras de efectividad descrita junto con el paso de ejecución.

REFERENCIAS BIBLIOGRÁFICAS

Elbing, A. O., *Behavioral Decisions in Organizations,* Scott Foresman and Company, Glenview, Ill., 1970.

Maier, N. F., *Problem Solving and Creativity in Individuals and Groups,* Brooks/Cole Publishing Company, Belmont, Calif., 1970.

Segunda parte

La toma de decisiones individual

3 La toma de decisiones individual. El caso de la mente entorpecida

El presente capítulo trata acerca de la toma de decisiones individual, o proceso a través del cual una persona escoge un curso de acción. Posteriormente en el libro nos preocupamos de la toma de decisiones grupal.

El capítulo se centra en la información. Tiene dos secciones; la primera analiza algunos de los obstáculos psicológicos y situacionales a los que se enfrentan los gerentes cuando intentan identificar y utilizar la información para hacer las elecciones; el segundo discute los tipos de información que se utilizan en las decisiones gerenciales. Estos análisis juntos sirven como fundamento importante para los restantes capítulos del libro.

LA NATURALEZA DE LA TOMA DE DECISIONES INDIVIDUAL

Esta sección describe algunos de los factores que interfieren con la toma de decisiones de alta calidad. Al principio discutiremos la naturaleza de los que llamamos "límites en la racionalidad". Estas limitaciones, ya sea sobre nuestras capacidades intelectuales o sobre nuestros recursos en cualquier situación dada, originan que la mayor parte de las decisiones resulten de una calidad inferior a lo que podrían ser. Posteriormente señalaremos cómo estas limitaciones conducen a decisiones de inferior calidad, y en los siguientes capítulos mostraremos lo que puede hacerse para superarlas.

Límites en la racionalidad

La capacidad de la mente humana para formular y resolver problemas complejos es muy pequeña en comparación con la magnitud de los problemas cuya solución es requerida por el comportamiento racional objetivo en el mundo real, o incluso para una aproximación razonable a tal racionalidad objetiva (Simon, 1957, pág. 198).

Esta observación del hombre que ganó el Premio Nobel por sus estudios sobre la toma de decisiones gerenciales destaca el tema central del presente capítulo: el hecho de que la calidad de la decisión está limitada de manera considerable por la naturaleza limitante del intelecto humano.

Anthony Downs, científico de la decisión que se especializa en el estudio de la burocracia, también ha examinado el problema de la limitación del intelecto humano, y ha observado lo siguiente:

> 1. Las personas que toman decisiones sólo pueden ponderar y considerar mentalmente una cantidad limitada de información (Downs, 1966, pág. 75).

Aunque Downs sería el primero en admitir que su observación no es profunda, sus implicaciones sí lo son. Si nos anticipamos a un análisis que emprenderemos en breve, podemos predecir que nuestras limitaciones intelectuales, a menos que hagamos algo para superar sus defectos, pueden interferir con nuestra consideración de todas las alternativas potenciales o de toda la información acerca de cualquier alternativa en particular. Esta tendencia de la gente a tomar decisiones sin contar con toda la información disponible, aumenta significativamente a causa de otros dos aspectos importantes de la vida de la organización, advertidos por Downs, que reflejan una situación típica a la que se enfrentan los gerentes.

> 2. Las personas que toman decisiones sólo pueden dedicar una cantidad limitada de tiempo a tomarlas.
> 3. Las funciones de la mayor parte de los ejecutivos (gerentes) requieren su participación en más actividades de las que pueden considerar simultáneamente; de aquí que normalmente concentren su atención sólo en una parte de sus principales preocupaciones mientras que el resto permanece latente. (Downs, 1966, pág. 75).

La primera de las tres observaciones de Downs refleja, utilizando la frase introducida por March and Simon (1958, pág. 136), un "límite cognoscitivo en la racionalidad". Las otras dos son características típicas de la carga de trabajo del gerente. Downs agrupa a las tres y las califica simplemente como "límites de la racionalidad"; nosotros haremos lo mismo.

¿Cuáles son los efectos de estos límites sobre nuestra racionalidad? Parecen ser dos efectos directos y dos indirectos.

Un efecto directo: el uso de estrategias
simplistas de decisión

Un efecto directo de los límites a nuestra racionalidad es que los que toman decisiones en realidad no intentan obtener la solución óptima, o mejor, de un problema, sino que utilizan estrategias simplistas de decisión, procedimientos relativamente sencillos o reglas convencionales que no requieren capacidades de procesamiento de la información más allá de los sistemas naturales de procesamiento humano. Los científicos de la decisión han analizado estas estrategias simplistas con profundidad.

A continuación se describen brevemente con el fin de aclarar los efectos de los límites en nuestra racionalidad.

Una de estas estrategias, a la que March y Simon (1958, pág. 141) llaman "satisfactora", es la estrategia de decisión, en donde las alternativas se examinan a medida que se dispone de ellas, y se escoge para su instrumentación la primera que satisface todos los requerimientos de los que toman decisiones. March y Simon afirman que la estrategia satisfactora se emplea extensamente, y, en muchos casos, en forma apropiada.

> La mayor parte de las tomas de decisiones humanas, ya sean individuales o grupales se relacionan con el descubrimiento y la selección de alternativas satisfactorias.* Sólo en casos excepcionales intentan el descubrimiento y selección de alternativas óptimas. La optimización requiere procesos más complejos que los que se requieren para satisfacer simplemente. Un ejemplo de ello es la diferencia entre buscar en un pajar para encontrar la aguja más delgada y el buscar en un pajar una aguja lo suficientemente delgada como para coser. (March y Simon, 1958, pág. 141.)

La estrategia satisfactora es la adecuada cuando el costo de la demora de una decisión o de búsqueda de otras alternativas es alto en comparación con el beneficio esperado al encontrar una alternativa mejor. Un ejemplo de ello sería el caso ya mencionado en donde conducimos el coche por una carretera que no conocemos y advertimos que estamos a punto de quedarnos sin combustible. Por desgracia, los que toman decisiones tienden a utilizar estrategias simplistas de decisión y a aplicarlas cuando no son apropiadas, como cuando el costo de una búsqueda ulterior de mejores alternativas es bajo comparado con la ganancia probable derivada de tal búsqueda.

Otra estrategia importante, aunque simplista, es la que Lindblom (1965) llama "ajuste progresivo" y ocurre cuando la persona que toma decisiones responde a un problema en el menor grado posible. Cuando se emplea esta estrategia en su forma pura, el que toma decisiones realiza solamente el ajuste progresivo mínimo necesario para desplazar el problema de una situación en donde demanda atención a otra en donde la diferencia entre las condiciones reales y las deseadas es por lo menos tolerable. Un ejemplo de esto sería el caso en donde un legislador, frente a la perspectiva de que fuera derrotado un proyecto de ley contra la contaminación, agregara una exención mediante la cual se obtuvieran los pocos votos necesarios para asegurar su aprobación y con ello se resolviera el problema. Otro ejemplo sería el de un fabricante de casas que, frente a una escasez de contactos eléctricos comienza por utilizar adaptadores con salidas múltiples. Tal estrategia es funcional, eficiente y muy utilizada; incluso a corto plazo puede ser efectiva, pero a largo plazo los efectos secundarios de tales soluciones fragmentarias hacen que el patrón de las decisiones (esto es, el cuerpo de leyes o el cableado eléctrico) no funcione y se vuelva inefectivo, como cuando se funde un fusible. Gore (1964) describe un gran número de estudios de casos sobre decisiones reales en la organización en las cuales se utilizó la estrategia de ajuste progresivo.

Cualquiera de estas estrategias permite tratar un problema sin procesar una gran cantidad de información. Estas y otras estrategias de índole simplista a veces se denominan *heurísticas*. Su utilización es una consecuencia directa de los límites de nuestra racionalidad.

**Un segundo efecto directo:
el uso de modelos inadecuados**

Un segundo efecto directo de los límites de nuestra racionalidad es que, como encargados de tomar decisiones, no podemos concebir la totalidad de la situación de decisión a la que nos enfrentamos. Las situaciones de decisión son más complejas en la realidad que las situaciones de decisión que hemos considerado. Como señalan March y Simon, "La elección siempre se ejerce con respecto a un 'modelo' limitado, aproximado, simplificado, de la situación real. Llamamos al modelo de quien hace la elección su *definición de la situación*" (March y Simon, 1958, pág. 139).

Cuando este modelo simplificado de la situación de decisión no contiene ningún elemento de información que aumente las oportunidades de que la decisión tenga una calidad más alta, lo llamamos *modelo inadecuado*. El uso de modelos inadecuados es, en parte, consecuencia de las mismas limitaciones de nuestro intelecto y de nuestro tiempo que ya mencionamos. También es consecuencia de la situación típica de decisión en donde la información necesaria para representar de manera más compleja el problema es en gran medida inaccesible. De los seis límites de Downs sobre la racionalidad, los tres últimos se refieren a las características de tales situaciones.

4. La cantidad de información acerca de cada problema, inicialmente disponible para quien toma decisiones, es sólo una pequeña fracción de toda la información potencialmente disponible sobre el tema.

5. Generalmente se puede obtener información adicional sobre cualquier problema particular, pero los costos de adquisición y de utilización pueden aumentar rápidamente a medida que aumenta el volumen de datos.

6. Muchos problemas tienen aspectos importantes que implican información imposible de obtener, especialmente cuando se refiere a los acontecimientos futuros; de aquí que deban tomarse muchas decisiones con bastante incertidumbre no erradicable. (Downs, 1966 pág. 75).

Estos seis límites de nuestra racionalidad hacen que, en general, excluyamos de nuestro modelo de la situación algunos elementos de información que son relevantes para la toma de decisiones de alta calidad. En concreto, los límites de nuestro intelecto, las demandas sobre nuestro tiempo y la inaccesibilidad de la información al actuar conjuntamente, provocan que describamos muchas situaciones de decisión con modelos inadecuados. Así, el uso de estos modelos es un segundo efecto directo de los límites de nuestra racionalidad.

Dos efectos indirectos: mayor eficiencia y menor calidad

El uso de estrategias simplistas y de modelos inadecuados es consecuencia directa de los límites de nuestra racionalidad. Estas estrategias y modelos nos facultan para tomar decisiones con poca información (relativamente), de aquí que nos permitan conservar tiempo y otros recursos. Esta mayor eficiencia en el uso de los recursos, al ser consecuencia de los efectos directos, es un efecto indirecto de los límites de nuestra racionalidad. A menudo encontraremos el mayor uso de estrategias simplistas y de modelos inadecuados en ocasiones donde escasean el tiempo y otros recursos, por ejemplo, los auxiliares de computación.

La otra consecuencia del uso de estrategias simplistas y de modelos inadecuados, y segundo efecto indirecto de los límites de nuestra racionalidad, es que las soluciones escogidas carecerán necesariamente de la calidad de las soluciones generadas con procesos de decisión más elaborados y que consumen más tiempo. No obtenemos algo a cambio de nada.

A largo plazo el precio que debe pagarse por obtener los ahorros deseados en los recursos de toma de decisiones es la disminución de la efectividad de la solución.

Antes de terminar este análisis debemos advertir que la fatiga, las interrupciones y otros factores que producen tensión disminuyen nuestras capacidades intelectuales y la efectividad con la que utilizaremos nuestro tiempo. Esto a su vez tiende a aumentar el uso de las estrategias simplistas de decisión y de los modelos inadecuados de decisión, lo cual hace que disminuya la calidad de nuestras decisiones.

Estos últimos párrafos han descrito algunas de las dificultades psicológicas y coyunturales que encuentran los gerentes cuando intentan identificar y utilizar información para tomar decisiones. Las siguientes expresiones predictivas resumen lo que se ha dicho:

1. Los límites de la racionalidad incitan al uso de estrategias simplistas y modelos inadecuados.
2. El uso de estrategias simplistas y de modelos inadecuados conduce (por lo menos a corto plazo) a ahorros en tiempo y en otros recursos.
3. El uso de estrategias simplistas y de modelos inadecuados conduce a soluciones que tienden a ser de calidad menor que la óptima.
4. El uso de estrategias simplistas y de modelos inadecuados aumenta cuando el tiempo y otros recursos disminuyen y cuando aumentan los factores que producen estrés.

Estas ideas y sus relaciones están representadas gráficamente en la figura 3.1.

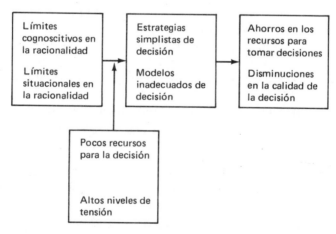

Figura 3.1. Modelo parcial de toma de decisiones individual.

En esta primera sección se ha destacado el papel clave que desempeña la información en la toma de decisiones por el gerente, y se ha apuntado el hecho de que el mejoramiento en esta toma de decisiones es algo que puede lograrse si se mejora la capacidad del gerente para identificar y utilizar la información relevante en su situación de decisión.

Así opinan Kepner y Tregoe: "¿Cómo puede el gerente mejorar su rendimiento en el análisis de problemas (y en la toma de decisiones)? La clave de la respuesta se basa en el hecho fundamental de que *la materia prima de la administración es la información*. Esto es todo lo que cualquier gerente necesita para trabajar ..." (Kepner y Tregoe, 1965, pág. 39.)

La idea de que el uso efectivo de la información mejora el rendimiento en la toma de decisiones es lo suficientemente importante como para que dediquemos la segunda sección del presente capítulo a un análisis detallado de los tipos de información que se utilizan en la toma de decisiones.

LA INFORMACIÓN UTILIZADA EN LA TOMA DE DECISIONES

Tanto nuestra propia observación como muchos informes de investigaciones muestran que, en las situaciones de decisión *importantes y complejas,* las personas que toman decisiones intentan reunir una gran cantidad de información antes de hacer su elección final. Richard R. Shinn, presidente de la Metropolitan Life Insurance Company (Compañía Metropolitana de Seguros de Vida) opina lo siguiente:

> El primer paso para producir buenas decisiones es obtener información confiable, oportuna y bien considerada. Una vez que se tiene un insumo de alta calidad, muchas decisiones se toman prácticamente por sí mismas. Los hechos pertinentes conducen inevitablemente en una dirección determinada. La pregunta es, ¿cuánto abarcan los hechos con que contamos? Con mucha frecuencia encuentro que la razón por la que surgen diferencias de opinión entre mis asociados es que trabajan con series diferentes o incompletas de hechos (Burger, 1978, pág. 36).

Como los restantes capítulos de este libro describen procedimientos y técnicas para mejorar el uso de la información, creemos que es importante observar de cerca la naturaleza de este recurso crítico. Organizaremos nuestro análisis alrededor de siete tipos de información. No todos estos tipos se utilizarán en cada situación de decisión, pero todos serán aplicados en una ocasión u otra. La mayor parte se utilizará en toda situación compleja de decisión gerencial. Además, debemos reconocer que diferentes gerentes tienden a utilizar la información de diferentes formas. Por ejemplo, la investigación de McKenny y Keen (1974) sobre el estilo de tomar decisiones, en la cual clasifican a los gerentes como "pensadores sistemáticos" o "pensadores intuitivos", indica claramente que los gerentes, en cualquier categoría, hacen un uso extenso de la información, pero la utilizan en forma diferente. Por ejemplo, cuando actúan como pensadores sistemáticos, pueden estar utilizando la información relacionada con la decisión en algún tipo de análisis de causa-efecto. Cuando actúan como pensadores intuitivos, pueden estar utilizando la información, tal vez subconscientemente, para relacionar la actual situación de decisión con otra que ellos observaron antes y de la cual tienen un diagnóstico o una solución (Simon, 1979). Desde luego los gerentes individuales no siempre siguen el mismo estilo, sino que éste varía dependiendo del tiempo disponible, de su familiaridad con el problema y de otros aspectos de la situación de decisión.

Esta tipología y este listado de los tipos de información servirán para dos propósitos: uno, completar la base sobre la cual se construirán los siguientes capítulos; el otro, más sutil, reforzar nuestro vocabulario con una serie de términos que nos ayudarán a agudizar nuestro pensamiento. Varios estudios plantean la idea de que la disponibilidad de una terminología apropiada es un factor importante para el buen manejo de situaciones complejas, así como para comunicar correctamente nuestro pensamiento a otros; estos estudios van desde la investigación que destaca el hecho de que la gente políglota tiende a pensar en un solo idioma hasta la investigación que pone de relieve que los grupos de toma de decisiones relacionadas con cuestiones técnicas son relativamente inefectivos hasta que desarrollan un vocabulario común. Morris, concentrándose en la incertidumbre como uno de los elementos de las decisiones gerenciales, expresa la idea como sigue:

> La supresión de la incertidumbre está claramente relacionada con la falta de un lenguaje fácilmente disponible para expresarla. Una de las contribuciones más útiles que pueden realizar los analistas de la decisión es proporcionar tal lenguaje (Morris, 1977, pág. 30).

Los primeros tres tipos de información en la clasificación pueden describirse mejor como "básicos" en el sentido de que forman la estructura básica de la situación escogida. Cualquier otra información acerca de la situación se elabora a partir de estos tres tipos o trata acerca de ellos.

Información básica

1. De los tres tipos básicos de información, uno trata de la identidad de las *alternativas* entre las cuales se hace la elección. Por ejemplo, "comprar acciones" y "comprar bonos" son alternativas posibles para la persona que escoge entre estrategias de inversión, igual que "construir la planta en el sitio A" y "construir la planta en el sitio B", para que la corporación escoja entre posibles ubicaciones de las nuevas plantas. En muchas situaciones, "no emprender ninguna acción" es una opción que debe considerarse. Lo mismo pasa con "la búsqueda de otras alternativas" y "la búsqueda de más información acerca de las alternativas que se consideran".

Como indican los anteriores ejemplos, las alternativas son expresiones de acción asociadas con la asignación de recursos. La identidad de algunas alternativas, por lo menos, es el tipo más básico de información, pues sin ella no puede hacerse una elección.

2. Otro tipo básico de información trata de la identidad de las posibles *condiciones futuras* después de la elección, condiciones bajo las cuales deben funcionar las alternativas escogidas. Las condiciones futuras son acontecimientos o circunstancias medioambientales que afectarán la calidad de una decisión. Por ejemplo, un conjunto de posibles condiciones futuras para la persona que invierte en el mercado de valores podría ser: "sin recesión", "recesión leve", "recesión moderada" e "importante recesión".

El término *estados de la naturaleza* a menudo se utiliza para referirse a tales condiciones futuras. Lo acuñaron los científicos de la decisión en un intento por describir su trabajo en una forma muy improvisada. Un ejemplo de esto sería la elección entre un estado "lluvioso" o "soleado", y, según el resultado, invertir en paraguas o en sombrillas para vender en un juego de fútbol. Un ejemplo más realista trata de las posibles condiciones climatológicas como factor para decidir la inversión en plantaciones o en productos agrícolas. En las situaciones competitivas, se alude a menudo a las condiciones futuras como "estrategias del oponente". Este término resulta apropiado cuando se trata de elecciones en situaciones militares, políticas o relacionadas con la mercadotecnia.

La intersección de una alternativa y una condición se llama *resultado*. Por ejemplo, si escogemos la alternativa "comprar acciones" y la condición después de la elección es "recesión moderada", la naturaleza del resultado será, por lo general, desfavorable en relación con la compra de bonos.

3. El tercer tipo básico de información se refiere a la identidad de los *criterios* que se utilizan para evaluar cada alternativa. Por ejemplo, si escogemos la alternativa "plantar frijoles" en lugar de "plantar maíz", y el mercado para los frijoles es malo en tanto que el del maíz es bueno, alcanzaremos una puntuación relativamente baja según el criterio de "utilidad". Sin embargo, como los frijoles añaden nitrógeno al suelo, tendríamos una puntuación relativamente alta en el criterio "preparar el suelo para futuras plantaciones de maíz". En casi todas las decisiones de la gerencia, el "costo" es un criterio importante, o más generalmente los "recursos requeridos". Como indican estos ejemplos, los criterios son metas concernientes a la situación de elección.[1] Pues la identidad de los criterios es claramente básica para esta elección.

---

[1] El verbo a menudo no se expresa. Por ejemplo, nuestra meta es "reducir *costos*" en aquellas situaciones en donde el "costo" es un criterio.

Ejemplo del uso de información básica

Con el fin de hacer más específicas las ideas de los párrafos anteriores, consideremos cómo podrían aplicarse en la siguiente situación que presentamos como ejemplo:

Después de la última Navidad, muy pocos de los empleados y funcionarios del banco mencionaron al sr. Jones, gerente de operaciones, que durante los días festivos el banco tuvo bastantes problemas, entre ellos un gran número de quejas respecto del servicio, ventanillas excesivamente llenas de gente, largas colas de automóviles ante el autoservicio y un número inusitadamente elevado de apuros y errores por parte de los empleados. Después de analizar un poco estos problemas, el sr. Jones dedujo que su causa común era el inadecuado número de empleados en relación con los mayores requerimientos de trabajo de la época.

Posteriomente el presidente del banco telefoneó al sr. Jones y le dijo que le gustaría saber cómo Jones planeaba tratar el problema durante la siguiente temporada de vacaciones.

Después de consultar con varias personas en el banco y en los medios bancarios, el sr. Jones decidió que había tres opciones que valía la pena considerar: *a*) no hacer cambio alguno, dado que el problema es común, *b*) no permitir que se tomaran vacaciones en esa temporada, y pedir horas extras, y *c*) contratar personal eventual.

Aunque el sr. Jones determinó que el incremento en los requerimientos de trabajo podría alcanzar una cifra situada entre las 200 y las 750 transacciones por día, decidió que para su análisis preliminar examinaría sólo dos *condiciones futuras:* un incremento relativamente bajo de 300 transacciones por día y un incremento moderadamente elevado de 600 transacciones por día.

A través de su propia experiencia y de las discusiones mantenidas con el presidente del banco y otros empleados de la institución, Jones determinó que los *criterios adecuados* para evaluar las opciones eran 1. la insatisfacción de los clientes, 2. las quejas de los empleados, y 3. los costos de operación.

Con el fin de organizar su pensamiento y algo de la información concerniente al caso, el gerente de operaciones podría esquematizar la matriz de la figura 3.2 como un modelo parcial de la situación de decisión. En esta matriz, si la alternativa "personal eventual" se utilizara para referirse a la condición de "un incremento de 600 transacciones por día en la carga de trabajo", y si el único criterio considerado fuera el de los costos de operación asociados con estos empleados, entonces el rendimiento (en la celda inferior derecha) sería de − $ 120.

El gerente de operaciones podría construir una matriz similar para organizar mejor sus ideas acerca del efecto en la insatisfacción de los clientes. Tal modelo lo capacitaría para organizar y comunicar su pensamiento, aun cuando la denominación de las entradas de las celdas no pudiera hacerse más específica que "Alto", "Medio" o "Bajo". Una representación más completa de la situación del gerente podría ser el

Condiciones futuras

Alternativas	Aumento de 300 transacciones por día	Aumento de 600 transacciones por día
No hacer cambios	0	0
Aprovechar el personal regular	− $ 40	− $ 160
Utilizar empleados eventuales	− $ 60	− $ 120

Figura 3.2. Matriz de decisiones que muestra los costos diarios de operación para el problema de la carga de trabajo en el banco.

modelo conceptual mostrado en la figura 3.3. En los capítulos siguientes discutiremos si un gerente debe en realidad construir tal modelo como ayuda para organizar su pensamiento.

Aunque la información acerca de alternativas, condiciones futuras y criterios, es básica para la elección en determinadas situaciones la información acerca de las futuras condiciones o criterios podría ser menos importante que la información concerniente a las alternativas. Por ejemplo, en las elecciones relacionadas con la inversión en metales preciosos contra la inversión en bonos de empresas puede ser que la información acerca de un solo criterio sea más relevante que la del rendimiento financiero esperado al final de cierto periodo.

Por otra parte, puede ser conveniente la información acerca de todo el conjunto de condiciones económicas posibles. Por ejemplo, probablemente sería importante tener información acerca de muchos criterios al escoger el horario del único centro comercial de una población, pero la información acerca de las posibles condiciones futuras no lo sería. Así, el que toma la decisión debe determinar de manera consciente si la información detallada acerca de las condiciones y criterios futuros es de importancia práctica. En algunas situaciones, no lo será.

Con este hecho como explicación y también para una mayor simplicidad, los modelos de la decisión en la mayor parte de los libros de texto muestran las alternativas como encabezados de las filas y la identidad (ya sea de las condiciones futuras o de los criterios) como encabezados de las columnas. Posteriormente en el presente libro nosotros también

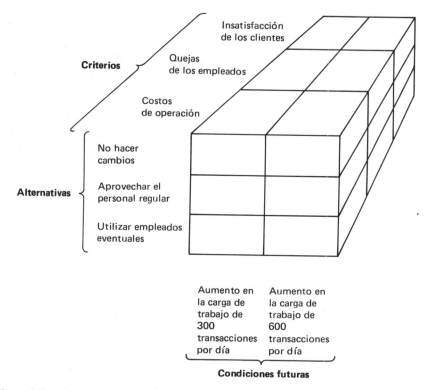

Figura 3.3. Modelo de decisión que muestra los tipos básicos de información para el ejemplo de la situación de la decisión.

utilizaremos dos dimensiones como simplificación útil. A continuación analizaremos otros tipos de información utilizados en la toma de decisiones.

Como avance de este estudio, el lector puede referirse a la tabla 3.1. Este listado de tipos de información nos recuerda que en cualquier situación de decisión, salvo la más trivial, nuestra capacidad de formular y resolver problemas complejos es pequeña comparada con la información concerniente a la solución de aquéllos. Sin embargo, por fortuna, nuestra capacidad para formular y resolver problemas complejos puede ser enormemente ampliada mediante la aplicación de las técnicas que descubriremos en capítulos sucesivos. Estas técnicas se concentran en el uso apropiado de la información y se apoyan en la tipología mostrada en la tabla 3.1.

Dos de los cuatro tipos de información restantes se desarrollan a partir de los tipos básicos discutidos anteriormente.

Elaboración de la información

4. Un tipo de elaboración de información se relaciona con las condiciones futuras, se refiere a la *probabilidad* o posibilidad de que ocurra alguna condición futura en particular.

En ocasiones esta probabilidad no depende de la alternativa escogida y es la misma para todos los resultados dentro de la condición futura. Por ejemplo, si la probabilidad de que haya una época de siembra con menos de 254 mm de lluvia es de 0.20, no esperaríamos que este valor cambiara si plantásemos maíz en lugar de frijol. En tales casos habría un valor de probabilidades para cada encabezado de columna en el modelo de decisión, y se aplicaría a cada una de las celdas que están bajo ese encabezado. En otros casos la probabilidad depende de la alternativa escogida, como cuando la posibilidad de que un competidor reduzca los precios se determina en parte por el precio que decidimos pedir. En estas situaciones, las probabilidades estarían determinadas por los resultados, y habría una probabilidad para cada resultado del modelo de decisiones.

Tabla 3.1. Tipos de información utilizada al efectuar una elección.

Información básica

1. Indentidad de las alternativas.
2. Identidad de las condiciones futuras.
3. Identidad de los criterios.

Elaboración de la información.

4. Probabilidades de las condiciones futuras.
5. Importancia de los criterios.

Información sobre el comportamiento.

6. Rendimientos (o costos).
7. Restricciones.

---

5. El otro tipo de elaboración de la información se refiere a los criterios. Es la *importancia* relativa o peso otorgado a cada criterio.

No todas las metas o los criterios que son relevantes son igualmente importantes para una situación de elección dada. Por ejemplo, al escoger una ubicación para la casa matriz de una empresa, la meta de obtener acceso a una gran fuerza de trabajo obrero podría ser relativamente menos importante que localizar una comunidad donde la empresa resultara atractiva para los profesionales. Sin embargo, al escoger una ubicación para una planta manufacturera que se concentrara en el trabajo manual, ocurriría lo contrario. Ciertamente la importancia relativa de estos dos criterios variaría según las dos situaciones escogidas. Como en la mayor parte de los casos las diferentes alternativas no satisfacen por igual a los diversos criterios, es importante en la elección saber si los criterios sobre los cuales una alternativa tiene una alta puntuación figuran entre los criterios más importantes o entre los menos importantes.

Como veremos, existen muchas situaciones en donde no es decisiva una información detallada acerca de los pesos de las probabilidades o de los criteros, en todo caso puede utilizarse informalmente. En cambio, hay otras situaciones donde es importante considerar la información detallada de una manera muy formal y sistemática. Nuestra finalidad aquí no es expresar un juicio general acerca de si debería usarse un determinado tipo de información o no, y cuándo, sino más bien examinar la naturaleza de la información misma, con ello estaremos mejor preparados para utilizar las técnicas de mejoramiento de la decisión descritas en capítulos posteriores del presente libro.

Los últimos dos tipos de información se refieren a la utilidad o al rendimiento de las diversas alternativas.

Información del comportamiento

6. Otro tipo de información del comportamiento es el que se refiere a las ganancias. Al revisar la figura 3.3, recordemos que una entrada en cualquiera de las celdas del modelo de decisión es la ganancia asociada con un resultado particular considerado con respecto al criterio asociado. Así, para el criterio "costos de operación", los valores en dólares serían las entradas de ganancias en las celdas respectivas. Para el criterio "insatisfacción de los clientes", podría utilizarse como entrada de ganancia, el número de quejas de los clientes respecto a la velocidad o calidad de servicio.

7. El segundo tipo de información relativa al comportamiento de las alternativas se refiere a las *restricciones*. Las restricciones son niveles del criterio máximo o mínimo que no deben ser violados por la alternativa escogida. Por ejemplo, si un criterio es "costo", el nivel del presupuesto debe ser una restricción que desautoriza cualquier alternativa con un precio fijado por encima de un determinado límite. Otra forma de considerar la restricción es cuando debe ser satisfecha una norma en el comportamiento. Por ejemplo, para escoger una secretaria, una "velocidad mínima de mecanografiado de cincuenta palabras por minuto" puede ser una restricción para utilizar, por lo menos, en las primeras etapas del proceso de elección. En la situación que analizamos antes sobre la carga de trabajo del banco, la restricción impuesta por la administración, sobre la longitud máxima esperada de la cola ante la ventanilla de autoservicio, podría ser de seis automóviles.

En estas últimas páginas hemos analizado los diferentes tipos de información utilizada al hacer una elección y los hemos enlistado en la tabla 3.1. No todos se aplican en cada situación, desde luego, pero es fácil ver que *todos se utilizan en algunas situaciones, y que la mayor parte se utilizarían en cualquier situación compleja de elección en la gerencia.*

Ejemplo

Para ver cómo podrían utilizarse algunos de estos tipos de información, consideremos la situación de una gran compañía constructora que tiene la oportunidad de concursar en la construcción de un complejo de apartamentos pequeños. Un buen análisis podría conducir a gran parte de la información conveniente, tal como aparece en la figura 3.4. Existen tres opciones:

	Condiciones futuras		
	La oferta más baja de los competidores es de menos de $ 1 millón	La oferta más baja de los competidores es de aproximadamente $ 1.1 millones	La oferta más baja de los competidores es superior a $ 1.2 millones
No concursar	0	0	0
Presentar una oferta de $ 1 millón	− $ 5 000	$ 95 000	$ 95 000
Presentar una oferta de $ 1.2 millones	− $ 5 000	− $ 5 000	$ 295 000

(Alternativas)

Figura 3.4. Matriz de decisión que muestra las utilidades en el problema del concurso para la construcción.

1. No concursar.
2. Presentar una oferta[2] baja (digamos, $ 1 millón).
3. Presentar una oferta alta (digamos, $ 1.2 millones).

También existen en este ejemplo tres condiciones futuras que podrían encontrar la propuesta:

1. Que los competidores presenten una oferta baja (por ejemplo, que la cotización más baja de los competidores sea menos de $ 1 millón).

[2] En esta situación, la oferta se conoce usualmente como *cotización*. *(N. del E.)*

2. Que ningún competidor presente una oferta baja y por lo menos haya uno que presente una oferta moderada (por ejemplo, que la cotización más baja de los competidores sea aproximadamente de ($ 1.1 millones).
3. Que los competidores presenten sólo ofertas altas (por ejemplo, que la cotización más baja de los competidores sea de más de $ 1.2 millones).

Si la utilidad (como criterio dominante) es igual a la oferta esperada menos el costo de construcción de $ 900 000 y el costo de la elaboración de la oferta, de $ 5 000, entonces se demuestra el fondo de la situación. La entrada de cada celda es la utilidad asociada con el resultado respectivo. La entrada de $ 95 000 en la celda central, por ejemplo, es igual a la utilidad bruta de $ 100 000 (una oferta aprobada de $ 1 millón menos los $ 900 000 del costo de construcción) menos los $ 5 000 del costo de preparar el presupuesto.

El modelo de la figura 3.4 presenta tres de los tipos de información que acabamos de examinar (esto es, las opciones, las posibles condiciones futuras y los rendimientos). No presenta información sobre los criterios o sobre su importancia relativa, presumiblemente debido a que los criterios distintos de la utilidad o de las restricciones sobre la utilidad revisten poco interés. Tampoco presenta información sobre restricciones o sobre las probabilidades relacionadas con las acciones de los competidores.

¿Cómo puede usarse la información con que contamos actualmente, para llegar a una decisión? Esta es otra forma de pedir información acerca de una regla para la decisión o de una guía para hacer una elección. ¿Qué regla razonable se podría usar para transformar esta información en una decisión? Trataremos el tema general de las reglas de decisión con mayor detalle en un capítulo posterior. De momento podríamos mencionar dos posibles reglas:

1. Escoger la alternativa que permita la máxima ganancia posible.
2. Obtener estimaciones de las probabilidades que encontrará nuestra oferta, para cada una de las tres condiciones competitivas mostradas, y utilizar esta información para ayudar a escoger la alternativa que produciría la máxima ganancia esperada.

Para los propósitos de este ejemplo, supongamos que escogemos la última regla para llegar a una decisión. Si determinamos que existe una probabilidad del 50% de que acudan sólo concursantes que presenten cotizaciones moderadas, y que prácticamente sea nula la probabilidad de que acudan los concursantes que sólo presentan cotizaciones altas, entonces un examen minucioso del modelo indica que escogeríamos presentar la cifra de $ 1 millón. Esta opción es la más favorable debido a que nos proporciona una probabilidad del 50% de recibir una ganancia de $ 95 000. Cualquiera de las otras dos opciones nos da, o bien una ganancia de cero o una pérdida.

¿Qué nos enseña este simple ejemplo del proceso de elección? Para comenzar, demuestra que no necesitamos o, por lo menos, que podemos dejar de utilizar los siete tipos de información para tomar una decisión particular. En este ejemplo, dependiendo de cuál de las dos reglas de decisión escojamos, necesitaríamos sólo cuatro o cinco tipos de información. Otra lección que podemos aprender de este ejemplo es que las diferentes reglas de decisión requieren información diferente (por ejemplo, la primera regla de decisión no requiere estimaciones de la probabilidad de las condiciones futuras; mientras que la segunda sí las requiere).

RESUMEN Y PANORAMA

Este capítulo ha subrayado el hecho de que la toma de decisiones individual produce decisiones que son de calidad inferior a lo que desearíamos. Esto en gran parte es consecuencia de nuestra capacidad limitada para identificar y utilizar la información conveniente.

¿Qué puede hacerse para superar este estado de cosas? Existen dos enfoques comúnmente utilizados. Uno de ellos trata de que los gerentes amplíen sus capacidades intelectuales y otros recursos, mediante el uso de grupos de ayuda para la toma de decisión. Los capítulos 9 a 11 describen diversas técnicas que han demostrado ser útiles para lograr grupos más efectivos cómo auxiliares de los gerentes. El segundo enfoque intenta que los gerentes agudicen su pensamiento y perfeccionen el uso que hacen de la información al emplear una de las técnicas auxiliares de la toma de decisiones que se han desarrollado para identificar y usar información relacionada con la decisión. Los capítulos 4 a 7 describen algunas de las técnicas que han demostrado ser útiles en este sentido. El capítulo 4 describe una técnica eficaz en el caso de que la complejidad de la situación de decisión sea una consecuencia de la necesidad de considerar más de un criterio o atributo de las alternativas entre las cuales hemos de elegir. A las decisiones que surgen de tales situaciones, tan frecuentes en la práctica gerencial, generalmente se las conoce como decisiones *multicriterio* o *multiatributo*.

EJERCICIOS

1. Describa una situación que usted haya presenciado, en donde la persona que debía tomar decisiones se mostró, al menos temporal-

mente, confundida por lo que podríamos llamar "carga excesiva de información". ¿Cómo manejó esta situación dicha persona?

2. Explique la afirmación de que "la mayor parte de los gerentes que toman decisiones tienden a tener o bien demasiada información o bien demasiada falta de información".

3. Tome una situación de decisión con la cual esté familiarizado y descríbala en términos de las alternativas, de las condiciones futuras (si resulta apropiado), de los criterios y de las restricciones. Describa cómo distinguió usted entre los criterios y las restricciones.

REFERENCIAS BIBLIOGRÁFICAS

Burger, C., "The Chief Executive", *TWA Ambassador*, septiembre de 1978, págs. 35-40.

Downs, A., *Inside Bureaucracy*, Little, Brown and Company, Boston, 1966.

Ebert, R. J. y Mitchell, T. R., *Organizational Decision Processes*, Crane, Russak and Company, Inc., Nueva York, 1975.

Gore, W. J., *Administrative Decision Making: A Heuristic Model*, John Wiley and Sons, Inc., Nueva York, 1964.

Kepner, C. H. y Tregoe, B. B., *The Rational Manager*, McGraw-Hill, Inc., Nueva York, 1965.

Lindblom, C. E., *The Intelligence of Democracy*, The Free Press, Nueva York, 1965.

March, J. G. y Simon, H. A., *Organizations*, John Wiley and Sons, Inc., Nueva York, 1958.

McKenney, J. L. y Keep, P. G. W., "How Managers' Minds Work", *Harvard Business Review*, mayo-junio de 1974, págs. 79-90.

Morris, W. T., *Decision Analysis*, Grid, Inc., Columbus, Ohio, 1977.

Simon, H. A., *Models of Man*, John Wiley and Sons, Inc., Nueva York, 1957.

Simon, H. A., "The Forms of Rationality". Conferencia plenaria presentada a la asamblea nacional conjunta de la Operations Research Society of America (Sociedad de Investigación de Operaciones de los Estados Unidos) y el Institute of Management Sciences (Instituto de Ciencias de la Administración), en Milwaukee, Wisc., el 16 de octubre de 1979.

Wright, P., "The Harrassed Decision Maker: Time Pressures, Distractions, and the Use of Evidence", *Journal of Applied Sociology*, 59, 1974, págs. 555-561.

4 Mejoramiento de las decisiones que implican metas múltiples. Dos estudios de caso

En este capítulo nos ocuparemos de cómo debe tomar decisiones un gerente en situaciones en donde es importante considerar más de una meta o criterio. Tales situaciones son bastante comunes. Consideremos, como ejemplo, las siguientes:

1. *Selección de un nuevo director de mercadotecnia.* La aceptabilidad de cualquier candidato para un puesto ejecutivo de mercadotecnia depende, entre otras cosas, de los conocimientos del tema que tenga el candidato, de sus conocimientos acerca del sector industrial y del tipo de producto, de su capacidad para trabajar con ejecutivos del más alto nivel y de su orientación hacia el logro de objetivos.
2. *Ubicación de una nueva oficina para la empresa.* El que la ubicación en el lugar A sea preferible a la ubicación B depende, entre otras cosas, del costo del terreno y de los edificios, de la productividad esperada de los empleados que hay que contratar en dicho lugar y de lo atractiva que sea la ubicación para los empleados profesionales y administrativos.
3. *Continuar la dotación de fondos de un programa de gobierno.* El que sea aconsejable o no dotar de fondos a un programa particular depende, entre otras cosas, del comportamiento del programa hasta la fecha, de la necesidad anticipada del programa para el futuro, de los fondos disponibles y de las consecuencias organizacionales y políticas que ocasionaría la interrupción del programa.

Las decisiones que involucra el uso de más de una meta o criterio se denominan decisiones *multicriterio*.

Aunque pueden participar grupos para tomar decisiones multicriterio, en este capítulo no analizaremos cómo debe manejar un gerente el esfuerzo de los grupos, sino más bien cómo debe identificar y utilizar la información concerniente a decisiones tales como las que describimos antes. En los últimos capítulos del libro nos ocuparemos de superar las dificultades a las que se enfrentan los grupos al tomar una decisión de multicriterio. Aquí, y en los capítulos que siguen, nos ocuparemos de la superación de las dificultades a las que se enfrentan las personas.

En nuestro análisis anterior acerca de los límites en la racionalidad, vimos que las personas que toman decisiones individualmente se encuentran con dificultades considerables en sus intentos de identificar y utilizar la información relacionada con una decisión. El propósito del presente capítulo es presentar una técnica que aumente la habilidad de quien toma decisiones para obtener y utilizar sistemáticamente la información pertinente para la elección en situaciones de decisión multicriterio. En el siguiente capítulo describiremos paso por paso el proceso que se utiliza cuando se emplea esta técnica.

La técnica hace uso de los *modelos de utilidad multiatributos*, nombre muy complicado para una idea simple. Después de describir cómo se ha usado en dos de sus muchas aplicaciones.

MODELOS DE UTILIDAD MULTIATRIBUTO

¿Qué se quiere decir con el término *modelo de utilidad multiatributo*? Para contestar esto, comencemos con la palabra "modelo". Tanto por nuestro análisis en el capítulo 3 como por el uso que hacemos diariamente del término, sabemos que un modelo es una representación o abstracción de algo. Así, las matrices de decisión que aparecen en las figuras 3.2 y 3.4 son modelos de situaciones de decisión. El diagrama de cuadro y flecha de la figura 3.1 es un modelo que relaciona algunos de los factores que entran en juego en la toma de decisiones individual, pero, específicamente, ¿qué queremos decir con "modelo de utilidad"?

Primero notamos que a la medida en que una alternativa satisface un criterio se le denomina su *utilidad*. Hay otras palabras que tienen esencialmente el mismo significado, como *valor ganancia, valor psicológico* y "*satisfactoriedad*". Así, podemos definir un modelo de utilidad como un modelo gráfico o matemático que puede usarse para estimar la utilidad de un concepto o de una alternativa. Esencialmente, un modelo de utilidad transforma una descripción de un concepto o alternativa en una evaluación numérica del concepto alternativa. Como ejemplo, consideremos el caso de un gerente que revisa los antecedentes de los candidatos a un puesto en la empresa. Si uno de los criterios importantes es el de la experiencia que ha tenido el candidato en puestos similares, las preguntas del gerente podrían ponernos en condiciones de trazar el modelo que muestra la figura 4.1. En general, la forma de este modelo es distinta a una simple línea recta, pero por ahora admitiremos este ejemplo simplificado.

La figura 4.1 es un modelo de utilidad, en concreto es un modelo de utilidad *gráfica*. El modelo correspondiente de utilidad *verbal* que representa esta misma situación es "la utilidad, expresada como una satisfacción porcentual, es igual a veinte veces la experiencia, expresada en años". Si indicamos la experiencia como x y la utilidad como u, entonces el modelo de utilidad matemática establecería que la utilidad de la experiencia, o $u(x)$, es igual a $20x$, o

Ecuación 4.1

$$u(x) = 20x$$

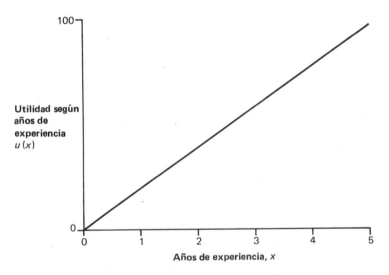

Figura 4.1. Modelo de utilidad simple.

Debido a que las ecuaciones matemáticas son expresiones más eficientes que las oraciones, los modelos de utilidad matemática se usan a menudo en lugar de los modelos de utilidad verbal.

¿Qué queremos decir con *atributo*? Un atributo es una característica o propiedad de un concepto o de una alternativa. Por ejemplo, los años de experiencia en determinados tipos de empleo es un atributo, o una característica, o una propiedad, de los candidatos. Así, la figura 4.1 y la ecuación 4.1 son cada una de ellas modelos de utilidad de un solo atributo. Por el contrario, un modelo de utilidad multiatributo indica o representa la utilidad general derivada de un concepto o de una opción que posee más de un atributo relevante. Pasemos a continuación, de nuestro análisis de los modelos de utilidad de un solo atributo a uno de los modelos multiatributos.

Los modelos de utilidad multiatributo (modelos MAU) están diseñados para obtener la utilidad de conceptos o alternativas que tienen más de un atributo valioso; por lo tanto, deben ser evaluados de acuerdo con más de un criterio.[1] Un modelo MAU muestra esencialmente a un encargado de tomar decisiones cómo juntar la utilidad o la satisfacción derivadas de cada uno de los diversos atributos en una sola medida de utilidad general del concepto o de la opción multiatribuida.

Un ejemplo de un modelo MAU es el que utilizan los directores técnicos de los equipos de fútbol americano profesional como ayuda para tomar decisiones durante el reclutamiento anual de jugadores. El uso de un modelo MAU —junto con una computadora que contenga información sobre los jugadores de la escuela con posibilidades de jugar en los equipos profesionales— pone a los que toman decisiones en condiciones de hacer una evaluación aproximada, pero sistemática, de centenares de jugadores en cuestión de segundos. Algunos de los atributos utilizados en este cuerpo de decisiones son: la altura, el peso y la velocidad del jugador. Después se obtiene una puntuación —un valor u (x)— para cada atributo de cada uno de los jugadores y después se pondera de acuerdo con su importancia. Finalmente, las puntuaciones ponderadas se suman para obtener una puntuación de utilidad general de cada jugador. Esta puntuación general puede ser utilizada por la computadora para identificar a jugadores de fútbol potencialmente buenos y también como entrada para el proceso de decisión del administrador. También se utilizan en el proceso de decisión otros conceptos de información, tales como los que aportan los "buscadores de talentos".

> Es importante darse cuenta de que estos sitemas no proporcionan sustancialmente más información que la que facilitan los informes de los buscadores. Lo que ofrecen los informes de puntuación es un medio de clasificar a los atletas de una manera consistente con la mayor parte del sesgo eliminado (cada buscador tiene un factor de ponderación especificado por el asesor del equipo). (Ladany y Machol, 1977, pág. 200).

Así, en esta situación de decisiones, como en la mayor parte de los casos, el modelo se utiliza como auxiliar del juicio y no como sustituto de él.

El concepto que está detrás del uso de los modelos MAU es claro: simplemente ponderamos y agregamos las utilidades derivadas de los atributos individuales con el fin de obtener una utilidad general para

---

[1] En el capítulo 5 haremos una distinción entre un "atributo" y un "criterio". Por ahora podemos utilizar estos términos de manera indistinta.

cada alternativa. Entonces, a menos que exista una buena razón para no proceder, escogemos la alternativa cuya puntuación de utilidad generalmente sea la más alta. El uso de los modelo MAU nos permite superar el efecto de algunas de nuestras limitaciones intelectuales, con la ayuda de una memoria externa, un modelo cuidadosamente construido, y un procedimiento paso a paso para agregar información.

En la literatura sobre administración y sobre toma de decisiones aparecen muchas aplicaciones de los modelos MAU. Hay ejemplos que demuestran la diversidad de su uso, como los que se refieren a las decisiones presupuestales de los funcionarios públicos, a las decisiones relativas a la elección de empleo de los solicitantes de un trabajo, a las decisiones de admisión de estudiantes en las universidades, a las decisiones de los ejecutivos relativas a la ubicación de las plantas, las decisiones referentes a la dotación de fondos de los administradores de programas federales, a las decisiones sobre uso de la tierra de los grupos de planificación regional, y a las decisiones de asignación de personal de los diversos servicios militares.

En las siguientes páginas describiremos dos casos reales en donde los consultores utilizaron modelos MAU para ayudar a las personas que debían tomar decisiones. En un caso estas personas eran funcionarios de alto nivel del Departamento de Salud, Educación y Bienestar de los Estados Unidos. En el otro, las personas que debían tomar decisiones eran personas que buscaban trabajo.

Mencionemos de pasada que el peligro de observar solamente un caso es que el lector podría no ser capaz de relacionarlo con su situación de trabajo y rechazar el uso de modelos MAU por no encontrarlos aplicables a aquélla. Este rechazo sería desafortunado, no debido a que los modelos MAU sean útiles para resolver todos los problemas (lo cual, como veremos, no es así) sino debido a que los conceptos básicos de su uso son aplicables en cualquier escenario de decisión. Esto podrá verse a medida que trabajemos con los casos.

Cuando examinemos estos casos observaremos que los modelos MAU no fueron usados como sustitutos del juicio, sino más bien como auxiliares de él. Específicamente, el uso de los modelos pone a los gerentes y a otras personas encargadas de tomar decisiones en condiciones de emplear su juicio en una forma más sistemática de lo que sería si se les dejara con sus propios recursos.

APLICACIÓN DE LA TÉCNICA DEL MODELO MAU. AYUDA A LOS BUSCADORES DE EMPLEO

Muchas agencias públicas y privadas utilizan computadoras para ayudar a la gente a encontrar empleo. Hace algunos años, una de estas agencias pidió a un consultor que la auxiliara a resolver el problema que exponemos a continuación.

Cuando la agencia quiso que su computadora hiciera una investigación para un maestro de escuela que buscaba trabajo, la computadora a veces indicaba que en su inventario, de más de 50 000 convocatorias de plazas en las escuelas públicas, no había empleos apropiados para esa persona en particular. En otras ocasiones, la computadora generaba breves descripciones de centenares de ofertas de trabajo, pero entonces el que buscaba empleo tenía ante sí una tarea que hacía vacilar a su mente.

El director de la agencia, lógicamente, estaba preocupado acerca de estos hechos, pues hablaban mal de sus servicios, comentó: "nos gustaría lograr que la computadora encontrara los diez mejores puestos para cualquier cliente. No queremos que la producción sea de cero ofertas de empleo o de centenares de ellas, sino de una cifra intermedia que esté bajo nuestro control. Debemos estar en condiciones de dar al cliente algo razonable con qué trabajar. Si la computadora pudiera ordenar las ofertas de empleo por categorías, en términos de su satisfactoriedad para el cliente particular, nosotros podríamos asesorar a éste acerca de dónde entrevistarse primero. Eso es importante en términos de ahorrarle tiempo y de aumentar al máximo las probabilidades de que obtenga un empleo."

El asesor contratado para ayudar a resolver este problema determinó rápidamente que la computadora dependía por completo de las restricciones al buscar las ofertas de empleo. Esto es, el consejero en empleo pedía a cada solicitante que identificara las restricciones o límites que tenía para cada uno de los cinco atributos de trabajo que la organización había encontrado útiles al buscar correspondencias entre los maestros que buscaban empleo y las ofertas que había. Por ejemplo, se le preguntó al solicitante: "¿cuál es el salario más bajo que usted admitiria?" y "¿cuáles son las regiones del país en donde usted no aceptaría un empleo?" Con las respuestas a éstas y a otras preguntas relacionadas se alimentó la computadora, que seleccionó las ofertas de empleo como satisfactorias o como insatisfactorias. Sin embargo, no elaboró puntuación alguna acerca de la "bondad de adecuación".

Cuando las respuestas indicaban que las restricciones (por ejemplo la preferencia geográfica) eran muy "estrictas", entonces casi todas las ofertas quedaban descartadas. Cuando las respuestas mostraban que las restricciones eran muy "vagas", casi no se descartaba oferta alguna. También había en el sistema una falta de información a partir de la cual la computadora pudiera identificar o bien correspondencias potenciales que estuvieran sólo un poco desviadas de la mejor alternativa, o bien lo realmente buenas como para recibir la más alta prioridad posible al ser establecidas en una entrevista.

Estaba claro que estas dificultades podrían reducirse al componer el sistema existente. Por ejemplo, la computadora podía contar cuántas de las cinco restricciones se satisfacían y en esta forma crear alguna especie de puntuación de "bondad de adecuación". Por otra parte, tanto la agencia como el asesor estaban interesados en hacer progresar el estado de las cosas, por lo que se decidió buscar una solución más completa.

Su planteamiento consistió en intentar predecir cuál de los esquemas de evaluación podía utilizar un buscador de empleo para calificar los puestos disponibles. Programaron esta información para que la computadora pudiera comprender, e hicieron que utilizara la información para evaluar cada una de sus 50 000 ofertas de trabajo en nombre del que buscaba empleo, por ejemplo, que identificara los diez mejores empleos y los clasificara en términos de su utilidad. De esa manera, el proceso de establecer entrevistas podía hacerse con la máxima eficiencia.

El uso de modelos de utilidad multiatributo era una técnica disponible para esta tarea. Si se pudiera desarrollar un modelo MAU que predijera las evaluaciones de los empleos de cada cliente, entonces la computadora podía ser programada para utilizar el modelo en una búsqueda a nombre de ese cliente particular.

El primer paso consistía en identificar los atributos por emplear en el modelo. Normalmente este paso iba a determinar qué atributos de trabajo querían utilizar los encargados de tomar decisiones para evaluar sus alternativas. Sin embargo, debido a que las ofertas de trabajo en la computadora ya estaban descritas por una serie particular de cinco atributos —los cuales había elaborado la agencia a través de sus años dedicados a asesorar a maestros que buscaban empleo— estos atributos fueron aceptados como los únicos que serían incluidos en el modelo MAU. Los atributos y sus niveles de discriminación se muestran en la tabla 4.1. Era lógico pensar que estos atributos serían apropiados para hacer el descarte. Cuando discutamos posteriormente la validación de los modelos, veremos que sí fueron válidos para predecir cuáles de los trabajos escogían finalmente los solicitantes.

El segundo paso consistía en determinar la utilidad asociada con cada nivel de cada atributo. Esto suponía construir un modelo de utilidad para cada uno de los cinco atributos. Como el consultor estaba interesado en este caso en satisfacer las metas de los individuos que debían tomar decisiones, tenía que obtener los cinco modelos de utilidad de cada solicitante de empleo, individualmente considerado. La información necesaria para desarrollar el modelo se obtenía por medio de un cuestionario. Una pregunta, por ejemplo, era "en una escala de 0 a 100 puntos, en la que 0 significa que usted no recibe satisfacción alguna y 100 significa que usted estaría plenamente satisfecho, ¿qué grado de satisfacción tendría usted con un puesto docente?". A esto seguían cuestiones similares relativas a la satisfacción del solicitante en puestos de investigación, administración, asesoría y servicios especiales. Las

Tabla 4.1. Atributos utilizados en las descripciones de los puestos, sus niveles y su codificación.

Atributos	Niveles de atributos y su codificación
1. Tipo de puesto, x_1.	Enseñanza (x_{11}), investigación (x_{12}), administrativo (x_{13}), asesoramiento (x_{14}), servicios especiales (x_{15}).
2. Tipo de escuela, x_2.	Primaria (x_{21}), secundaria (x_{22}), preparatoria (x_{23}).
3. Tamaño de la comunidad, x_3.	Menos de 10 000 hab. (x_{31}), entre 10 000 y 100 000 (x_{32}), entre 100 000 y 400 000 (x_{33}), más de 400 000 (x_{34}).
4. Ubicación, x_4.	Región, estado, sección de estado y ciudad diferentes de los que se desean (x_{41}); estado, sección de estado y ciudad diferentes de los que se desean (x_{42}); sección de estado y ciudad diferentes de los que se desean (x_{43}); sección de estado correspondiente a la deseada, la ciudad puede corresponder, o no (x_{44}).
5. Salario, x_5.	De $6 000 a $14 000 en incrementos de $2 000 ($x_{51}, x_{52}, x_{53}, x_{54}, x_{55}$).

respuestas a tales preguntas permitían al asesor construir el modelo de utilidad del solicitante al puesto, para cada atributo. En la figura 4.2 puede verse un ejemplo en el cual "enseñanza" sería el "nivel" del atributo o "tipo de posición". El modelo indica que el solicitante respondió con un 60 a la pregunta concerniente a su satisfacción con un puesto en la enseñanza en relación con un puesto administrativo.

El tercer paso consistió en hacer que cada uno de los que solicitaban empleo puntuara la importancia relativa de los cinco atributos. Esto se hizo usando una escala de 0 a 100 puntos, en donde se asignó 100 al atributo más importante y se utilizaron otros números entre 100 y 0 para indicar la importancia relativa de los demás atributos. Las puntuaciones típicas de importancia relativa (w_1, w_2, w_3, w_4 y w_5 para los atributos x_1, x_2, x_3, x_4, y x_5 de la tabla 4.1) fueron 90, 60, 30, 100 y 70.

El cuarto y último paso fue hacer que la computadora estimara la utilidad general del solicitante de empleo para cada trabajo que aquélla tenía en su memoria. Esto se hizo utilizando las puntuaciones del solicitante respecto a: 1. la satisfacción relativa al nivel del atributo, y 2. la importancia relativa de cada atributo. En forma verbal, el modelo de utilidad de cinco atributos utilizado por la computadora se postuló

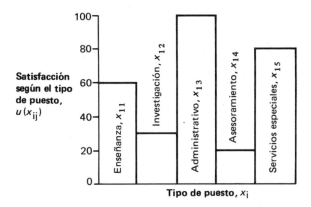

Figura 4.2. Modelo de utilidad según el tipo de puesto.

como "El grado en que un solicitante de empleo podría estar satisfecho con una determinada oferta de trabajo es igual a la combinación ponderada de las satisfacciones, o utilidades, derivadas de los cinco atributos del puesto tal como se presentan en éste."

¿Fueron válidos estos modelos MAU? ¿Realmente representaban el modelo que deseaba utilizar el que tomaba la decisión al evaluar los puestos? Las pruebas indican que la respuesta a estas preguntas fue "sí".[2] Por ejemplo, como parte del estudio, el asesor utilizó cuestionarios para desarrollar los modelos MAU de treinta solicitantes que buscaron empleo por medio de la agencia en enero. Los modelos se utilizaron para evaluar y clasificar las ofertas de empleo satisfactorias que la computadora había dado a cada solicitante en febrero.[3] Por último, el consultor observó si el trabajo elegido finalmente por el solicitante, por lo general en mayo o junio, estaba en la mitad superior de la clasificación. En caso afirmativo, esto demostraría que el modelo tenía por lo menos cierta validez.

En el caso de veintiséis de los treinta solicitantes de empleo, el trabajo elegido estaba en la mitad superior de los veinte puestos satisfactorios (en promedio) que se le habían propuesto al solicitante. Además, en el caso de 18 de estos 30 solicitantes de empleo, el puesto que el modelo MAU clasificó como número uno en enero fue el trabajo que realmente se eligió cuatro o cinco meses después. Estos modelos fueron claramente "adecuados", en cuanto al grado de la situación de de-

[2] Los detalles de cómo fueron desarrollados y validados estos modelos se describen en **Huber, G. P., Daneshgar R. y Ford, D. L.,** "An Empirical Comparison of Five Utility Models for Predictive Job Preferences", *Organizational Behavior and Human Performance* 6, mayo de 1971, págs. 267-282.

[3] Sólo se informó a los solicitantes acerca de los empleos satisfactorios, los que cumplían todas las restricciones o límites que el solicitante había indicado que utilizaría al clasificar los trabajos para determinar su aceptabilidad.

cisión que abarcaban. El procedimiento "paso a paso" utilizado (esto es, el desarrollo y la adición ponderada de las puntuaciones de utilidad) procesó la información de una manera que resultó útil en la predicción de las elecciones resultantes del procesamiento de información relevante por el propio solicitante.

ANÁLISIS DE LA SOLICITUD DE EMPLEO

Podrían hacerse muchas preguntas, y en ocasiones deberían efectuarse al aplicar los modelos MAU en una situación como ésta de la solicitud de empleo. Una de estas preguntas se refiere a si se debe o no sumar las utilidades ponderadas juntas como el procedimiento o estrategia más apropiados para estimar la utilidad general. Comencemos por contestar a esta pregunta mediante el examen del modelo matemático que refleja el procedimiento. Primero vamos a presentar unos cuantos símbolos, con los cuales debemos sustituir las palabras utilizadas en el modelo verbal.

Utilizaremos a x_1 para representar el atributo i ésimo (por ejemplo, de la tabla 4.1 utilizamos x_1 para representar el "tipo de posición"). Utilizaremos x_{ij} para representar el nivel j ésimo, del atributo (por ejemplo, en la tabla 4.1 utilizamos x_{11} para representar "enseñanza"). Finalmente, utilizaremos $u(x_{ij})$ para representar la utilidad derivada de la posesión de una alternativa del atributo i ésimo al nivel j ésimo (por ejemplo, utilizando la tabla 4.1 y la figura 4.2 vemos que la utilidad de un puesto en la enseñanza, $u(x_{ij})$, es 60).

Ahora bien, si uno de los que solicitan empleo hubiese estado considerando un puesto de maestro (x_{14}), en una escuela secundaria (x_{23}), en una comunidad de 20 000 personas (x_{32}), en la sección más deseada del estado más deseado (x_{44}), y que ofreciera un salario de \$ 10 000 por año (x_{53}), vemos que estaríamos tratando con las utilidades $u(x_{14}), u(x_{23}), u(x_{32}), u(x_{44})$ y $u(x_{53})$. Si para este solicitante de empleo, estos valores fueran $u(x_{14}) = 80, u(x_{23}) = 100, u(x_{32}) = 20, u(x_{44}) = 100$, y $u(x_{53}) = 60$, entonces habríamos hecho que la computadora calculara la utilidad general de este solicitante para esta oferta de empleo como una combinación ponderada de estos cinco valores de utilidad.

Si las ponderaciones de importancia relativa del solicitante de empleo para los cinco atributos fueran $w_1 = 90, w_2 = 60, w_3 = 30, w_4 = 100$ y $w_5 = 70$, la computadora habría multiplicado $u(x_{14})$ por w_1, es decir, 80 por 90, con un resultado de 7 200, después multiplicaría $u(x_{23})$ por w_2, o sea, 100 por 60, con el resultado de 6 000, y así sucesivamente. Por tanto, la utilidad de este solicitante de empleo, U, para este puesto habría sido:

$$U = 90(80) + 60(100) + 30(20) + 100(100) + 70(60);$$

o

$$U = 28\ 000.$$

El modelo matemático general apropiado para esta oferta de empleo particular es:

Ecuación 4.2

$$U = w_1\ u(x_{14}) + w_2\ u(x_{23}) + w_3\ u(x_{32}) + w_4\ u(x_{44}) + w_5\ u(x_{53}).$$

La ecuación 4.2 es un simple modelo aditivo. ¿Es posible que en la mente del que toma las decisiones interactúen algunos de los atributos? Por ejemplo, ¿afecta el tipo de puesto a la utilidad correspondiente a los diferentes salarios? Ciertamente, esto podría ocurrir, y si ocurriera se requeriría un modelo más complejo. En esta solicitud, el asesor no consideró dicha posibilidad. Sin embargo, en muchas otras aplicaciones y estudios, se ha examinado la posibilidad de interacciones y, casi sin excepción, se ha encontrado que el simple modelo aditivo predice tanto las preferencias del que toma las decisiones como un modelo más complejo que considerara las interacciones. Cuando ocurrieron las excepciones, el incremento marginal en la predicción fue pequeño.

Aunque los modelos más complejos raras veces son más útiles que los modelos aditivos simples el asesor podría desear buscar y tratar la presencia de una interacción en una situación de decisión particularmente importante. El procedimiento tanto para identificar como para tratar tales interaciones se discutirá en el capítulo 5.

Una segunda pregunta que podría presentarse cuando se aplican modelos MAU es la de si existen otros procedimientos para obtener las ponderaciones de importancia relativa, aparte del interrogatorio directo utilizado en este tipo de solicitud. La respuesta es "sí". Un método es que el asesor describa al que toma la decisión una serie de alternativas en términos de los niveles en los que cada alternativa posee cada atributo, y después lograr que el que toma la decisión califique con puntuaciones globales y generales cada una de las alternativas. Al correlacionar todas las puntuaciones con los niveles de atributo que resultaron de cada puntuación el asesor puede trabajar retrospectivamente para determinar los modelos de utilidad de un solo atributo y las ponderaciones de importancia que el que toma decisiones usó para calificar. Las computadoras y las técnicas estadísticas hacen que éste sea un procedimiento relativamente fácil.

Lo que el asesor hace en este procedimiento es construir un modelo MAU descriptivo que puede reflejar el modelo conceptual y la estrategia de procesamiento de la información que el que toma la decisión utilizó cuando evaluaba conceptos o alternativas multiatributo. Este modelo puede no reflejar el modelo o procedimiento que quien toma decisiones preferiría utilizar. Por ejemplo, la investigación muestra que cuando nos enfrentamos con los problemas de evaluar conceptos multiatributos sin la ayuda de modelos u otros auxiliares, nuestra limitada habilidad de procesar información nos obliga a concentrarnos sólo en unos pocos atributos, y permite que otros atributos importantes apenas influyan.

Los modelos desarrollados por los asesores o por otros observadores que utilizan el procedimiento de trabajar en el sentido retrospectivo que acabamos de describir, se llaman modelos *derivados del observador*. Los modelos desarrollados a partir de que sólo el que toma decisiones explique el modelo, como en el caso de los maestros de escuelas públicas que buscaban trabajo, se llaman modelos *autoexplicados*. Como se deducen de análisis de preferencias, los modelos derivados del observador son especialmente útiles para predecir preferencias, como las de los consumidores. Al haberse desarrollado a partir de afirmaciones acerca de lo que desea hacer el que toma la decisión, los modelos que se explican por sí mismos son especialmente útiles para mejorar preferencias, como ayudar a los que toman decisiones a hacer lo que desean a pesar de sus limitaciones cognitivas. Como nuestro propósito es mejorar decisiones, dirigiremos nuestra atención al desarrollo y uso de modelos que se explican por sí mismos.

La aplicación de modelos MAU que acabamos de describir se concentró en ayudar a los que toman decisiones individualmente, a alcanzar sus metas individuales. Volvamos ahora a una aplicación que se concentró en ayudar a los que toman decisiones relacionadas con la organización a alcanzar las metas de las organizaciones.

EJEMPLO DE APLICACIÓN DE LA TÉCNICA DEL MODELO MAU: AYUDA A LOS EJECUTIVOS DEL HEW[4]

En 1973, el Congreso de los EUA ordenó al Departamento de Salud, Educación y Bienestar que apoyara el desarrollo de organizaciones encargadas de conservar la salud, un tipo de organización de salud que tenía un potencial al que se había dado gran publicidad para proporcionar amplia atención de la salud, con alta calidad. También requería que la prioridad en la dotación de fondos se dirigiera hacia las zonas con poblaciones que "tenían una atención médica deficiente". Además, demandaba que el departamento informara al Congreso, en el transcur-

---

[4] Department of Health, Education and Welfare (Departamento de Salud, Educación y Bienestar de los EUA). (*N. del E.*)

so de tres meses, acerca del procedimiento que se utilizaría para identificar estas zonas y que informara con exactitud en el término de doce meses acerca de qué regiones había designado como deficientes en atención médica.

Los funcionarios del HEW asignados para esta responsabilidad se encontraron en una situación de decisión muy difícil, esto se debía a tres razones. Una era que pensaban que estarían bajo tremendas presiones procedentes de varios grupos de intereses especiales, por lo que designaron funcionarios para asignar los fondos a las zonas (condados y partes de ellos) representados por estos grupos y funcionarios. La segunda razón era que no había un procedimiento establecido para determinar "la deficiencia en la atención médica", no existía un criterio global para escoger las zonas para dotación de fondos. La tercera razón de que la situación fuera difícil era que las tareas logísticas que entraban en juego para determinar las condiciones en cuanto a medicina y salud de los 3 141 condados que hay en los Estados Unidos eran enormes.

Para que les ayudaran en esta tarea, los funcionarios buscaron un grupo de asesores con experiencia tanto en la toma de decisiones como en el campo de la salud. La estrategia general que se convino fue desarrollar un modelo de utilidad multiatributo que transformara la descripción de un condado o de una parte de él en una puntuación numérica de la atención médica deficiente en dicho condado.[5] Los siguientes párrafos ofrecen una breve descripción del procedimiento utilizado.

Como primer paso, se entrevistó a diferentes equipos de expertos en salud de todo el país y después se les hizo una encuesta mediante una serie de cuestionarios. Los consultores identificaron atributos de la comunidad (por ejemplo, "número de médicos por 1 000 habitantes") que consideraron relacionados con el concepto general de atención médica deficiente. Resultó que nueve atributos eran objeto de un consenso general, y se contaba con datos de siete.

El segundo paso consistió en obtener un modelo de utilidad para cada uno de los diversos atributos de cada uno de los miembros de otro equipo de expertos en salud. Cada modelo de utilidad esencialmente transformaba la descripción de un sólo atributo de una zona en una estimación de la deficiencia médica correspondiente a la región. Desde luego, la atención médica deficiente no es una característica atractiva por sí misma. Sin embargo, en este caso, era el concepto global utilizado para indicar la utilidad de recursos adicionales, y en este sentido era equivalente a la utilidad.

La figura 4.3 muestra uno de estos modelos. Los modelos de los expertos individuales se promediaron para obtener un solo modelo de

---

[5] Los detalles del estudio y la razón de haber elegido esta estrategia se describen en Health Services Research Group, "Development of the Index of Medical Underservice", *Health Services Research* 10, verano de 1975, págs. 168-180.

utilidad para cada atributo. El método para obtener estos modelos ha sido utilizado y validado en muchos contextos y se describirá con detalle en el capítulo siguiente.

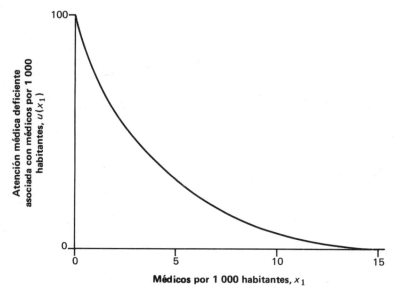

Figura 4.3. Modelo de utilidad para médicos por 1 000 habitantes.

El tercer paso consistió en hacer que cada uno de los expertos determinara la importancia relativa de cada atributo como medida de deficiencia en la atención médica. Los juicios de importancia relativa de los expertos individuales se promediaron después para obtener las ponderaciones de importancia relativa utilizadas en la agregación de utilidades derivadas de las características particulares de una zona.

El cuarto paso consistió en validar el modelo. Al desarrollar un modelo MAU para una aplicación tan importante como ésta, se tuvo gran cuidado de validar tanto la aplicabilidad de los procedimientos utilizados, como del modelo resultante mismo. Por ejemplo, las puntuaciones de atención médica deficiente para las 62 regiones fueron generadas por el modelo y se compararon con las determinaciones de atención médica deficiente hechas por los diversos expertos locales en salud, personalmente familiarizados con estas zonas. Estos expertos locales hicieron sus estimaciones en forma independiente. En total, hubo 57 expertos locales, y proporcionaron un total de 1 662 estimaciones. Estas estimaciones, obtenidas con el modelo MAU, correspondieron casi con exactitud a las estimaciones reales.[6]

[6] Las correlaciones entre las medidas de las estimaciones globales independientes hechas por los expertos locales, y las puntuaciones que se desarrollaron utilizando el modelo MAU fueron, en forma típica, superiores a 8.

Un estudio posterior demostró que un modelo MAU que incluyera sólo los cuatro atributos más importantes, se correlacionaba con estas estimaciones de los expertos locales, aproximadamente igual que el modelo de siete atributos. En forma verbal, el modelo de cuatro atributos postulaba que el grado en que una región sufre de atención médica deficiente debía estimarse con una combinación ponderada de cuatro indicadores:

1. $u(x_1)$: la deficiencia en la atención médica, indicada por la cantidad de médicos en la zona por cada 1 000 habitantes.
2. $u(x_2)$: la deficiencia en la atención médica indicada por el porcentaje de la población de la región que tiene ingresos familiares de menos de $ 5 000.
3. $u(x_3)$: la deficiencia en la atención médica indicada por la tasa de mortalidad infantil de la región.
4. $u(x_4)$: la deficiencia en la atención médica indicada por el porcentaje de la población de la zona, que tuviera más de 65 años de edad.

Como las ponderaciones de importancia relativa (las w_1) correspondientes a estos cuatro atributos eran, respectivamente, 28.7, 25.1, 26.0 y 20.2, el modelo final presentado a los funcionarios del HEW era el siguiente:

Ecuación 4.3

$$U = 28.7\, u(x_1) + 25.1\, u(x_2) + 26.0\ u(x_3) + 20.2\, u(x_4).$$

Este modelo fue adoptado por el HEW y utilizado para evaluar la deficiencia en la atención médica de millares de condados y zonas de subcondados.

ANÁLISIS DE LA APLICACIÓN EN EL HEW

Hay varias preguntas que podrían presentarse cuando se aplican modelos MAU en una situación como ésta. Una de ellas se refiere a si es apropiado sustituir un modelo del que toma decisiones por el que toma decisiones. Para responder a esta pregunta revisemos las dificultades a las que se enfrentaron los funcionarios del HEW y veamos si el uso del modelo MAU ayudó a resolverlas.

La primera dificultad estaba en las inevitables presiones políticas sobre los que controlan los recursos en las organizaciones. Los enfoques alternativos para evaluar la insuficiencia de atención médica en una localidad, como puede ser el uso de equipos de representantes del HEW que visitan el lugar, o el uso de audiencias para cada petición de dotación de fondos, habían requerido tanta comunicación personal como juicios subjetivos específicos de la localidad. Ninguna de las condiciones habría abierto la puerta a la persuasión mediante el uso del poder y de la política. Por el contrario, el uso públicamente proclamado y real del modelo ayudó a los funcionarios del HEW a resistir estas presiones políticas.

La segunda dificultad fue la falta de un procedimiento definido para determinar "la deficiencia en la atención médica". El modelo y los procedimientos asociados con su desarrollo y uso se convirtieron en ese procedimiento y ayudaron también a resolver esta dificultad. La tercera dificultad se refería a la logística de utilizar visitas a los lugares, audiencias, o la revisión de proposiciones para determinar la atención médica deficiente de más de 3 000 localidades. El uso del modelo redujo esta logística a un nivel apenas superior a la perforación de tarjetas con los datos asociados a los cuatro atributos contenidos en el modelo.

Aunque el HEW realmente utilizó las puntuaciones del modelo MAU sólo como una entrada a su toma de decisiones (y probablemente continuó utilizando su propia discreción en muchos casos), el modelo resultó útil al minimizar las dificultades organizacionales en esta situación de decisión. También aumentó la consistencia con la cual la información relativa a los cuatro atributos afectó a las evaluaciones finales. Esto es, redujo la influencia de los factores que quienes tomaron decisiones no querían que influyeran en sus juicios, tales como la fatiga o el orden casual de presentación en que fue encontrada la información sobre los atributos de la zona.

En general, estas observaciones indican que resulta apropiado, en algunos casos, sustituir al modelo, por quien toma las decisiones; pero, ¿fue real esta sustitución? ¿Comprende una sustitución real la aplicación anterior en la cual tomaban parte los que solicitaban empleo? La respuesta es negativa. En ambas aplicaciones se utilizó el modelo para ayudar a quien tomaba las decisiones. No se eliminó opción alguna mediante el uso del modelo. En estas aplicaciones se empleó el modelo MAU para dar una puntuación a grandes cantidades de alternativas, de manera que el tiempo del encargado de tomar decisiones pudiera dedicarse a alguna ocupación más crítica. En la solicitud del aspirante a un empleo, las alternativas más críticas fueron las que obtuvieron la puntuación más alta y probablemente merecían una investigación posterior tal vez en forma de entrevista. En la aplicación HEW, las alternativas más críticas fueron las ubicadas en zonas de la línea fronteriza entre dotación de fondos o no dotación de fondos. Nos quedamos, pues, con la conclusión presentada anteriormente: los modelos MAU no tienen su mejor uso cuando se les utiliza como sustitutos del juicio sino más bien como auxiliares de la acción de elaborar juicios.

Antes de pasar al resumen del capítulo, debemos presentar brevemente un principio que a menudo se menciona en la literatura de administración y de la toma de decisiones, aunque no siempre por su nombre; este principio, llamado en ocasiones el *principio de descomposición,* afirma que en muchos casos podemos tratar en forma más efectiva un problema complejo si lo fragmentamos en sus partes componentes y atacamos cada una de estas partes por separado y después sintetizamos los resultados en una forma que reconstituye la complejidad del problema original. Como explica el profesor Howard Raiffa de la Howard Business School, la idea que sustenta el principio es "divide y vencerás: descomponer un problema complejo en problemas más simples, lograr aplicar el pensamiento directamente a estos problemas más sencillos, reunir estos análisis con un aglutinante lógico y terminar con un programa para actuar" (Raiffa, 1968, pág. 271).

En la solicitud del aspirante a un empleo, por ejemplo, los "problemas más simples" excluía el tener evaluaciones de la utilidad derivada de cada uno de los diversos atributos del empleo. El "aglutinante lógico" consistía en las relaciones aritméticas utilizadas para agregar estas utilidades progresivas una vez que fueron obtenidas de los cuestionarios.

La investigación demuestra (cf. Armstrong, Denniston y Gordon, 1975), que en muchas situaciones el atacar un problema en esta forma (en lugar de intentar asimilarlo todo de una vez) conduce a mejores soluciones. Varias de las técnicas de ayuda en la toma de decisiones descritas en el presente libro son, en esencia, mecanismos para hacer operativo el principio de descomposición. En particular, una faceta de la técnica del modelo MAU es la de un mecanismo para aplicar el principio de descomposición en las situaciones de decisión en donde la fuente de la complejidad del problema es la necesidad de considerar más de un criterio.

RESUMEN Y PANORAMA

Este capítulo se inició con la introducción del tema de los modelos de utilidad multiatributo y con la idea de que una técnica para ayudar a tomar decisiones que emplee tales modelos podría ser útil para superar algunos de los límites en la racionalidad descritos en el capítulo 3. Además señaló que los modelos de utilidad multiatributo se han utilizado para ayudar a quienes toman decisiones en una diversidad de situaciones de decisión donde intervienen criterios múltiples.

El capítulo continuó con la descripción y análisis de dos aplicaciones de lo que se ha denominado la "técnica del modelo MAU". El propósito de la primera aplicación fue ayudar a quienes toman decisiones individualmente a alcanzar sus fines. El propósito de la segunda aplicación fue ayudar a quienes toman decisiones organizacionales a alcanzar fines organizacionales. Advertimos que, en ambas aplicaciones, los modelos MAU fueron utilizados como auxiliares del juicio más que como sustitutos del mismo.

En ambas aplicaciones, se utilizaron consultores para ayudar a quienes tomaban decisiones. ¿Pueden las personas que toman decisiones individualmente y su respectivo personal utilizar los modelos MAU para ayudarse? En el siguiente capítulo veremos que la respuesta es claramente afirmativa.

REFERENCIAS BIBLIOGRÁFICAS

Armstrong, J. S., W. B. Denniston, Jr., y M. M. Gordon, "The Use of the Decomposition Principlein Making Judgements", *Organizational Behavior and Human Performance* 14, octubre de 1975, págs. 257-263.

Edwards, W., "How to Use Multi-Atribute Utility Measurement for Social Decision Making", *IEEE Transactions on Systems, Man and Cybernetics* SMC-7, Mayo de 1977, págs. 326-340.

Health Services Research Group, University of Wisconsin-Madison, "Development of the Index of Medical Unserservedness", *Health Services Research* 10, verano de 1975, págs. 168-180.

Huber, G. P., R. Danesgahr, D. L. Ford, "An Empirical Comparison of Five Utility Models for Predicting Job Preferences", *Organizational Behavior and Human Performance* 6, mayo de 1971, págs. 267-282.

Keeney, R. L., "Evaluation of Pumped Storage Sites", *Operations Research* 27, enero-febrero de 1979, págs. 48-64.

Ladany, S. P., y R. E. Machol, *Optimal Strategies in Sports,* North Holland Publishing Company, Nueva York, 1977.

Raiffa, H., *Decision Analysis,* Addison-Wesley Publishing Company, Inc., Reading, Mass, 1968.

5

Mejoramiento de las decisiones que implican metas múltiples. El procedimiento de autoayuda

En el capítulo anterior vimos cómo los asesores utilizaron modelos de utilidad multiatributo para ayudar a las personas que deberían tomar decisiones y que se enfrentaban a situaciones en donde era necesario considerar diversas metas o criterios. En este capítulo mostraremos, a través de un procedimiento paso a paso, cómo los gerentes individuales y sus colaboradores pueden utilizar tales modelos. El procedimiento puede aplicarse tanto a situaciones en donde los criterios financieros son de gran importancia como a situaciones en donde tienen menor interés. Antes de ver cómo emplea modelos MAU el procedimiento, repasemos las ventajas que podemos obtener utilizando modelos MAU u otros similares.

1. Desarrollar y hacer explícito nuestro punto de vista de la situación de decisión en la forma de un modelo nos ayuda a identificar las inadecuaciones de nuestro modelo implícito, mental.[1]
2. Los atributos contenidos en el modelo sirven para recordar la información que debe obtenerse acerca de cada alternativa. Esto ayuda a evitar la costumbre de evaluar una alternativa respecto de los atributos A, B y E, en tanto que se evalúa otra alternativa acerca de los atributos A, C y D, simplemente porque en un caso estaba disponible una serie de informaciones, en tanto que en el otro teníamos a mano una serie diferente.

[1] En una ocasión expresé escepticismo a un administrador acerca de si mi modelo MAU para evaluar el comportamiento multicriterio de varios departamentos subordinados sería realmente útil para él o para el personal que trabajaba bajo sus órdenes. El administrador contestó: "No hay que preocuparse en absoluto por eso. Hemos obtenido tanto discernimiento sobre nuestras ideas y operaciones al haber tenido que contestar sus preguntas acerca de qué factores eran importantes aquí, y de cuál era su importancia, que yo estaría más que satisfecho con este proyecto, aunque nunca encontráramos el momento de poner en práctica su modelo".

3. La información y los modelos gráficos que contienen la información utilizada en el modelo matemático sirven como memorias externas organizadas. Aquí podemos registrar, analizar y recuperar información eficientemente, con lo cual se superan algunas de nuestras limitaciones como procesadores de información.
4. El proceso paso a paso asociado con el modelo nos pone en condiciones de añadir grandes cantidades de información en una forma prescrita y sistemática, más que en una forma determinada por el orden en el cual aparece la información, o por los límites de nuestro intelecto.
5. La presentación de la información y el procedimiento asociado con el modelo aumentan la habilidad de los gerentes para comunicarse con aquellos asesores a los que se podría pedir que ayudaran a hacer la elección, con aquellos superiores ante los cuales podría tener que justificarse la elección o con aquellos subordinados que podrían tener que instrumentarla.

Volvamos a una descripción del procedimiento paso a paso que hace que se obtengan estas ventajas. El lector indudablemente reconocerá la mayor parte de estos pasos pues ya los habrá realizado o habrá participado en ellos. Las posibles excepciones son aquéllas en donde se usa un enfoque sistemático para ayudar a formar los juicios que por lo regular se elaboran de manera implícita y fortuita. Las descripciones de algunos de los muchos escenarios de decisiones en donde se ha utilizado este procedimiento (o algunas variaciones menores) están contenidos en la reseña "Multiattribute Utility Models: A Review of Field and Fieldlike Studies (Huber, 1974), y en el texto didáctico "How to use Multiattribute Utility Measurement for Social Decision Making" (Edwards, 1977). Como se verá, este procedimiento ayuda a la persona que toma decisiones a hacer lo que realmente quiere hacer, y sirve claramente como un auxiliar más que como un sustituto del juicio.

DESARROLLO Y USO DE LOS MODELOS MAU

En esta sección describimos cada uno de los pasos que intervienen en la utilización de la técnica de los modelos MAU. Por lo general se llevan a cabo en el orden mostrado, las excepciones se discuten en la última sección del capítulo. Con el fin de indicar el alcance y la naturaleza de los pasos individuales, nos apoyaremos en diversas aplicaciones. Sin embargo, con el objeto de mostrar que los pasos combinados comprenden una técnica útil, también realizaremos un ejemplo de aplicación por medio del procedimiento paso a paso.

Al examinar la técnica, el lector verá que requiere que los gerentes y sus colaboradores traten cuestiones que, por naturaleza o por hábitos, normalmente eluden. También se requiere que piensen sistemáticamente cuando la naturaleza dinámica de sus trabajos a menudo los condicionan a ser poco sistemáticos. Está claro que un procedimiento tan riguroso no puede utilizarse en toda situación que involucre una decisión que abarque varias metas. ¿En qué situaciones debe ser utilizado?

Este tipo de pregunta no es aplicable únicamente a la técnica del modelo MAU, sino que se aplica a cualquier técnica sofisticada de ayuda a la toma de decisiones. La respuesta a la pregunta es que la técnica del modelo MAU, así como la mayoría de los procedimientos sofisticados de ayuda a la toma de decisiones, se diseñaron para utilizarse en situaciones de decisiones importantes. En ellas es en donde han probado su valor.

Los conceptos que están detrás de tales técnicas son útiles, en teoría, en casi todas las situaciones de decisión, pero las técnicas están diseñadas para utilizarse cuando es importante que se tome la decisión correcta. Newman y Warren expresaron la idea como sigue:

> En la sociedad occidental, con su fuerte apoyo a la ciencia y al utilitarismo, damos por supuesto que las mejores decisiones se toman por medio de una elección *racional*. Existen formas alternativas de seleccionar un plan —la intuición, los antecedentes, el voto, la guía divina— pero en una organización que tiene un propósito, como es un empresa, la decisión racional es, definitivamente, la mejor.
>
> No obstante esta consideración de la racionalidad, en nuestro comportamiento real se suele fracasar al seguir los pasos básicos de la toma racional de decisiones. Nuestros planes personales cotidianos no son plenamente racionales, y los gerentes suelen confiar en otros métodos para hacer sus planes. Por desgracia, la toma racional de decisiones es un trabajo difícil y para su uso se requieren tanto la habilidad como la sabiduría. De manera que como cuestión práctica podemos utilizar el proceso racional solamente para tomar las decisiones más importantes. (Newman y Warren, 1977, pág. 227.)

Ahora volvamos a un ejemplo de aplicación de la técnica del modelo MAU.

Ejemplo de la eficacia: la selección de la gerencia

El sr. John Smith director de personal, ha sido designado jefe de una comisión de la gerencia a la cual se le asignó la tarea de buscar y seleccionar aspirantes para el puesto de gerente nacional de ventas para la Empresa XYZ.[2] Después de tres semanas de reclutar por medio de fuen-

---

[2] A menudo se pide a las comisiones que realicen tareas de selección como la que aquí se describe. Aunque en los capítulos 9, 10 y, especialmente en el 11, describiremos algunas guías

tes de la compañía, de una agencia de colocación de ejecutivos y de anuncios a escala nacional, aparentemente treinta y dos personas competentes habían expresado interés por el puesto. En ese punto, Smith y la comisión reconocieron que sería necesario utilizar algún procedimiento sistemático para evaluar a todos los candidatos. Una vez que se hubiera terminado esta tarea, el proceso de decisión continuaría con entrevistas realizadas por los ejecutivos de mayor categoría dentro de la organización y ellos mismos tomarían una decisión final.[3]

Smith se había enterado de la técnica del modelo MAU en una publicación profesional, y posteriormente la encontró en un curso breve de desarrollo gerencial. Basándose en lo que había aprendido, consideró que la comisión podría utilizar la técnica durante la selección de los candidatos. Después de que Smith explicara la técnica, los demás miembros de la comisión apoyaron su utilización. Posteriormente asignó un ayudante del departamento de personal para auxiliar a la comisión en el empleo de la técnica.

Nos basaremos en este ejemplo casuístico y analizaremos la aplicación de la técnica del modelo MAU en él. En primer lugar vamos a realizar un examen de los pasos que comprende la técnica. Supondremos que las fases de *exploración del problema* y de *generación de alternativas* del proceso de solución del problema han identificado las alternativas que se aplican a la situación de decisión.

Paso 1. Identificar y hacer una lista de los criterios y de las restricciones relevantes. La mayor parte de los gerentes están familiarizados, a causa de su entrenamiento y experiencia, con los escenarios de decisión en los cuales podría darse una situación de elección. Debido a esto, el hacer una lista de las consideraciones relevantes (esto es, los criterios y las restricciones por los cuales debe juzgarse a una alternativa) no es por lo regular una tarea fácil.

Nuestra principal preocupación en este paso es evitar que los hábitos antiguos, los prejuicios o la falta de información provoquen que pasemos por alto una consideración crítica. En las decisiones importantes no rutinarias, el esfuerzo y la atención especiales en este paso, reducen la posibilidad de que se presenten dificultades posteriormente. En cualquier caso nuestra meta general es mejorar decisiones, y la falta de esfuerzo no estimula las posibilidades de que procedamos así. Debemos contentarnos con intentar lograr la integridad de nuestro pensamiento. Por esta razón enlistamos las consideraciones (los criterios y las restricciones) en lugar de hacer simplemente una revisión mental de ellos.

---

y técnicas que ponen a quienes forman las comisiones en condiciones de realizar dichas tareas con una relativa facilidad (aun cuando se presenten diferencias de opinión), preferimos demostrar que la técnica del modelo MAU en este escenario grupal con el fin de resaltar su versatilidad.

[3] Este ejemplo es una simplificación de varios casos de selección de ejecutivos en los que participaron el autor y un colaborador, y en el cual se empleó la técnica del modelo MAU. Debido a la naturaleza confidencial de la selección de ejecutivos se evita utilizar un caso real.

Existen dos enfoques que podemos utilizar para ser más íntegros en la elaboración de nuestra lista. Uno consiste en utilizar el *pensamiento forzado y analítico*. En este enfoque asignamos y utilizamos una cierta cantidad de tiempo ininterrumpido para enlistar primero las consideraciones primarias (y generalmente las más obvias) y después hacer una lista con las consideraciones secundarias. El forzarnos a enlistar las consideraciones secundarias nos impide suprimir alguna que en esta fase inicial no parezca competir en importancia con otras. Asimismo, el forzarnos a utilizar un lapso de diez minutos evita que tratemos como trivial a este ejercicio. Esto es importante debido a que puede darse un pensamiento más profundo después de haber enlistado las consideraciones más obvias, aun cuando esté todavía pendiente la tarea de elaborar dicha lista. Este procedimiento por lo general originará una lista extensa que posteriormente podrá ser recortada y reducida. Mientras tanto, la lista nos habrá obligado a pensar más en la situación de nuestra decisión de lo que habría ocurrido en otro contexto, lo cual ya representa un considerable beneficio para nosotros.

El otro enfoque para asegurarse de que las consideraciones relevantes no han sido omitidas, es obtener la ayuda de otras personas. Con el fin de no perder nuestro objetivo actual en la toma de decisiones individuales, pospondremos nuestro examen de este enfoque hasta que discutamos la toma de decisiones grupal. Sin embargo podríamos decir aquí que cuando el gerente se enfrenta con una situación con la cual no está familiarizado o con una situación de decisión sumamente sensible, se le puede aconsejar que recurra a alguien con más experiencia. "Lo que creo que debe considerarse es: ¿puede usted pensar en algo que yo haya pasado por alto?"

En la decisión de selección gerencial descrita antes, Smith y la comisión discutieron el puesto de gerente nacional de ventas tanto con algunos de los ejecutivos de más alta categoría dentro de la organización, como entre ellos mismos. Después de revisar las políticas de contratación pertinentes, decidieron utilizar los siguientes criterios y restricciones relacionadas para evaluar a los candidatos: 1. antecedentes de una exitosa gerencia de ventas, 2. familiaridad con la industria de productos domésticos, y 3. disposición de viajar lejos. La comisión después se dedicó a considerar la pregunta de cómo determinar el grado en que se satisfacen estos criterios.

Hasta ahora hemos utilizado las palabras atributo y criterio en forma indistinta, pero más adelante necesitaremos distinguir entre ellas. Aquí definiremos un atributo como la característica o propiedad observable de una alternativa que nos permite determinar el grado en el cual la alternativa satisface un criterio. El salario y las comisiones son ejemplos de atributos para medir el grado en que un puesto satisfaría el criterio de proporcionar un ingreso adecuado.

Paso 2. Identificar y enlistar los atributos pertinentes. Como los atributos son las características o propiedades mensurables con las cuales determinamos el grado en el cual una alternativa satisface los criterios pertinentes está claro que en algún punto del proceso de decisión debemos identificar los atributos apropiados. Esto es por lo general una tarea directa, dado que para muchos criterios habrá un atributo que es obvio y que abarca un solo criterio. Por ejemplo, existen muchas medidas potenciales del criterio "ingreso derivado del empleo", pero la medida "salario" probablemente fue un atributo suficiente en la solicitud del solicitante de empleo que vimos en el capítulo 4. Sin embargo, para tomar el otro extremo, podría haber muchas medidas del criterio "deficiencia en el servicio médico", para asignación de fondos del HEW, pero como vimos en la aplicación del ejemplo, ni uno solo de los atributos sería suficiente, considerado individualmente.

En aquellos casos en que podamos identificar dos o más atributos que se relacionan con un criterio particular, debemos juzgar si los atributos guardan o no relación. Si guardan una relación estrecha, como son los de "tasa de rendimiento sobre la inversión" y "años para recuperar la inversión", o "grado escolar" y "edad del estudiante", debemos utilizar sólo uno, el que mejor mida el grado en que se satisface el criterio, o aquél del que sea más fácil obtener datos. Si los atributos están poco relacionados, debemos escoger los dos o tres que parezcan ser más relevantes.

En cualquier caso, la identificación de los atributos, después de haber identificado los criterios, por lo general es una tarea que se realiza fácilmente. Si el gerente está preocupado por pasar por alto un atributo apropiado, puede utilizar cualquiera de las técnicas de generación de una lista que analizamos en el paso 1.

Volvamos a la decisión de selección gerencial. Después de utilizar el *proceso de pensamiento forzado y analítico* con el fin de generar una lista de atributos posibles, los miembros de la comisión convinieron en los siguientes atributos:

1. Un antecedente de actividades exitosas en la gerencia de ventas se refleja en:

    a) El número de años de experiencia que una persona ha tenido en la gerencia de ventas, y
    b) El incremento promedio anual en el salario de la persona mientras ocupó el puesto de gerente de ventas.

2. La familiaridad con los productos domésticos la indica el número de años de experiencia que la persona ha tenido en la industria de productos domésticos.

3. La disposición para viajar se indica a través de la declaración del solicitante respecto al número de días por años que está dispuesta a viajar en actividades relacionadas con el trabajo.[4]

Una vez hecho esto, la comisión procedió al paso 3.

Paso 3. Determinar las utilidades de los diversos niveles de cada uno de los atributos. Hay dos casos que se deben considerar. Uno de ellos es dónde son discreta o cualitativamente diferentes los niveles del atributo, como lo fueron en el caso del atributo "tipo de puesto" que puede verse en la tabla 4.1. Otro ejemplo podría ser el atributo "calidad del camino local de acceso público", en donde los tres niveles podrían ser "cuatro carriles, dos carriles con aceras y dos carriles sin aceras". El procedimiento que se debe utilizar en este caso es 1. calificar los niveles en términos de su utilidad o satisfactoriedad, 2. asignar un valor de 100 al nivel más satisfactorio, y 3. asignar otros valores entre 0 y 100 a los restantes niveles que reflejan su satisfactoriedad relativa al nivel más satisfactorio. Si se cree conveniente se puede trazar un modelo de utilidad como el que se muestra en la figura 4.2, con el fin de ayudar a visualizar la utilidad relativa asignada a los diversos niveles de atributos.

El segundo caso que se debe considerar es dónde son continuos o cuantitativamente diferentes, los niveles del atributo, en lugar de ser cualitativamente diferentes. Un ejemplo es el atributo "utilidad neta", o "médicos por 1 000 habitantes".

El procedimiento que se debe utilizar en este caso es asignar un valor de 100 al nivel más satisfactorio y después trazar el resto de la gráfica de tal manera que la altura de la curva (medida en una escala de 0 a 100) refleje en todos los puntos la satisfactoriedad relativa del nivel correspondiente del atributo. Esto se hizo en la figura 4.3. El procedimiento alternativo es descomponer el continuo en categorías o niveles discretos y después emplear el procedimiento descrito en los párrafos anteriores para desarrollar valores de utilidad para niveles discretos de atributos. En la figura 5.1 puede verse un ejemplo del resultado. Este segundo procedimiento es más sencillo de usar, pero sacrifica cierto grado de precisión.

En cualquiera de los dos casos anteriores, al nivel más deseable de los que se presentarán en la situación de decisión se le asigna un valor de 100. El reservar la puntuación de utilidad de 100 a los niveles que no ocurran en la situación de decisión no facilita nada y sólo confunde la situación.

Para ver precisamente cómo se obtienen las estimaciones de utili-

---

[4] En la mayor parte de las situaciones reales, la lista sería más extensa. El autor participó recientemente en un caso de selección de personal profesional en donde se determinaron once atributos de la información proporcionada en la solicitud. Asimismo se determinaron otros seis atributos adicionales por medio de entrevistas realizadas por la comisión.

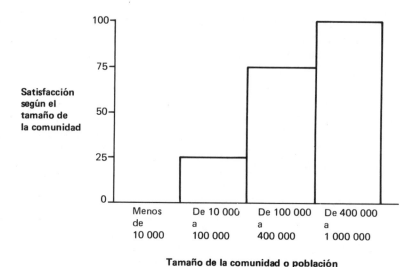

Figura 5.1. Modelo de utilidad según el tamaño de la comunidad.

dad, analicemos el ejemplo de una sesión de determinación de la utilidad. Supongamos que el gerente de servicios de información, sr. Smith, ha contratado a un asesor para que le ayude a seleccionar un sistema de computadora sobre la base de tiempo compartido y que uno de los criterios es el de cuántas terminales puede sostener el sistema.

Asesor: señor Smith, usted indicó que, con respecto al número de terminales que el sistema puede mantener, estaría plenamente satisfecho con las setenta y dos terminales sugeridas por su "Informe de análisis de necesidades". Asignemos una puntuación de satisfacción (utilidad) de 100 a este número de terminales. Ahora tendríamos que considerar lo satisfecho que estaría usted con un número menor de terminales.

Por ejemplo, con relación a su satisfacción con setenta y dos terminales, ¿qué grado de satisfacción tendría usted con sesenta terminales?

Smith: bueno, estas últimas doce estarían muy bien, pero en realidad no son tan importantes como las primeras doce, ni siquiera como las de la quinta docena, de modo que considero que estaría un 90% satisfecho con sesenta terminales. Pero espero obtener setenta y dos.

Asesor: muy bien, ahora ¿qué grado de satisfacción tendría usted con cuarenta y ocho terminales?

Smith: ahora comienza a complicarse la situación, pero sé que podríamos proporcionar más de los dos tercios (o 48/72) de los servicios requeridos, de manera que no diré 66%, sino 75%.

Asesor: ¿y qué pasaría con treinta y seis terminales?

Smith: todavía estamos avanzando. Creo que 60%.

Asesor: ¿y qué tal con veinticuatro?

Smith: ahora ya empezamos con problemas, porque tendríamos que hacer una parte del trabajo de producción con calculadoras y procedimientos semiautomatizados. Eso creo que nos causaría un buen número de problemas administrativos. Asignaré un grado de satisfacción del 40% a las veinticuatro terminales, y anticipándome a su siguiente pregunta, como los problemas administrativos asociados con un sistema de doce terminales sería todavía peor, le asignaré un valor del 20%.

Utilizando la información obtenida en tal entrevista, el asesor puede desarrollar una curva de utilidad como la que puede verse en la figura 5.2. Este ejemplo fue sencillo, de manera que podemos continuar con nuestra revisión de los pasos restantes. En una sección posterior del capítulo discutiremos algunos de los puntos más sutiles del proceso para obtener juicios de utilidad y contestar algunas preguntas que podrían deducirse a partir del uso de un ejemplo sencillo, como podría ser el comprobar la confiabilidad de estos juicios.

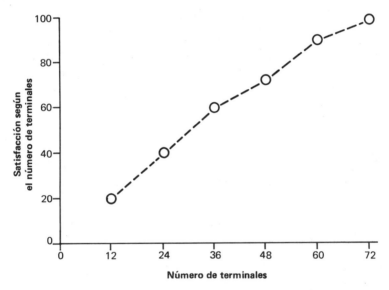

Figura 5.2. Modelo de utilidad según el número de terminales.

Volviendo una vez más a nuestro caso de selección gerencial, los miembros de la comisión decidieron hacer que el ayudante de personal dirigiera una sesión de determinación de utilidades con cada uno de los miembros, y después promediara los modelos de utilidad resultantes para obtener un solo *modelo de utilidad de la comisión* correspondiente a cada atributo. El modelo de utilidad de la comisión para el incremento promedio anual en el salario puede verse en la figura 5.3. Después de haber revisado y convenido los modelos de utilidad, la comisión procedió a determinar la importancia relativa de cada uno de los criterios.

*Paso 4. Determinar la importancia relativa o ponderaciones propor-
cionales de los criterios.* Éste es un paso fácil. El procedimiento es: 1.
ordenar los criterios en términos de su importancia relativa, 2. asignar
un valor de 100 al criterio más importante, y 3. asignar valores entre 0
y 100 a los restantes criterios, para reflejar su importancia con respecto
al criterio más importante.

Al realizar este paso, debemos tener presente que las ponderaciones
de importancia correspondientes a un atributo variarían dependiendo
del rango de los niveles de los atributos. Por ejemplo "ingreso derivado de
la ocupación" podría clasificarse como tercero entre los cinco atributos
de salario si el salario va de $ 13 000 a $ 16 000 por año, pero, ¿qué
sucede si el rango es sólo de $ 14 500 a $ 15 000 o incluso de $ 8 500 a
$ 20 000? ¿Todavía ocuparía el tercer lugar? Probablemente no. Esto
se debe a que la importancia de un criterio depende de la amplitud de
su atributo del cual siempre deberemos obtener nuestras ponderaciones
de la importancia después de haber trabajado concienzudamente a través
de los pasos 1, 2 y 3. La profunda reflexión que realizamos a medida
que atravesamos los procesos de identificación de criterios y atributos y
de evaluación de la utilidad derivada de diferentes niveles de los atributos, proporciona una base para elaborar los juicios que se necesitan en
este paso.

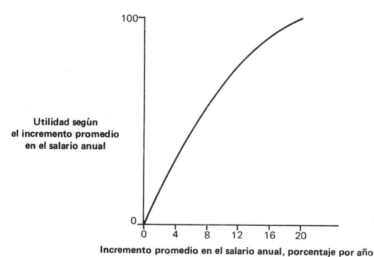

Figura 5.3. Promedio de las utilidades de los miembros del comité para diversos incrementos anuales de salario, en promedio.

En la siguiente sección describiremos algunos métodos para verificar
la confiabilidad o consistencia de nuestras ponderaciones de la importancia. Aquí podemos mencionar que este conocimiento adicional en

nuestro propio esquema de valoración puede obtenerse si transformamos las ponderaciones que tenemos en ponderaciones *proporcionales*, cuya suma asciende a 1.0. Las ponderaciones proporcionales se obtienen dividiendo cada una de las ponderaciones de la importancia relativa por la suma de todas las ponderaciones de la importancia. Por ejemplo, si los criterios A, B, C y D se ordenaran en importancia como B,C,D y A y recibieran puntuaciones de importancia de 20, 100, 50 y 30, entonces la ponderación proporcional correspondiente a B sería igual a 100 dividido por 100 + 50 + 30 + 20, o sea .50. La suma de las ponderaciones proporcionales desde luego, es igual a 1.00.

Las ponderaciones proporcionales se usan con frecuencia en los modelos MAU. En la aplicación del HEW se multiplicaron por 100 y se convirtieron a ponderaciones porcentuales 28.7, 25.1, 26.0 y 20.2. Utilizaremos las ponderaciones proporcionales o porcentuales en nuestros siguientes ejemplos debido a que pueden interpretarse con más facilidad que las ponderaciones de la importancia.

En el caso de selección gerencial, el comité nuevamente hizo que el ayudante de personal trabajará con cada uno de los miembros en la asignación de las ponderaciones del criterio de la importancia. El promedio de ellos se resumió como las *ponderaciones de importancia del comité*. El concepto "carrera exitosa en la gerencia de ventas" recibió una puntuación promedio de 92, "familiaridad con los productos domésticos" recibió 75, y "disposición para viajar" recibió una puntuación promedio de 47. El ayudante de personal calculó las ponderaciones proporcionales que aparecen en la tabla 5.1, a partir de estos valores de importancia. Después de revisarlos, los miembros del comité se dedicaron a determinar la importancia de los atributos seleccionados en el paso 2.

Tabla 5.1. Ponderaciones para los criterios relevantes.

Criterio	Importancia	Ponderación proporcional
Antecedentes de éxito.	92	$^{92}/_{214} = 0.43$
Familiaridad con los productos domésticos.	75	$^{75}/_{214} = 0.35$
Disposición para viajar.	47	$^{47}/_{214} = 0.22$
	214	1.00

Paso 5. Determinar las ponderaciones proporcionales de los atributos. En aquellos casos en donde sólo existe un atributo por criterio, utilizamos la ponderación proporcional para el criterio, como la ponderación de importancia del atributo. En los casos en donde existe más

de un atributo por criterio, utilizamos un procedimiento directo de dos fases. En la fase 1, por cada criterio multiatributos hacemos lo siguiente: 1. clasificamos los atributos en términos de su importancia relativa como medidas del criterio, 2. asignamos un valor de 1.0 al atributo más relevante, confiable o representativo, 3. asignamos valores entre 0 y 1.0 a los atributos restantes que reflejan su importancia relativa, y 4. dividimos cada uno de estos valores entre la suma de todos ellos. Estos cuatro pasos dan como resultado una ponderación para cada atributo que refleja su importancia relativa como una medida del *criterio*. Así, en la aplicación del HEW, las ponderaciones proporcionales de .287, .251, .260 y .202 reflejaban la importancia relativa de los atributos de la comunidad respectiva como medidas del criterio "deficiencia en la atención médica".

En la fase 2 tomamos cada una de estas ponderaciones y la multiplicamos por la ponderación proporcional del criterio supraordinado respectivo. Los valores resultantes reflejan la importancia relativa de los atributos en la situación de decisión y se usan como las ponderaciones proporcionales en el modelo MAU.

En la figura 5.4 aparece un ejemplo conceptual. El criterio cuya ponderación proporcional es .60 tiene dos atributos. Esta ponderación debe distribuirse de acuerdo con las importancias relativas (.30 y .70)

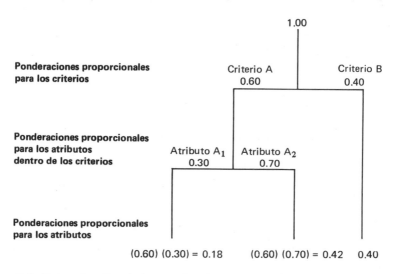

Figura 5.4. Determinación de las ponderaciones proporcionales para los atributos.

de los dos atributos utilizados para determinar el grado con el que se satisface el criterio. Por consiguiente, .30 de los .60, o .18, se asigna como la ponderación proporcional para uno de los atributos y .70 de los .60 o .42 se asigna como la ponderación proporcional del otro. Como

.18 y .42 suman .60, el criterio conserva su influencia original. El modelo MAU sería

Ecuación 5.1

$$U = .18\, u(x_{A_1}) + .42\, u(x_{A_2}) + .40\, u(x_B).$$

Si en la aplicación del HEW los ejecutivos habían deseado asignar fondos de acuerdo con los dos criterios igualmente ponderados (.50 y .50), "deficiencia en la atención médica" y "calidad de la proposición de financiamiento", entonces en el modelo final MAU de cinco atributos, las ponderaciones proporcionales para los cuatro atributos de la comunidad habrían sido (.5) (.287) = .144, (.5) (.251) = .125, (.5) (.260) = .130, y (.5) (.202) = .101. La ponderación proporcional para la proposición de calidad habría sido .50. Los primeros cuatro valores suman .50, ponderación proporcional original para el criterio "deficiencia en la atención médica".

Volvamos a la decisión de selección gerencial. Siguiendo el procedimiento de dos fases antes expuesto, los miembros del comité clasificaron la importancia de los dos atributos asociados con los antecedentes de una persona al frente de una gerencia de ventas exitosa. Los años de experiencia en la gerencia de ventas fueron clasificados en primer lugar y el cambio de salario de año en año en segundo lugar. Después convinieron en que el atributo calificado en segundo lugar tenía una importancia del 50% y así a los atributos se les asignaron puntuaciones de importancia de 1.0 y .5, respectivamente. Como los otros dos atributos eran la única medida del grado de satisfacción del criterio respectivo, recibieron la misma ponderación que el criterio asociado. La tabla 5.2 muestra los cálculos del ayudante de personal en cada una de las dos fases. Al finalizar el paso 5, el comité tenía terminada la especificación del modelo MAU.

Con el objeto de hacer más expedito el paso futuro de computar las utilidades generales correspondientes a cada solicitante, el ayudante de personal desarrolló el cuadro de comportamiento que aparece en el lado izquierdo de la figura 5.5 y el cuadro de utilidades mostrado en el lado derecho. Los valores de utilidad correspondientes a los "comportamientos" se obtuvieron utilizando los modelos de utilidad de la comisión, como en la figura 5.3. Por ejemplo, la figura 5.3 indica que la utilidad del incremento en el salario del 9% en el solicitante número 30, es 60.

Como siguiente tarea, el comité hizo uso de restricciones para descartar las alternativas inaceptables.

Paso 6. Identificar las restricciones y descartar las alternativas inaceptables. Como hicimos notar anteriormente, los que toman decisiones en forma autónoma tienden a utilizar estrategias de decisión francamente simplistas que se apoyan sobre todo en el uso de restricciones. Resolveremos nuestro problema en una forma más efectiva, a largo plazo si no utilizamos innecesariamente restricciones limitativas para descartar alternativas que podrían poseer atributos compensatorios. Así, aunque el uso de restricciones es apropiado, éstas deben limitarse a identificar aquellos niveles de atributos que no pueden ser tolerados ni compensados.

Tabla 5.2. Ponderaciones correspondientes a los atributos.

Fase 1		
Atributos dentro del criterio de antecedentes de éxito	Importancia relativa	Ponderaciones proporcionales para los atributos dentro del criterio del registro de trayectoria
1^a Experiencia como gerente de ventas.	1.0	$1/1.5 = .67$
1^b Cambio anual en el salario.	.5	$.5/1.5 = .33$

Fase 2	
Atritutos para el modelo MAU	Ponderaciones proporcionales que se utilizarán en el modelo MAU
1^a Experiencia como gerente de ventas (x_1).	$(.67)(.43) = .29$
1^b Cambio anual en el salario (x_2).	$(.33)(.43) = .14$
2. Disposición para viajar (x_3).	$(1)(.22) = .22$
3. Experiencia en productos domésticos (x_4).	$(1)(.35) = .35$

El uso de restricciones es una forma rápida y tramposa de eliminar alternativas. Nos ahorra tener que dar una consideración detallada a aquellas alternativas poco viables que serían inaceptables independientemente de su puntuación general MAU. Aunque en realidad no podemos construirlo, puede resultar útil pensar en términos de un cuadro de desempeño multiatributo, tal como el que puede verse en la figura 5.6. Este cuadro muestra cómo se comporta cada alternativa con respecto a cada atributo. Las entradas en tal cuadro son los datos de comportamiento o *ganancias* (para utilizar la terminología del capítulo 3). La información del pie del cuadro describe las restricciones que van a utilizarse junto con los datos del comportamiento para descartar las alternativas poco viables.

89

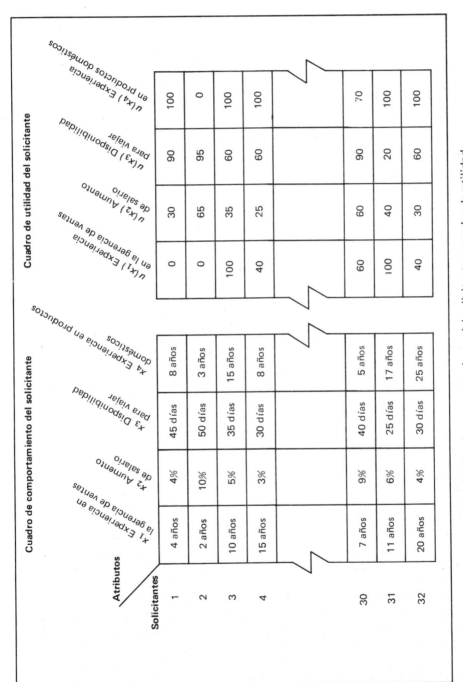

Cuadro de comportamiento del solicitante

Atributos Solicitantes	x_1 Experiencia en la gerencia de ventas	x_2 Aumento de salario	x_3 Disponibilidad para viajar	x_4 Experiencia en productos domésticos
1	4 años	4%	45 días	8 años
2	2 años	10%	50 días	3 años
3	10 años	5%	35 días	15 años
4	15 años	3%	30 días	8 años
30	7 años	9%	40 días	5 años
31	11 años	6%	25 días	17 años
32	20 años	4%	30 días	25 años

Cuadro de utilidad del solicitante

	$u(x_1)$ Experiencia en la gerencia de ventas	$u(x_2)$ Aumento de salario	$u(x_3)$ Disponibilidad para viajar	$u(x_4)$ Experiencia en productos domésticos
	0	30	90	100
	0	65	95	0
	100	35	60	100
	40	25	60	100
	60	60	90	70
	100	40	20	100
	40	30	60	100

Figura 5.5. Cuadro de comportamiento del solicitante y cuadro de utilidad.

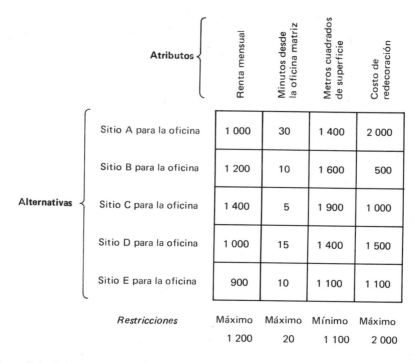

Atributos	Renta mensual	Minutos desde la oficina matriz	Metros cuadrados de superficie	Costo de redecoración
Sitio A para la oficina	1 000	30	1 400	2 000
Sitio B para la oficina	1 200	10	1 600	500
Sitio C para la oficina	1 400	5	1 900	1 000
Sitio D para la oficina	1 000	15	1 400	1 500
Sitio E para la oficina	900	10	1 100	1 100
Restricciones	Máximo 1 200	Máximo 20	Mínimo 1 100	Máximo 2 000

Figura 5.6. Tabla comportamiento para diversas ubicaciones de la segunda oficina.

Como puede verse, la primera restricción elimina el lugar C, en donde la renta es superior a lo que podríamos pagar. La segunda restricción descarta el lugar A, que está demasiado lejos de nuestra oficina matriz. Las restricciones que se hallan en tercer y cuarto lugares no eliminan alternativas, por lo que nos quedamos con tres lugares que deben ser evaluados posteriormente.

Al aplicar este paso en la decisión de seleccionar un gerente, el comité de Smith decidió que el único atributo que no podría ser compensado mediante la capacitación o el cambio de las funciones del trabajo era la experiencia del solicitante como gerente de ventas. Se determinó que el mínimo absoluto lo constituirían tres años de experiencia. Al aplicar esta restricción se eliminó a diez solicitantes. El comité hizo entonces que el ayudante de personal aplicara el modelo MAU a los valores de los atributos de los restantes veintidós candidatos.

Paso 7. Aplicar el modelo MAU y el procedimiento de computación a las alternativas viables, e identificar aquél (o aquellos dos) que tengan la utilidad general máxima. Resulta útil en este paso resumir la información de los pasos 1 a 6 en un cuadro de utilidad multiatributo, tal como el que puede verse en la figura 5.7. Las entradas en el cuadro son las utilidades de un solo atributo correspondientes a los datos de rendimiento de la figura 5.6. La información del pie del cuadro muestra las ponderaciones que se deben utilizar, junto con las utilidades de un solo atributo, para computar las puntuaciones MAU correspondientes a estas alternativas viables.

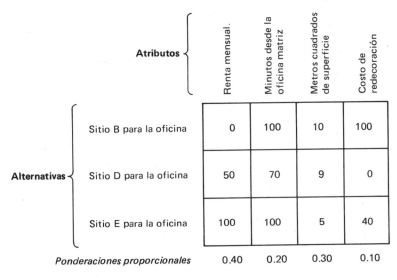

Figura 5.7. Tabla de utilidad para diversas ubicaciones de la segunda oficina.

Las puntuaciones correspondientes a las tres opciones son las siguientes:

1. Utilidad del lugar B = .40 (0) + .20(100) + .30(10) + .10 (100) = 33.
2. Utilidad del lugar D = .40(50) + .20(70) + .30(9) + .10(0). = 36.7
3. Utilidad del lugar E = .40(100) + .20(100) + .30(5) + .10(40) = 65.5

En el caso de la selección del gerente, el asistente de personal realizó este paso valiéndose de las ponderaciones proporcionales de .29, .14, .35 y .22 de la tabla 5.2 y las utilidades del lado derecho de la figura 5.5. Las puntuaciones correspondientes a tres de los solicitantes se calcularon como sigue:

1. Utilidad correspondiente al solicitante 1 = .29(0) + .14(30) + .22(90) + .35(100) = 0 + 4.2 + 19.8 + 35 = 59.0
2. Utilidad correspondiente al solicitante 3 = .29(100) + .14(35) + .22(60) + .35(100) = 29 + 4.9 + 13.2 + 35 = 82.1

3. Utilidad correspondiente al solicitante 30 = .29(60) + .14(60) + .22(90) + .35(70) = 17.4 + 8.4 + 19.8 + 24.5 = 70.1

Después de revisar las puntuaciones MAU, el comité decidió que los cinco solicitantes con las puntuaciones más elevadas debían ser recomendados a los ejecutivos de niveles superiores de la empresa para entrevistas. El último paso en la técnica del modelo MAU es considerar tanto los criterios no incluidos en el análisis como las posibles consecuencias adversas de escoger la alternativa con puntuación más alta y entonces elegir. Sin embargo, en este caso el comité decidió no realizar nada de este paso, como si considerara que estos aspectos pudieran ser mejor determinados por los ejecutivos de la empresa que hacen la selección final.

Paso 8. Considerar tanto los criterios no incluidos en el análisis como las posibles consecuencias adversas de escoger la alternativa de puntuación más elevada, proceder a la elección. Algunas situaciones de decisión contendrán elementos que en la práctica no pueden ser captados en el modelo MAU. En ocasiones éstos serán políticos —tales como la preferencia de algún ejecutivo o miembro del sindicato por el lugar D. En otras ocasiones será probabilística, como la posibilidad de que la construcción en el lugar E podría ser vetada debido a la futura construcción de una carretera.

Algunos aspectos como éstos son importantes y deben ser atendidos. Una consecuencia positiva importante de haber completado el paso 7 es que estamos en una mejor posición de hacer esto. Específicamente, el hecho de haber terminado el paso 7 nos permite representar en una forma realista la situación de decisión con un modelo que contiene dos alternativas (la puntuación alternativa más alta y su competidor firme) y dos criterios (la diferencia numérica entre las puntuaciones de utilidad de estas dos alternativas y el criterio asociado con el componente político o probabilístico). Aunque tal situación de decisión ciertamente no es trivial, por lo general es menos compleja que la situación original con sus diversas alternativas y consideraciones, de las cuales el componente político o probabilístico es sólo uno.

En la tabla 5.3 se presenta una lista recapitulativa de los pasos que acabamos de discutir.

La idea expuesta en el paso 8 —respecto a que nuestras capacidades cognoscitivas están en mejores condiciones de tratar con las negociaciones explícitas entre dos criterios que con las negociaciones implícitas entre varios criterios— nos lleva a discutir la *técnica del análisis de costo beneficio y las técnicas equivalentes en dólares.* Estas dos técnicas son muy similares a la técnica del modelo MAU pero tienen más de un enfoque económico.

Tabla 5.3. Procedimiento para utilizar modelos de utilidad multiatributo.

Paso 1.	Identificar y enlistar los criterios y restricciones pertinentes.
Paso 2.	Identificar y enlistar los atributos pertinentes.
Paso 3.	Determinar las utilidades para los diversos niveles de cada atributo.
Paso 4.	Determinar la importancia relativa de las ponderaciones proporcionales del criterio.
Paso 5.	Determinar las ponderaciones proporcionales de los atributos.
Paso 6.	Identificar las restricciones y descartar las alternativas inaceptables.
Paso 7.	Aplicar el modelo MAU y el procedimiento de computación a las alternativas viables e identificar aquella que tiene la máxima utilidad general.
Paso 8.	Considerar tanto los criterios no incluidos en el análisis como las posibles consecuencias adversas de escoger la alternativa que tenga la puntuación más alta y hacer la elección.

LAS TÉCNICAS DEL COSTO-BENEFICIO Y DEL EQUIVALENTE EN DÓLARES

Estas dos técnicas son muy similares a la técnica del modelo MAU. Algunas personas las consideran como variaciones de ésta.

En los *análisis de costo y beneficio*, el que toma las decisiones, o el personal directivo, intentan convertir todos los beneficios (pagos y costos) de cada alternativa en sus equivalentes monetarios, siguiendo prácticas económicas normales o contables, tales como emplear el concepto de *tasa de rendimiento* o el *valor del depósito a plazo;* después escogen la alternativa que proporciona el beneficio monetario neto más grande. Por ejemplo, en la decisión de seleccionar un lugar para la oficina, los empleados intentarán trasladar todos los pagos a sus respectivos equivalentes mensuales. Con respecto al primer atributo (véase la figura 5.7), ya han asociado el costo mensual a la renta. Con respecto al cuarto, distribuirán el desembolso en efectivo asociado con la redecoración a lo largo de el tiempo que se empleó en ella. Entonces agregarían al valor mensual resultante del "costo" de no haber invertido esa cantidad de dinero en otra parte y sumarían estos valores a la renta mensual. El tercer atributo es la superficie en metros cuadrados, en él se utilizan parámetros normales de mercado para asignar un valor mensual en dólares al espacio proporcionado por cada alternativa. Finalmente volverían al segundo atributo, y retrocederían. Si aplicaran solamente técnicas económicas, intentarían asignar un valor en dólares al total de hombres horas perdidas cada mes por el personal de la compañía al viajar entre las dos oficinas. Esto requeriría confiar en cierto tipo de contabilidad creativa por la cual los jefes de contabilidad son conocidos y temidos.

La fuerza de la *técnica del equivalente en dólares* es la misma que la del análisis de costo-beneficio. La diferencia es que los equivalentes monetarios se desarrollan por lógica cuando las técnicas normales económicas se extienden más allá de sus límites. Por ejemplo, cuando se trata con el atributo de la superficie del piso, el analista desarrollaría un *modelo de negociación* como el que aparece en la figura 5.8, que es similar a un modelo de utilidad y se desarrolla al presentar una serie de preguntas tales como "¿Qué cantidad de renta está usted dispuesto a pagar por 110 metros cuadrados de superficie?" Los valores de la curva se pueden utilizar entonces para determinar las utilidades, expresadas en dólares, que la persona que toma las decisiones deduciría del espacio que proporcionan las dimensiones de las oficinas. Como en el caso del modelo MAU, estos valores en dólares —uno por cada atributo— se suman para obtener la utilidad general correspondiente a cada alternativa.

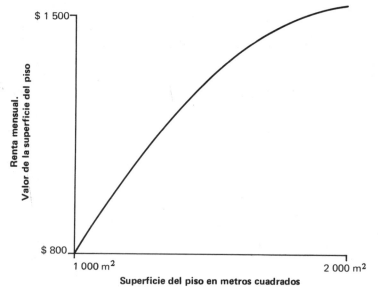

Figura 5.8. Gráfica de negociación. Renta mensual en relación con superficie del piso.

La técnica equivalente en dólares se utilizaría normalmente en situaciones de decisión como la de Jones, gerente de operaciones del banco que describimos en el capítulo 3. En la figura 5.9 puede verse una versión simplificada de la situación de Jones el cual debe agregar los pagos (costos) a los dos criterios. Una forma es construir un modelo de utilidad para dólares y un modelo de utilidad para los clientes que esperan. Estos modelos podrían utilizarse para convertir a los dólares y a los clientes que esperan en unidades de utilidad y agregarlos en un modelo

Criterios/Atributos

Alternativa	Costos adicionales de operación *	Clientes adicionales que esperan †
No hacer cambios	0	80 personas
Operar con el personal regular	– $ 500	20 personas
Contratar personal eventual	– $ 300	50 personas

*Por día durante la temporada   † Número promedio en cualquier momento del día

Figura 5.9. Tabla de comportamiento para diversas alternativas respecto al personal.

MAU. Otro método es construir un modelo de negociación que convierta directamente a los clientes que esperan, en dólares. La pregunta utilizada para desarrollar este modelo sería "¿Cuánto está usted dispuesto a pagar para reducir el número de clientes adicionales que esperan servicio contando en sentido descendente, desde veinte, hasta cero?" Si la respuesta fuera $ 200 (esto es, $ 600 cuando la pregunta se refiera a los cincuenta clientes y $ 1 000 cuando se relacionara con ochenta), entonces podríamos utilizar estos valores de conversión para sustituir la figura 5.9 por la figura 5.10.

Si no hubiera criterios o contingencias importantes que faltaran en el análisis, Jones probablemente actuaría de acuerdo con el análisis representado en la figura 5.10 y escogería contar con el personal regular para intentar resolver el aumento de la carga de trabajo en el banco en las temporadas de vacaciones.

Al poner en perspectiva estas tres técnicas, vemos que la de costo beneficio es un caso especial de la técnica equivalente en dólares. La conversión de cada pago a algún equivalente monetario puede hacerse siguiendo las prácticas normales económicas o contables. A su vez, la técnica equivalente en dólares es un caso especial de la técnica del modelo MAU, en la cual el que toma la decisión convierte los pagos de todos los atributos en valores monetarios. En algunos casos esta conversión es directa, en otros, como en la aplicación del HEW, tal conversión es más complicada.[5]

[5] En muchos casos esta complicación es consecuencia del hecho de que las diferentes partes interesadas tienen distintas utilidades monetarias. En otros, se debe a que mucha gente se siente incómoda al tener que asignar valores en dólares a variables tales como "mortalidad infantil"

Criterios/Atributos

Alternativas	Costos adicionales de operación	Equivalente en dólares de clientes adicionales que esperan	Costos generales
No hacer cambios	0	− $ 1 000	− $ 1 000
Operar con el personal existente	− $ 500	− $ 200	− $ 700
Contratar personal eventual	− $ 300	− $ 600	− $ 900

Figura 5.10. Tabla del equivalente en dólares para diversas alternativas de dotación de personal.

La técnica de costo y beneficio se prefiere a las otras dos debido a que las conversiones, cuando son sostenibles, resultan más explícitas. Por lo tanto, está abierta al examen y a la crítica. No es que la técnica no incluya el uso de juicios subjetivos, los incluye, pero los juicios son más susceptibles de descripción. Hemos dado a esta técnica un tratamiento breve, no porque no sea útil, sino porque su rango de aplicación es relativamente estrecho. También es un caso especial entre los casos más generales e importantes de la técnica equivalente en dólares y de la del modelo MAU.

Cuando la conversión de los pagos de todos los atributos a los equivalentes en dólares es razonable y sostenible, la técnica de equivalente en dólares se prefiere a la del modelo MAU. Esto es consecuencia del hecho de que una sola cifra agregada derivada en dólares puede compararse con mayor facilidad con los niveles de otros criterios que no se incluyen en el análisis. Por ejemplo, en el paso 8 del procedimiento para aplicar la técnica de modelo MAU, nos referimos a la posibilidad de negociar la diferencia del 18% en la satisfacción o utilidad por la aceptación de una elección por parte de un ejecutivo o un miembro del sindicato. No es tan fácil hacer una comparación de esta naturaleza como lo es comparar entre una diferencia monetaria de, por ejemplo, $ 300 al mes con la aceptación, o el nivel de algún otro criterio no incluido. También hemos tratado la técnica sólo en forma breve debido a que es un caso especial, más general y conceptualmente más importante, de la técnica del modelo MAU.

En esta sección y en la anterior hemos descrito con brevedad la forma en que se puede utilizar la técnica del modelo MAU y dos de sus variantes o casos especiales. En la sección que sigue ampliaremos algunos de los puntos que hemos tratado aquí brevemente.

ANÁLISIS ADICIONAL DE LA TOMA DE DECISIONES EN LAS SITUACIONES DE METAS MÚLTIPLES

Con el fin de proporcionar una perspectiva adicional sobre el uso de los modelos MAU, contestaremos brevemente algunas preguntas que podrían haber surgido de los análisis anteriores.

Pregunta 1: ¿Qué grado de exactitud deben tener las ponderaciones asignadas a los distintos atributos?

La respuesta a esta pregunta es que las inexactitudes de poca importancia no tienen un gran efecto práctico. Consideremos, por ejemplo, las siguientes dos series de ponderaciones proporcionales: .40, .20, .10 contra .30, .30, .25, .15. Para una alternativa cuyas puntuaciones $u(x)$ fueron 70, 70, 70 y 70, cada serie de ponderaciones daría exactamente la misma puntuación de utilidad general de 70. Para una alternativa cuyas puntuaciones $u(x)$ fueran 70, 60, 40 y 30, la primera serie de ponderaciones daría una puntuación de utilidad general de 57, mientras que la segunda produciría una puntuación de 53.5. Como puede verse, esta serie de errores bastante grandes (.40 en lugar de .30 representa un error del 33%) produjo poco efecto incluso en el caso contrario, donde el error absoluto más grande (.40 − .30 = .10) se aplicó al atributo que tenía la puntuación más alta. Podrían utilizarse otros ejemplos para destacar el importante hecho de que las inexactitudes en las ponderaciones de los atributos son más perjudiciales cuando existen pocos criterios.

Pregunta 2: ¿Qué grado de exactitud deben tener los modelos de utilidad de un solo atributo?

La respuesta aquí también es que las inexactitudes de importancia no tienen efecto práctico. Por ejemplo, los resultados de investigación muestran que si las curvas de utilidad no cambian de dirección a través de los niveles del atributo (esto es, si su dirección aumenta o disminuye en forma continua, pero no se revierte), la sustitución de líneas rectas por curvas a menudo produce un efecto relativamente pequeño en la puntuación de utilidad de un solo atributo. Esto se puede ver si se repasa la figura 5.3. En esta figura, para cualquier x dada, el valor $u(x)$

obtenido de la lectura de las coordenadas del punto en la curva no es muy diferente del valor obtenido al leerlas en una línea recta. Además, cualquier error que pueda haber en el valor $u(x)$ se diluye en forma porcentual debido a la presencia de los demás atributos. Incluso un error del 20% en un atributo que tenga un ponderación proporcional de .25 genera sólo un error del 5% de la puntuación de utilidad general (.20 × .25 = .05). Como demuestran estos ejemplos, los modelos aditivos MAU son bastante insensibles a las pequeñas inexactitudes, por lo que se dice que son *robustos*.

Pregunta 3: ¿Debo verificar la consistencia de mis juicios de utilidad e importancia?

Esta es una buena pregunta, y la respuesta es afirmativa. De hecho, es aconsejable verificar la consistencia de los juicios en cada paso, antes de pasar al siguiente.

Existen dos métodos que pueden utilizarse para verificar nuestra consistencia. Uno de ellos es bosquejar una imagen de nuestros juicios. Por ejemplo, en lugar de obtener y utilizar tan solo los valores de utilidad relativa obtenidos en el paso 2, podemos trazar el modelo de utilidad de un solo atributo, tal como la figura 5.2. o, en lugar de presentar sólo la importancia relativa de los criterios, podemos preparar una gráfica como la figura 5.11, en donde la altura de cada columna refleja y representa la importancia relativa de los atributos. Estas imágenes gráficas añaden una dimensión visual a nuestro análisis introspectivo sobre cómo evaluar alternativas. Al ver las imágenes podemos preguntarnos: "¿Se parece esto a lo que tengo en mente?" Si la respuesta es "no", ellas indican en donde podrían hacerse algunos ajustes útiles.

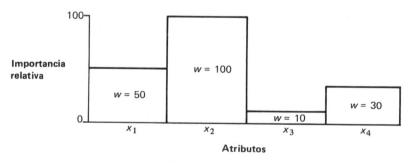

Figura 5.11. Gráfica de la importancia relativa de los atributos.

El otro método para verificar nuestra consistencia es hacernos preguntas para comparar nuestros juicios. Por ejemplo: "ahora he dicho que el nivel B es un 60% tan satisfactorio como el nivel A, y que el nivel E es un 20% tan satisfactorio como el nivel A, ¿debe significar esto que el nivel B es tres veces más satisfactorio que el nivel E?".[6]

Si la respuesta es negativa los ajustes necesarios pueden hacerse de manera que los juicios sean consistentes entre sí. Por ejemplo, podemos decirnos: "he dado al atributo C una ponderación proporcional de .30 y al atributo D una ponderación proporcional de .20. ¿Es cierto entonces que C es un 50% más importante que D?" También aquí, si la respuesta es "no", podemos hacer los ajustes necesarios.

Pregunta 4: ¿Cómo manejo la situación en donde las utilidades asociadas con los niveles de un atributo pudieran depender de los niveles de otro atributo?

Por ejemplo, en la solicitud del aspirante a un empleo podríamos estar interesados en que la utilidad correspondiente a los diferentes salarios resultara afectada por el tipo de puesto. El procedimiento para identificar y tratar con esta posible dependencia o interacción es directo. Primero desarrollamos el modelo de utilidad para un atributo cuando el nivel del segundo atributo está fijo, por ejemplo, en el nivel 1, después volvemos a desarrollar el modelo de utilidad para el primer atributo, pero con el nivel del segundo atributo fijo, por ejemplo en el nivel 2. Al presentar una serie de preguntas tales como "en una escala de 0 a 100, cuál sería su satisfacción relativa con un salario de $ 10 000 por año si estuviera usted en un puesto docente?", podríamos construir el modelo de utilidad correspondiente al salario, cuando se trata de un puesto docente. Si repitiéramos la misma serie de preguntas orientadas hacia el salario, pero en el contexto de un puesto de supervisión, podríamos construir el modelo de utilidad para el salario, cuando el puesto es de supervisión. Si los modelos tuvieran un aspecto diferente, habríamos identificado una dependencia. En caso de que evaluáramos una alternativa concreta utilizaríamos el modelo apropiado a la composición particular de niveles que caracterizó a esa alternativa.

Pregunta 5: ¿Debo utilizar primero las restricciones para descartar alternativas, o debo calcular primero las utilidades correspondientes a todas las alternativas?

La respuesta a esta pregunta es una opinión que el gerente se debe formar en cada situación de decisión. El uso inicial de las restricciones

---

[6] Los que están familiarizados con las matemáticas verán aquí que el tener 0 en la escala de utilidad corresponde al *origen natural* (el nivel, a veces hipotético, que no proporciona absolutamente ninguna satisfacción), en lugar de hacer que corresponda al nivel de los que propor-

para eliminar alternativas absurdas es algo que tiene sentido común y ahorra tiempo. Por otra parte, dicho uso puede eliminar una alternativa tan conveniente, dadas sus puntuaciones sobre sus demás atributos, que más tarde pudiéramos desear haberla escogido. Podríamos haber flexibilizado las restricciones un poco o compensado en alguna otra forma la deficiencia o nivel adverso de atributos.

Pregunta 6: Si una alternativa posee algún atributo en grado tan pequeño que la puntuación de utilidad sobre ese atributo es cero, ¿elimina esto al atributo para toda consideración ulterior?

La respuesta a esta pregunta es negativa. Consideremos la alternativa A cuya puntuación es de 60 en un atributo y de 20 en otro atributo (igualmente importante). Su utilidad general es .5(60) + .50(20) = 40. Si la alternativa B tiene una puntuación de 0 en un atributo y de 90 en el otro, su utilidad general es .5(0) + .5(90) = 45, y sería escogida en lugar de la alternativa A.

Existen, desde luego, casos en que una alternativa se elimina de una ulterior consideración debido al bajo desempeño en algún atributo. Esto fue lo que ocurrió en la figura 5.4 cuando algunos de los candidatos al puesto de gerente nacional de ventas fueron descartados debido a su insuficiente experiencia en la gerencia de ventas; pero estos casos van asociados con el uso de restricciones y no son resultado de bajas puntuaciones de utilidad.

RESUMEN Y PANORAMA

En este capítulo hemos examinado un procedimiento paso a paso para emplear modelos de utilidad multiatributo. Asimismo presentamos y contestamos algunas preguntas concernientes al uso de modelos MAU.

Al comienzo del capítulo, identificamos e hicimos una lista de cinco ventajas específicas obtenidas al utilizar modelos MAU, después desarrollamos los bloques de información que son partes componentes del procedimiento general de dicho modelo. Como puede verse por la lista, los beneficios de la construcción de modelos son muchos incluso aunque la persona que toma decisiones nunca emprenda realmente el paso final de calcular una puntuación de utilidad general. Los modelos

---

cionan la satisfacción mínima. Sólo cuando el 0 corresponde al origen natural podemos considerar proporciones, como hacemos cuando utilizamos este método para verificar la consistencia de nuestros juicios.

son auxiliares del pensamiento; en las situaciones de decisión complejas, su desarrollo conduce a conocimientos nuevos que no se habrían podido obtener de otra forma. Esto ocurre incluso cuando su desarrollo es de lo más rudimentario (por ejemplo, el desarrollo de una lista de comprobación de criterios o restricciones).

El desarrollo de un modelo que representa la situación de decisión y el uso de un procedimiento paso a paso para utilizar la información capturada en el modelo, son, juntos, la aplicación de una "técnica" auxiliar de la decisión. Por tanto, en este capítulo hemos discutido la técnica del modelo MAU. El que las técnicas auxiliares de la decisión hagan que los procesos de tomar decisiones sean más satisfactorios o efectivos es una cuestión discutible que, indudablemente, depende muchísimo de la naturaleza de la persona que toma las decisiones y de sus circunstancias. Con todo, el uso de las estrategias y de los modelos asociados con las técnicas auxiliares de la decisión, además de aportar los cinco beneficios señalados anteriormente, tiende a hacer al proceso más racional. En ocasiones, la racionalidad elevada a un alto grado es una meta digna por su propio derecho. Allan Easton expresa la idea como sigue:

> Existe una creencia definida tanto en los círculos científicos como en los administrativos de que la racionalidad en la toma de decisiones es preferible a la no racionalidad; que el uso del juicio y de la intuición es indeseable salvo como último recurso. En el caso de decisiones racionales, los procesos de razonamiento son susceptibles de definición y explicación; en cambio, cuando las decisiones son intuitivas, los procesos de pensamiento son o bien imperfectamente entendidos o bien completamente desconocidos. Las decisiones racionales son, por consiguiente, más fáciles de explicar y de defender incluso cuando en realidad puedan no ser mejores que las decisiones intuitivas. Por tanto, existen muchas circunstancias, en particular en un escenario organizacional o político, en donde los procesos intuitivos (o menos comunicables) no son admisibles. En tales casos, la capacidad de explicar hábilmente una decisión desde el comienzo hasta el final puede salvar vidas, activos, reputaciones, prestigio y libertad personal, incluso cuando debiera constar que el juicio intervino como parte sustancial en el manejo de los intangibles. (Easton, 1973, págs. 11-12.)

Estas ventajas de utilizar las técnicas auxiliares de la decisión fueron advertidas en el contexto de un gerente que trabajaba a su manera en situaciones de decisión cuya complejidad era consecuencia de que las alternativas poseían más de un atributo valioso. Como veremos en el siguiente capítulo, se obtienen las mismas ventajas cuando tales técnicas se utilizan como auxiliares en situaciones de decisión cuya complejidad es consecuencia del hecho de que el gerente no sabe cuáles serán las condiciones futuras que probablemente se presentarán.

EJERCICIOS

1. Si considera las situaciones de los ejemplos de este capítulo y del capítulo 4, ¿qué características de una situación de decisión le sugerirían a usted que la técnica del modelo MAU serviría para llegar a una elección?
2. Suponga que a usted se le ha pedido que utilice la técnica del modelo MAU para reducir a cinco una lista de veinticinco solicitantes muy competentes para el puesto de director de mercadotecnia de una empresa de tamaño mediano. Enliste los criterios, las restricciones y los atributos pertinentes que usted utilizaría en el modelo. Después escoja los tres atributos más importantes, diseñe modelos de utilidad para ellos, determine sus ponderaciones de importancia y, finalmente, compute la utilidad general de un solicitante hipotético.
3. Vuelva a leer el paso 7 del procedimiento del presente capítulo para utilizar la técnica del modelo MAU. En vista de las ideas expresadas en el capítulo 3, ¿piensa usted que dicho paso 7 debe ser opcional? Proporcione un argumento para hacerlo opcional y otro para hacerlo obligatorio.

REFERENCIAS BIBLIOGRÁFICAS

Easton, A., *Complex Managerial Decisions Involving Multiple Objectives,* John Wiley and Sons, Inc., Nueva York, 1973.

Edwards, W., "How to Use Multiattribute Utility Measurements for Social Decision Making", *IEEE Transactions on Systems, Man and Cybernetics* SMC-7, mayo de 1977, págs. 326-340.

Haveman, R. H., *The Economics of the Public Sector,* John Wiley and Sons, Inc., Nueva York, 1976.

Huber, G. P., "Multiattribute Utility Models: A Review of Field and Fieldlike Studies", *Management Science* 20, junio de 1974, págs. 1393-1402.

Johnson, E. M. y Huber, G. P., "The Technology of Utility Asessment", *IEEE Transactions on Systems, Man and Cybernetics* SMC-7, mayo de 1977, págs. 311-325.

Keeney, R. L., "The Art of Assessing Multiattribute Utility Functions", *Organizational Behavior and Human Performance* 19, agosto de 1977, págs. 267-310.

Keeney, R. L. y Raiffa, H., *Decisions with Multiple Objectives: Preferences and Value Tradeoffs,* John Wiley and Sons, Inc., Nueva York, 1976.

Newman, W. H. y Warreb, E. K., *The Process of Management,* Prentince-Hall, Inc., Englewood Cliffs, N. J., 1977.

6 Mejoramiento de las decisiones en situaciones arriesgadas o inciertas. Procedimiento de autoayuda

Este capítulo trata de la forma en que un gerente debe tomar decisiones en situaciones en donde los pagos asociados con una elección particular varíen según las condiciones que ocurran después de que la alternativa escogida haya sido implantada. Tales situaciones "arriesgadas" o "inciertas" ocurren con frecuencia. Consideremos, a título de ejemplo, los siguientes casos:

Introducción de un producto nuevo. El que sea aconsejable o no introducir un producto nuevo depende, entre otras cosas, de su probabilidad de venta.

Inversiones en bienes raíces. El que sea prudente o no, hacer una determinada compra depende, entre otras cosas, de la probabilidad de población en el futuro.

Decisiones agrícolas. El que sea más rentable plantar la cosecha A o la cosecha B depende, entre otras cosas, de cuáles sean los pronósticos climatológicos y los precios de garantía del gobierno.

En tales situaciones, la persona que decide debe evaluar las alternativas y considerar lo que podría suceder después de haber tomado e implantado la decisión. Debe estar claro, por nuestro análisis de los límites en la racionalidad, que los que toman decisiones individualmente podrían tener considerables dificultades para organizar y procesar la información apropiada para la evaluación, de forma que conduzca a decisiones de alta calidad.

La finalidad del presente capítulo es describir una técnica que los gerentes y su personal puedan utilizar para reducir las dificultades encontradas cuando se utiliza información pertinente a la toma de decisiones de alta calidad en situaciones arriesgadas o inciertas. La técnica implica el uso de una *matriz de decisiones*, frase complicada para significar lo que ya vimos en el capítulo 3 como una idea simple. En la primera parte del capítulo presentamos la técnica y después trabajaremos por medio de una demostración en pequeño de su uso. Posteriormente describiremos el procedimiento paso a paso que se usa cuando se emplea la técnica, después analizaremos la naturaleza de la toma de decisiones en tales situaciones. Al final del capítulo emplearemos el procedimiento paso a paso para trabajar en un problema que veremos como ejemplo.

EL USO DE MATRICES DE DECISIÓN POR MEDIO DE UN EJEMPLO

Una matriz de decisiones es una tabla que tiene "alternativas" en los encabezados de las filas y "condiciones futuras" en los encabezados de las columnas. La figura 6.1 es un ejemplo de ello. Como recordaremos de nuestro análisis anterior, las celdas de la matriz se llaman *resultados*. Los valores de las celdas indican el rendimiento (o utilidad) que se obtendría si la alternativa asociada con la celda fuera la escogida y después la condición futura asociada con la celda fuera la encontrada.[1] En la figura 6.1, por ejemplo, los $ 50 000 de la celda superior central son el

	Condiciones futuras Naturaleza de la temporada turística		
	Buena	Mediana	Mala
Altos	$ 80 000	$ 50 000	$ 20 000
Moderadamente altos	$ 65 000	$ 45 000	$ 30 000
Moderadamente bajos	$ 55 000	$ 45 000	$ 35 000
Bajos	$ 45 000	$ 35 000	$ 30 000

Niveles opcionales de inventario durante la pretemporada

Figura 6.1. Matriz de decisión para la inversión en inventarios.

[1] Las matrices de decisión tienen un aspecto similar a las tablas de utilidad, como la que se muestra en la figura 5.7. Esto ha llevado a algunos a sugerir que las condiciones futuras podrían considerarse como atributos de la situación de decisión. Otros afirman que el considerar a las condiciones futuras simplemente como otra serie de atributos es más confuso que útil, especialmente en situaciones en donde entran en juego tanto criterios múltiples como incertidumbre.

pago (utilidad) que el propietario del establecimiento *Recuerdos y artículos deportivos* obtendrá si el nivel de inventario escogido fuera "alto" y la temporada turística "promedio".

Anteriormente detallamos los beneficios derivados del uso de modelos de presentación de información, como el que puede verse en la figura 6.1. Uno de ellos fue que tales presentaciones "sirven como memorias organizadas y externas en donde podemos registrar, analizar y recuperar información eficientemente". En particular, las matrices de decisión se utilizan con frecuencia para analizar la información relacionada con la decisión. Por ejemplo, si tomamos prestado un concepto del capítulo anterior sobre decisiones multiatributos, podríamos preguntar si existen algunos pagos mínimos que deben actuar como restricciones sobre nuestras opciones. Por ejemplo, supongamos que la situación del propietario del establecimiento demandara una utilidad mínima de $ 25 000 y que no hubiera forma de superar esta restricción. Esta información, que en realidad no es parte de la matriz de decisiones sino que ha sido extraída de la información que es parte de la matriz, nos hace eliminar para otras consideraciones a las alternativas de invertir en niveles "altos" de inventario.

Otro ejemplo de la forma como la matriz podría ayudarnos a analizar la información se ve en la figura 6.1, donde se muestra que, no importa cuáles sean las condiciones futuras que se presenten, un nivel de inventarios "bajo" no superará el rendimiento del nivel de inventarios "moderadamente bajo". Esto nos permite eliminar el nivel "bajo" de inventarios de más consideraciones. Puede haber sido posible, en un problema pequeño como éste, que el que toma la decisión vea lo inapropiado que resulta el uso de esta alternativa sin el uso de la presentación gráfica. En un problema de mayor escala, esto no ocurriría.

La eliminación de la alternativa de bajo nivel de inventarios fue una aplicación de una idea de sentido común que formalmente se denomina *principio de dominio*, el cual postula lo siguiente:

> Cualquier alternativa cuyas ganancias, al ser comparadas con alguna otra alternativa viable, sean inferiores por lo menos a una de las condiciones futuras y no sean superiores a ninguna de las condiciones futuras, se dice que es dominada, y se puede eliminar de la consideración sin afectar a la elección final.

Una revisión posterior de la figura 6.1 muestra que no importa cuáles sean las restantes alternativas de niveles de inventarios en los cuales decidamos invertir, pues nuestro pago será el mismo si encontramos una temporada turística promedio. Podría utilizarse otra idea de sentido común llamada *principio de las condiciones irrelevantes,* para eliminar esta columna de datos, de más consideraciones. Este principio afirma que:

Cualquier condición cuyas ganancias sean iguales para todas las alternativas que se consideran, se dice que es irrelevante y puede eliminarse de los análisis ulteriores sin afectar la elección final.[2]

El uso de estas tres ideas de sentido común —el empleo de restricciones, y la aplicación de los principios de dominancia y condiciones irrelevantes— nos permite reducir las dimensiones del paquete de información pertinente a nuestra decisión. En este caso pudimos reducir la matriz de decisión a la que puede verse en la figura 6.2. El escrutinio minucioso de lo que ahora vemos que es una información relevante sugiere que, a menos que sea un poco más probable que haya una mala estación de turismo en lugar de una buena, debemos invertir en un nivel de inventarios moderadamente alto.

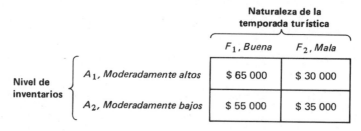

Figura 6.2. Matriz reducida de decisión para la inversión en inventarios.

En este ejemplo, el uso de la matriz de decisión y nuestro sentido común nos permitieron reducir el problema a dimensiones manejables. ¿Qué debemos hacer cuando esto no se pueda hacer (esto es ¿qué regla de decisión debe utilizarse cuando nos enfrentamos con una situación de decisión en donde el número de alternativas viables o el número de condiciones futuras siga siendo grande?). A esta cuestión nos referiremos en las siguientes páginas.

LA MAXIMIZACIÓN DE LA UTILIDAD ESPERADA COMO REGLA DE DECISIÓN

Existen varias reglas de decisión que podemos utilizar para escoger alternativas en situaciones arriesgadas o inciertas. Algunas de ellas fueron desarrolladas por personas que estaban más interesadas en explorar la naturaleza de las reglas de decisión, que en desarrollar buenas reglas de decisión. Esas reglas suelen tener poco valor práctico, pero como podrían ayudar a agudizar nuestra comprensión general de la elección en situaciones inciertas, las revisaremos al final del capítulo.

[2] En el paso 5 de una sección posterior de este capítulo se analiza una excepción.

Sin embargo, en este punto concentraremos nuestra atención en la regla de decisión que recomiendan universalmente los científicos de la decisión. Se conoce con el nombre de regla de decisión de la *maximización de la utilidad esperada* (MEU). La lógica de la regla es que debemos hacer cada elección de tal manera que, si las hacemos todas en esta forma, aumentaremos al máximo nuestra utilidad general. Con el fin de ver cómo se utiliza la regla de la decisión, apliquémosla a la matriz de decisión de la figura 6.3. Para lograr una mayor simplicidad, utilizaremos los valores en dólares asociados con los resultados como estimaciones de las utilidades de los resultados. Así, en este caso estamos utilizando la regla de decisión de *la maximización del valor esperado* (MEV). Los casos en donde los rendimientos directos se utilizan como estimaciones de las utilidades correspondientes se discutirán posteriormente en el capítulo.

Condiciones futuras.

Alternativas	F_1, La zona industrial está ubicada al este de la población	F_2, La zona industrial está ubicada al oeste de la población
Comprar la ubicación A_1	$ 50 000	$ 30 000
Comprar la ubicación A_2	$ 20 000	$ 60 000

Figura 6.3. Matriz de decisión para la adquisición de bienes raíces.

Utilizando la información contenida en esta matriz, consideremos el rendimiento promedio que lograremos si escogemos comprar el sitio A_1. Si compramos A_1 y si ocurre la condición F_1, obtendremos una utilidad de $ 50 000. Si ocurre F_2, obtendremos una utilidad de $ 30 000. Si nuestro análisis de las situaciones políticas y económicas nos lleva a pensar que F_1 es más probable que F_2 y si pensamos que F_1 tiene 60% de posibilidades de ocurrir y F_2 tiene un 40%, entonces para determinar el *promedio ponderado* apropiado o el rendimiento esperado, debemos ponderar el posible rendimiento de $ 50 000 por .6, y el posible beneficio de $ 30 000 por .4. Más específicamente, debemos multiplicar $ 50 000 por .6 y obtener $ 30 000, multiplicar $ 30 000 por .4 y obtener $ 12 000, y después sumar estos dos números y obtener la utilidad esperada de $ 42 000. Los valores .6 y .4 son, desde luego, las probabilidades de las dos condiciones futuras posibles, F_1 y F_2.

Rendimiento esperado de $A_1 = .6(50 000) + .4(30 000) = 42 000$. De manera similar,

Rendimiento esperado de A_2 = .6(20 000) + .4(60 000) = \$ 36 000.

El sentido común, auxiliado por los cálculos asociados con la regla de decisión MEU, sugiere que a menos que exista un valor de las razones de \$ 42 000 − \$ 36 000 = \$ 6 000 para no proceder en este sentido, debemos escoger el sitio A_2.

Tanto en este problema presentado como ejemplo como en el anterior, hicimos uso de información concerniente a la probabilidad de que surjan diferentes condiciones futuras. Las personas que deben tomar decisiones hacen esto todo el tiempo, aunque raras veces forman sus juicios de manera tan explícita, con respecto a las condiciones futuras. Lo más probable, si se les pide que piensen en voz alta mientras toman su decisión, es que hagan afirmaciones como ésta: "esto no es muy probable que suceda de modo que no le daré mucha importancia". Esta expresión muestra que las estrategias simplistas que utilizan los que toman decisiones individualmente, no los incitan a buscar valores probabilísticos explícitos. Lo más seguro es que no supieran qué hacer con ellos si los tuvieran.

En aquellas situaciones en donde los rendimientos varían significativamente según las condiciones futuras, el uso de reglas más simplistas de decisión generalmente conduce a elecciones de calidad inferior a las que habrían surgido si se hubiera utilizado la regla de decisión MEU. Por desgracia, la falta de conocimiento acerca de cómo obtener y utilizar las estimaciones probabilísticas limita a muchas personas que toman decisiones al uso de reglas simplistas de decisión. El reconocimiento de este hecho ha dado lugar a investigaciones orientadas a las aplicaciones de los métodos para desarrollar estimaciones de probabilidad. En las páginas siguientes nos apoyaremos en esta investigación para desarrollar una forma práctica y probada de elaborar estimaciones de probabilidades haciendo uso de juicios de expertos.

OBTENCIÓN DE ESTIMACIONES DE PROBABILIDAD

Existen muchas situaciones de decisión en donde los datos históricos normalmente utilizados para desarrollar estimaciones de probabilidad son, o bien de calidad inaceptable, o poco representativos de las condiciones futuras, o no están disponibles. Puede ser que la mayoría de las decisiones importantes encajen dentro de una o más de estas categorías. El estudio de Downs de la toma de decisiones en la burocracia apoya este punto de vista. Recordemos las citas anteriores de su libro respecto a que

La cantidad de información inicialmente disponible para cada persona que toma decisiones respecto de cada problema es sólo una pequeña fracción de toda la información potencialmente disponible sobre el tema. Por lo regular puede obtenerse información adicional... pero los costos de obtención y de utilización pueden subir rápidamente a medida que aumenta la cantidad de datos.

y que

> Los aspectos importantes de muchos problemas suponen información que no puede obtenerse de ninguna manera, especialmente en lo relativo a los acontecimientos futuros; de aquí que muchas decisiones deban tomarse con alguna incertidumbre inevitable. (Downs, 1966, pág. 75.)

En situaciones como éstas, es razonable consultar a los expertos reconocidos para estimar las probabilidades de los acontecimientos o resultados futuros.[3]

Se han descrito muchas situaciones de decisión en la literatura científica de la gerencia y de la decisión en donde las estimaciones probabilísticas desempeñan un papel importante en la elección final. Incluyen situaciones tan diversas como desarrollo de productos, expansión de las instalaciones de empresa, estrategias de prevención de incendios forestales y establecimiento de precios de productos.[4]

Desde luego, las estimaciones explícitas de probabilidad no son aplicables a todas las situaciones de decisión. Son aplicables cuando los rendimientos varían en forma significativa según las condiciones futuras y cuando no existen probabilidades objetivas o basadas en datos, que sean al mismo tiempo apropiadas para una decisión particular y obtenibles a un costo razonable. Ciertamente, en tales condiciones no existe realmente una alternativa importante para obtener estimaciones de probabilidad por parte de la gente más experta en el campo del problema. En ocasiones, desde luego, el que toma la decisión, como persona más enterada, es el que está en condiciones de proporcionar las mejores estimaciones.

Los estudios de investigación indican que las estimaciones de probabilidad obtenidas de expertos por medio de la técnica que presentamos a continuación son adecuadas para resolver muchos problemas gerenciales. Ocasionalmente, son más predictivos que las estimaciones obtenidas por medio de complicadas técnicas estadísticas. Los estudios también indican que la gente sigue al pie de la letra o muy de cerca los axiomas de la teoría de la probabilidad matemática, cuando hace sus estimaciones. Finalmente, los estudios de otra corriente de investigación indican que el uso de probabilidades no expresadas en modelos infor-

---

[3] A veces dichas estimaciones se denominan *probabilidades subjetivas,*

[4] En "Decision Analysis Group", *Readings in Decision Analysis,* Stanford Research Institute, Menlo Park, Calif. 1976, se incluyen diversos estudios de caso de situaciones de decisión en donde las probabilidades subjetivas desempeñaron un papel importante en la elección final.

males da lugar a evaluaciones que son menos exactas que el uso de probabilidades explícitamente presentadas en los modelos prescriptivos y formales desarrollados por los científicos de la decisión.

Existen varios métodos disponibles para obtener estimaciones de probabilidades.[5] La mayor parte de ellos han sido usados en diversos contextos durante algún tiempo. Sin embargo, hasta hace poco apenas existían estudios publicados que pudieran utilizarse para examinar la funcionalidad en el mundo real y el mérito relativo de estos modelos. Ahora parece que el método que proporciona las estimaciones más exactas a través de una mayor diversidad de las situaciones de decisión es el método de *estimación directa*. Este método consiste en que la persona que toma las decisiones, o bien otro experto, haga estimaciones directas de las probabilidades de las diversas condiciones futuras. Como ejemplo del uso de este método, presentaremos una sesión generadora de estimaciones.

Asesor: Señor Johnson (el que toma la decisión, experimentado gerente de ventas al menudeo), usted indicó que los niveles de ventas podrían utilizarse en forma útil en categorías como "menos de 1 100", "de 1 100 a 1 200", "de 1 200 a 1 300" y "más de 1 300". ¿Cuál de estos niveles considera usted que será el que tiene menos posibilidades de ocurrir?[6]

Johnson: Pues bien, yo diría que lo menos probable es que las ventas excedan de 1 300.

Asesor: Muy bien, ahora, ¿qué probabilidad le asignaría usted a ese resultado?

Johnson: Pues aproximadamente el 10%, una probabilidad entre diez.

Asesor: Ahora bien, dejando aparte por el momento que el intervalo "más de 1 300" tiene un 10% de probabilidades, ¿cuál de los restantes niveles de ventas es el menos probable, y cuál piensa usted que sería su probabilidad?

Johnson: Bueno, eso es difícil. Creo que "menos de 1 100" y "de 1 200 a 1 300" son aproximadamente lo mismo y que cualquiera de los dos términos es apenas un poco más probable que "más de 1 300". Yo diría que cada uno de ellos tiene aproximadamente una probabilidad del 25%.

---

[5] En Huber, G. P., "Methods for Quantifying Subjetive Probabilities and Multiattribute Utilities", *Decision Sciences 5, julio de 1974 pág.* 430-458, se presenta una revisión de métodos alternativos para obtener estimaciones subjetivas de probabilidad y sobre la exactitud de estas estimaciones.

[6] Evitamos una clasificación preliminar, y comenzamos con el acontecimiento que menos probabilidades tenga de compensar la tendencia —bien documentada a través de los muchos estudios realizados en este campo— de que la gente sobreestime las probabilidades de los resultados más posibles y que subestime las probabilidades de los resultados menos posibles. El comenzar con los resultados que menos probabilidades tienen de ocurrir tiende a darles más importancia.

Asesor: Muy bien, dadas estas probabilidades, ¿cuál es la probabilidad correspondiente al resultado "de 1 100 a 1 200?"

Johnson: Bien, debería ser del 40%, pero eso me parece un poco bajo.

Asesor: Muy bien, continuemos. Precisamente ahora, sus estimaciones de "menos de 1 100" y "de 1 200 a 1 300" son exactamente iguales. ¿Es eso lo que usted quiere decir?

Johnson: Después de pensar en eso, no creo que "menos de 1 100" sea tan probable como la otra. Quizá debiera ser 20% y entonces "de 1 100 a 1 200" podría ser del 45%. Me gusta así, porque "de 1 100 a 1 200" es casi tan probable como todo lo demás, puesto junto, pero no con exactitud.

Asesor: ¿"Menos de 1 000" tiene el doble de probabilidades de "más de 1 300"?

Johnson: Sí, creo que sí, y, anticipándome a su siguiente pregunta, creo que "de 1 100 a 1 200" tiene casi el doble de probabilidad que "de 1 200 a 1 300". Me siento satisfecho con los valores de 20%, 45%, 25% y 10%.

Este ejemplo capta la esencia del procedimiento para obtener estimaciones de probabilidad. Los resultados de una sesión de generación de estimaciones, como ésta, pueden presentarse gráficamente para ulterior escrutinio y análisis, como puede verse en la figura 6.4. En la figura, los valores porcentuales han sido sustituidos por las probabilidades equivalentes.

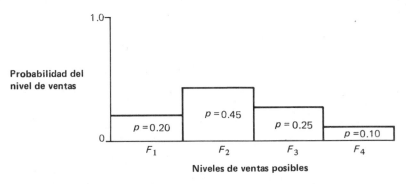

Figura 6.4. Gráfica que muestra las estimaciones de probabilidad de Johnson.

En el capítulo anterior resumimos los beneficios que pueden obtenerse usando los modelos MAU u otros similares. Está claro que estos mismos beneficios, muchos de los cuales tienen que ver con la superación de nuestras limitadas capacidades para tomar decisiones, se aplican al uso de matrices de decisión, así como al uso de modelos MAU. Volvamos ahora a una descripción paso a paso de la forma en que se emplea el procedimiento cuando se utilizan matrices de decisión en combinación con la regla de decisión de la utilidad esperada maximizada (MEU). Este procedimiento ayuda a los que toman decisiones a hacer lo que quieren hacer; por lo tanto, sirve como auxiliar del juicio más bien que como un sustituto del mismo.

EL USO DE MATRICES DE DECISIÓN Y LA REGLA DE DECISIÓN DE LA MAXIMIZACIÓN DE LA UTILIDAD ESPERADA. LA TÉCNICA MEU

En esta sección vamos a describir el procedimiento paso a paso que debe seguirse cuando se utilizan matrices de decisión y modelos de utilidad esperada. Llamaremos a este procedimiento *técnica MEU* y advertiremos que tiene algunas similitudes con la técnica del modelo MAU.

Con el fin de indicar el alcance y la naturaleza de los pasos individuales, usaremos diversos ejemplos. A fin de mostrar que estos pasos juntos comprenden una técnica útil, también llevaremos adelante una aplicación del ejemplo por medio del procedimiento.

El ejemplo de continuación. Un problema de concurso

Consideremos de nuevo el problema del concurso que presentamos en el capítulo 3. En esta situación, una compañía constructora tuvo la oportunidad de concursar en un proyecto de construcción de un complejo de departamentos pequeños. La matriz de decisión que puede verse en la figura 6.5 capta la esencia del problema. En el capítulo 3 supusimos que las estimaciones de probabilidad para F_1, F_2 y F_3 eran .50, .50 y 0, respectivamente. Esto hizo que nuestra decisión fuera fácil, dado que podríamos inspeccionar las columnas igualmente probables F_1 y F_2 de la matriz y ver que la oferta de $ 1 millón era claramente la mejor alternativa.

Existen muchas situaciones en donde una simple observación con un juicio cualitativo no es un análisis suficiente de la información contenida en la matriz. Esto es cierto especialmente cuando existen muchas condiciones futuras posibles. Para nuestro objetivo actual, sin embargo, éste es un ejemplo bastante sencillo.

Dediquémonos ahora a una descripción del procedimiento paso a paso de la forma en que John Stevens, ejecutivo encargado de analizar el proyecto de construcción de departamentos, podría utilizarlo. Supondremos que las fases de *exploración del problema* y de *generación de alternativas* del proceso de solución del problema han identificado las alternativas que se aplican a la situación de decisión.

Condiciones futuras

	F_1, La oferta competidora más baja es de menos de $ 1 millón	F_2, La oferta competidora más baja es aproximadamente de $ 1.1 millones	F_3, La oferta competidora más baja es de más de $ 1.2 millones
A_1, No concursar	0	0	0
A_2, Oferta de $ 1 millón	– $ 5 000	$ 95 000	$ 95 000
A_3, Oferta de $1.2 millones	– $ 5 000	– $ 5 000	$ 295 000

Alternativas

* Recuérdese que en el capítulo 3 se indicó que el costo de desarrollar y presentar una oferta fue de $ 5 000.

Figura 6.5. Matriz de decisión para el problema del concurso.

Paso 1. Identificar y anotar las condiciones futuras pertinentes. Debido a que la mayor parte de los gerentes están familiarizados con los escenarios de decisión en los cuales podría ocurrir una situación de elección particular, el anotar las futuras condiciones o acontecimientos posibles por lo regular no es una tarea difícil. Por otra parte, particularmente con respecto a acontecimientos futuros tales como "el competidor nos lleva ante los tribunales" o "el Estado revisa sus leyes fiscales", el pasar por alto determinadas condiciones o resultados puede ser desastroso.

Como consecuencia, es común que los gerentes obtengan ayuda de otras personas en la identificación de condiciones futuras para determinar la probabilidad de que estas condiciones puedan ocurrir. Con el fin de no apartamos de nuestro objetivo de la toma de decisiones individuales, pospondremos el examen de este enfoque hasta que discutamos la toma de decisiones en grupo. Podríamos decir, sin embargo, que cuando nos enfrentamos con una situación de decisión poco familiar, a menudo resulta útil para el gerente discutir la cuestión con otra persona que tenga mayor experiencia.

En el problema de concurso presentado en la figura 6.5 vemos las tres condiciones futuras que Stevens consideró eran apropiadas para el análisis de la situación.

Paso 2. Determinar el rendimiento o utilidad correspondiente a cada resultado. Los rendimientos correspondientes a un determinado resultado (por ejemplo, los beneficios que da un volumen particular de ventas) por lo regular pueden desprenderse fácilmente de los datos contables. Si la relación entre los rendimientos y las utilidades correspondientes a estos rendimientos es una línea recta o casi recta, tal como la que aparece en la figura 4.1, entonces podemos utilizar los rendimientos como sustitutos de las utilidades. Si se requieren las utilidades asociadas con los rendimientos o resultados (esto es, si no existe una relación en línea recta entre las utilidades y los rendimientos) entonces las utilidades deben obtenerse utilizando el método descrito en el capítulo 5.

En muchas situaciones, existen uno o más resultados poco probables pero posibles que tienen un rendimiento altamente negativo, como por ejemplo, "el sindicato se lanza a la huelga en todos los lugares". Si la regla de decisión de la maximización de la utilidad esperada se aplica en estas situaciones, invariablemente conduce a elecciones conservadoras. Una estrategia realista y que se utiliza a menudo es desarrollar un plan de contingencia separado para tratar con resultado adverso, y después sustituir el costo del resultado altamente negativo con el costo de instrumentar el plan de contingencia. Por ejemplo, si la decisión relativa a la fijación de precios y si el resultado altamente negativo fueran que los clientes dejaran de utilizar nuestros productos o nuestros servicios, podríamos emplear el plan de contingencias de regresar rápidamente a nuestro programa original de fijación de precios y con ello incurrir en una pérdida relativamente pequeña. Discutiremos el uso de planes de contingencia con mayor detalle posteriormente en este mismo capítulo.

En el problema del ejemplo, los rendimientos que aparecen en la figura 6.5 seguidos de una estimación aproximada indica que el costo de construcción sería de $ 900 000 y que el costo de desarrollar y de presentar una oferta detallada sería de $ 5 000. Así, Stevens desarrolló el rendimiento correspondiente a la celda del centro al sustraer primero los $ 900 000 del costo de construcción, del precio de $ 1 000 000 que se presentó en la oferta. Después restó de estos $ 100 000 de utilidad bruta los 5 000 de costo de realizar la cotización.[7] Supondremos que la compañía constructora tenía en proceso diversos proyectos y que, en consecuencia, su utilidad por los valores en dólares que aparecen en la figura 6.5 es estrictamente proporcional a los valores en dólares mismos.

Paso 3. Identificar las restricciones y descartar las alternativas inaceptables. Como señalamos anteriormente, los que toman decisiones individualmente tienden a utilizar estrategias abiertamente simplistas —tales como la estrategia "satisfactora" del capítulo 3— que se apoyan mucho en el uso de restricciones. Como vimos en el ejemplo de inversión en inventarios, el uso de restricciones evita el que tengamos que dar una consideración detallada a las alternativas poco viables, alternativas que

---

[7] Todos estos valores podrían ser reducidos, si se desea, con el fin de tomar en cuenta el efecto de los impuestos sobre los ingresos de las empresas.

incluyen resultados que son inaceptables sin importar lo atractivos que sean otros resultados asociados con la alternativa. Por otra parte, tomaremos mejores decisiones a largo plazo si no utilizamos restricciones, pues podemos descartar alternativas buenas que podrían salvarse si se desarrollara un plan de contingencia para tratar con el resultado altamente negativo.

En el ejemplo del concurso, Stevens y la compañía constructora podrían enfrentarse a diversas restricciones que afectaran a la decisión, pero ninguna de ellas parece probable. Por ejemplo, podría no tener el tiempo o el personal necesario para preparar una oferta detallada, por lo que así sería necesario escoger la alternativa de "no concursar". O bien podría tener asignada una tasa mínima de rendimiento sobre tal proyecto, tal vez de un 15%. Esto rechazaría la alternativa "presentar una oferta de un millón", dado que la alternativa proporciona una tasa de rendimiento antes de impuestos de sólo el 10%.

Paso 4. Determinar la probabilidad de cada uno de los resultados o condiciones futuras. Si puede disponerse en forma económica de datos históricos apropiados, deberemos utilizarlos para desarrollar estimaciones de las probabilidades de los diversos resultados o condiciones. Si no puede disponerse de tales datos, debemos obtener estimaciones de las probabilidades, de cualquier persona que esté mejor enterada que nosotros. Al obtener las estimaciones, debemos utilizar un formato de preguntas y respuestas similar al que se usó en el ejemplo anterior al tratar con la probabilidad de diversos niveles de ventas.

La investigación muestra que las estimaciones de probabilidades que hace un grupo, obtenidas en forma apropiada, son invariablemente mejores que las estimaciones del miembro promedio. De hecho, a menudo son mejores que las estimaciones del miembro más preciso. Discutiremos por qué esto es así y cuáles son los mejores métodos para obtener juicios de grupo en capítulos posteriores.

Volvamos a la situación de la decisión de Stevens. Aunque éste reconocía que podía darse un argumento para obtener estimaciones de probabilidades para cada resultado en esta matriz, pensaba que las decisiones de los competidores serían en gran medida independientes de la suya propia, pues se hacía todo lo posible para mantener de manera confidencial tanto el interés de la empresa como el análisis realizado. Así, al menos para los propósitos del análisis preliminar, las probabilidades de las condiciones futuras podrían ser consideradas como independientes de las alternativas de la matriz. El uso de este supuesto le permitió a Stevens buscar estimaciones de probabilidad sólo para las condiciones futuras, más que para cada resultado.

Al emplear el procedimiento de estimación de probabilidades descrito antes en este capítulo tanto por sí mismo como por un colega experimentado, Stevens tomó el promedio de las estimaciones y llegó a las siguientes estimaciones de probabilidad: $P(F_1) = .3$; $P(F_2) = .5$, y $P(F_3) = .2$. Valiéndose de estas estimaciones, Stevens pudo aplicar la regla de decisión MEV.

Paso 5. Aplicar la regla de decisión de la maximización de la utilidad esperada y el procedimiento de cálculo, a las alternativas viables e identificar aquella (o aquellas dos) que tenga la mayor utilidad esperada. Como ejemplo de la aplicación de este paso, revisemos los cálculos asociados con la decisión de invertir en bienes raíces que se mostró en la figura 6.5. Como vimos en el análisis correspondiente, multiplicamos el rendimiento o la utilidad asociados con cada resultado por la probabilidad del resultado. Después sumamos estos productos como utilidad esperada de la alternativa. Si este valor no satisface una restricción, tal como una tasa mínima esperada de rendimiento sobre una inversión, se elimina la alternativa de toda consideración. Finalmente, identificamos, entre las alternativas que satisfacen nuestras restricciones, aquella que proporciona la mayor utilidad esperada y la escogemos para implantarla, a menos que se presenten factores no incluidos en el modelo y que dicten otra cosa.

Como segundo ejemplo, consideraremos la aplicación de Stevens del paso a los rendimientos en la figura 6.5 y las estimaciones de probabilidad obtenidas en el paso 4. Como caso particular de ello aparece la alternativa A_3. Stevens sabía que los tres rendimientos que podrían seguirse de adoptar a A_3 eran $- \$ 5\,000$, $- \$ 5\,000$ y $\$ 295\,000$. Pensó que tenía sentido considerarlos en forma agregada al ponderarlos de acuerdo con la probabilidad de que ocurriera cada uno. En consecuencia, multiplicó los $- \$ 5\,000$ correspondientes a F_1 por .3 (pues ésta era la mejor estimación de la probabilidad de que ocurriera F_1), después multiplicó los $- \$ 5\,000$ correspondientes a F_2 por .5, multiplicó los $\$ 295\,000$ por .2 y después agregó los tres productos, como se muestra a continuación:

Valor esperado de $A_3 = .3(- \$ 5\,000) + .5(- \$ 5\,000) + .2(295\,000)$
$= - 1\,500 - 2\,500 + 59\,000 = \$ 55\,000.$

Valor esperado de $A_2 = .3(- \$ 5\,00) + .5(95\,000) + .2(95\,000)$
$= - 1\,500 + 47\,500 + 19\,000 = \$ 65\,000.$

Valor esperado de $A_1 = .3(0) + .5(0) + .2(0) = \$ 0.$

Paso 6. Considerar tanto los criterios no incluidos en el análisis como las posibles consecuencias adversas de escoger la alternativa que tenga la puntuación más elevada, y elegir. Como se discutió en el paso 8 del capítulo anterior, en algunas situaciones habrá criterios y consecuencias potencialmente adversas que no puedan ser realmente captadas en el modelo de decisión. En tal situación y en este paso, nos preguntamos si el criterio no incluido, o la consecuencia potencialmente adversa, son lo suficientemente importantes para compensar la ventaja marginal aparente del agregado de la información incluida en el modelo. Por ejemplo, en la situación de decisión asociada con la figura 6.3, encontramos que la información incluida en el modelo sugería que la alternativa A tiene una ventaja de $ 6 000. En este punto de la aplicación de la matriz de decisión y de la regla de decisión MEU, nos preguntaríamos si no estaban incluidos criterios o consecuencias potencialmente adversas que fueran contrarios a la elección indicada de la alternativa A_1. Si la respuesta es negativa, escogeríamos A_1. Si es positiva, intentaríamos determinar si eran lo suficientemente serios para compensar la ventaja de A_1 por $ 6 000.

Una ventaja importante de utilizar la matriz y la técnica MEU para agregar información a la matriz de decisión es que esto nos proporciona un solo número al cual podemos comparar con el valor de hechos o criterios no incluidos. En la situación de Stevens, si la compañía tiene los recursos para emprender el proyecto de construcción, si las alternativas están realmente limitadas a las tres expuestas y si las estimaciones de los rendimientos y las probabilidades se consideran exactos (esto es, si la figura 6.5 realmente presenta toda la información relevante) entonces es razonable escoger A_2 y presentar una cotización de $ 1 millón.

ANÁLISIS ADICIONAL DE LA TOMA DE DECISIONES EN SITUACIONES ARRIESGADAS O INCIERTAS

Con el fin de proporcionar alguna perspectiva adicional sobre el uso de las matrices de decisión y de la regla de la maximización de la utilidad esperada (MEU), utilizaremos los párrafos que siguen para contestar algunas preguntas que surgen de los análisis anteriores.

Pregunta 1: ¿Qué grado de exactitud deben tener las probabilidades?

La respuesta a esta pregunta es similar a la que se dio en el caso de las ponderaciones de criterio y de atributo. La regla de decisión MEU asume la forma de un modelo aditivo idéntica al modelo aditivo MAU. Como tales modelos son bastante insensibles hacia las pequeñas inexactitudes, no tenemos que proscribir su uso cuando no estamos seguros acerca de las estimaciones de los valores incluidos en ellos.

Como cuestión práctica, resulta aconsejable obtener las mejores estimaciones posibles de las probabilidades, aplicar la regla MEU para hacer una selección, y después experimentar con otros valores de probabilidades para ver si dan motivo para cambiar la selección. El propósito de esta estrategia es identificar los *valores de intercambio*, aquellos valores de probabilidad que determinan un giro en las elecciones. Si nuestras estimaciones de probabilidad están lejos de los valores de intercambio, estamos poco motivados para buscar información con la cual reforzar su exactitud. Por otra parte, si las estimaciones están cerca de los valores de intercambio —y si el rendimiento esperado de la alternativa que se cambiaría es muy diferente de la alternativa por la cual se cambiaría— entonces debemos buscar más información para determinar la exactitud de nuestras actuales estimaciones de probabilidad.[8]

Los cálculos de prueba y error muestran que los valores de intercambio en la situación representada en la figura 6.3 son $P(F_1) = .5$ y $P(F_2) = .5$. En estos valores, el rendimiento esperado de A_1 y A_2 son iguales. Así, cuando la probabilidad de F_1 descienda de .6 a .5, nuestra inclinación a escoger A_1 también deberá descender. Si la probabilidad baja más allá de .5, debemos cambiar nuestra elección de A_1 a A_2. Este proceso de determinar la sensibilidad de nuestras elecciones respecto de las probabilidades utilizadas para hacer estas elecciones se llama *análisis de sensibilidad*.

Pregunta 2: ¿Debo verificar la consistencia de mis estimaciones de probabilidad?

Como en el caso de los juicios de utilidad y de importancia, resulta aconsejable verificar la consistencia de las estimaciones de probabilidad. Un método es el que consiste en preparar una gráfica como la de la figura 6.4, en donde la altura de cada columna representa la probabilidad del estado de la naturaleza o de la estrategia del competidor. Si nos preguntamos "¿estará esto bien?" y encontramos que la respuesta es "no", entonces podemos hacer ajustes hasta que esté bien. Debemos tener presente que las probabilidades deben sumar 1.00.

Otro método útil es hacernos preguntas que comparen nuestros juicios. Por ejemplo, yo puedo afirmar que una demanda de clientes de entre 100 y 125 por día tiene una probabilidad de ocurrir del 40%, y que la probabilidad de que haya una demanda entre 125 y 150 por día es del 20% pero ¿realmente creo que el primer caso tiene el doble de probabilidades que el segundo?

---

[8] Los valores de intercambio pueden identificarse con unos pocos cálculos experimentales. Primero sustituimos en nuestro modelo de utilidad esperada algún conjunto nuevo de valores de probabilidad que tiendan a disminuir la utilidad esperada de la alternativa que en la actualidad tiene la utilidad esperada más alta. Entonces volvemos a calcular la utilidad esperada de esta alternativa y de las demás: Las probabilidades de que, después de un ajuste suficiente en el incremento, finalmente ocasione que las utilidades esperadas de las dos alternativas que ocupan los lugares más altos de la escala sean las mismas, son los valores de intercambio; cualquier cambio ulterior provocaría que cambiáramos nuestra elección.

La investigación muestra que las estimaciones de la gente, acerca de los valores probabilísticos para los acontecimientos probables tienden a ser mayores que las probabilidades reales. De manera similar, los valores estimados para sucesos menos probables tienden a ser menores que los valores de probabilidad reales. Algunos científicos de la decisión han interpretado esto como un sesgo de *confianza excesiva*. Otros lo han interpretado como un sesgo de *enfoque*, que refleja una tendencia a la concentración en los sucesos más asequibles o más representativos. El estar consciente de este sesgo es importante para nosotros a medida que observamos discrepancias en nuestras estimaciones e intentamos resolverlas. Con base en la prueba de investigación, resolveremos discrepancias en la dirección contraria a nuestro sesgo.

Pregunta 3: ¿Existen otras reglas de decisión, además de la maximización de la utilidad esperada, que puedan usarse para tomar decisiones en situaciones inciertas?

La respuesta a esta pregunta es afirmativa, pero como señalamos antes, la mayoría de las demás reglas no han sido consideradas seriamente para utilizarse en escenarios importantes de decisión. El motivo de ello es que las otras reglas de decisión emplean el supuesto de que el que toma las decisiones no tiene información acerca de las probabilidades de que puedan presentarse las diversas condiciones futuras posibles. Debido a que las organizaciones no delegan decisiones importantes a gente que no tiene información acerca de la cuestión o que no puede obtenerla, este supuesto difícilmente es válido en escenarios de decisiones reales.

Aunque estas reglas de decisión han encontrado poca aplicación formal, son útiles para profundizar en nuestro aprendizaje general de la toma de decisiones en situaciones inciertas.[9] Como consecuencia, las revisaremos brevemente e intentaremos describir escenarios de decisión en donde podrían ayudar a aclarar la naturaleza de la situación de decisión a la que se enfrenta el gerente. Revisémoslas en el contexto de la matriz de decisión que aparece representada en la figura 6.6.

La regla de decisión *maximax* afirma que debemos escoger la alternativa que nos da una oportunidad de obtener el máximo rendimiento de la matriz. Básicamente indica que debemos escoger con la finalidad de *maxi*mizar el *máxi*mo rendimiento posible. Al aplicar esta regla de decisión a la figura 6.6, escogeríamos A_1 para obtener los $ 34.

---

[9] Es una práctica convencional entre los científicos de la decisión referirse al caso hipotético en donde el que toma las decisiones desea actuar como si ignorara totalmente las probabilidades de las condiciones futuras como "toma de decisiones bajo condiciones de incertidumbre", y se refiera al caso en donde desea utilizar estimaciones de probabilidad como "toma de decisiones bajo condiciones de riesgo".

Condiciones futuras

	F_1	F_2	F_3
A_1	$ 34	− $ 18	− $ 4
A_2	$ 12	− $ 6	$ 10
A_3	$ 2	$ 2	$ 2

Alternativas

Figura 6.6. Matriz de decisión sin probabilidades.

Si el que toma las decisiones es un optimista incurable, utilizará esta regla de decisión, como lo haría cualquiera que tuviera el control total sobre las condiciones futuras. Desde luego, si tuviéramos el control total sobre las condiciones futuras, no estaríamos tratando con una decisión en condiciones de incertidumbre. La consideración de la regla representa el uso de la matriz de decisión como una herramienta para determinar qué condición futura debería buscarse si se contara con publicidad, capacidad de negociación, "siembra de nubes" y otras tácticas disponibles para manipular las probabilidades de las condiciones futuras.

La regla de decisión *maximin* postula que debemos escoger la alternativa que nos diera el mejor rendimiento si ocurrieran las peores condiciones. Básicamente dice que debemos escoger con el fin de *maxi*mizar la *mín*ima ganancia posible. Al aplicar esta regla de decisión a la figura 6.6 escogeríamos a A_3, en la cual el mínimo rendimiento posible sería $ 2. Para cualquier otra alternativa, el mínimo posible sería menos de $ 2.

Si el que toma las decisiones es un pesimista incurable o si piensa que su selección se conocerá antes de que su competidor escoja estrategia, utilizará esta regla de decisión. La regla representa el uso de una matriz de decisión como herramienta para elegir una alternativa cuando nos enfrentamos con un competidor que tendrá información acerca de cuál será nuestra elección antes de tener que hacer la suya. La regla también puede tener mérito cuando nuestro interés más inmediato es salir de la situación de decisión "por lo menos con algo que mostrar". Esta estrategia conservadora podría ser útil si los rendimientos pudieran utilizarse para asegurar nuestra participación posterior (tal vez en un juego de póker o en el mercado de valores) cuando las condiciones fueran más favorables. Así, la regla puede ser apropiada en caso de desastres económicos, militares o meteorológicos cuando quisiéramos escoger la alternativa con el mejor rendimiento bajo las peores condiciones posibles.

La regla de decisión de *minimizar la retractación* afirma que debemos escoger la alternativa que, sean cuales sean las condiciones futuras, nos causará la mínima retractación por no haber escogido otra alternativa.

Por ejemplo, en la figura 6.6 podemos ver que si escogemos A_3 y ocurre F_1, lamentaremos el no haber escogido la matriz de $ 34. Desde luego, obtendremos 2, de manera que nuestra retractación, potencial es sólo $ 32. Si escogemos A_3, este $ 32 es nuestra retractación más grande, sin importar la situación que se presente. Si escogemos A_2, nuestra máxima retractación posible es $ 22, y se obtiene si ocurre F_1. Si ocurre F_2 tendremos una retractación de $ 8, pues incurriremos en una pérdida de $ 6 mientras que diferimos una ganancia de $ 2 por no haber escogido a A_3. Si ocurre F_3, no tendremos motivo de retractarnos dado que hemos obtenido el máximo rendimiento posible. Un examen ulterior de la matriz nos muestra que si escogemos A_1, tendremos la máxima retractación por la diferencia de $ 20 al encontrar una pérdida de $ 18 y la privación de una ganancia de $ 2.

Como puede verse, esta regla de decisión se concentra totalmente en la insatisfacción psicológica o retractación relacionada con las oportunidades perdidas. Se aplica más fácilmente en relación con una *matriz de retractación,* como la que muestra la figura 6.7 cuyas entradas están determinadas por el cálculo de la diferencia entre los rendimientos de la celda y el mejor rendimiento posible de la columna. La regla de decisión nos indica la elección de la alternativa que minimice la máxima retractación. En este caso escogeríamos A_1, pues nuestra máxima retractación, sería $ 20 con A_1, pero sería $ 22 si escogiéramos A_2 y de $ 32 si escogiéramos A_3.

Condiciones futuras

	F_1	F_2	F_3
A_1	$ 0	$ 20	$ 14
A_2	$ 22	$ 8	$ 0
A_3	$ 32	$ 0	$ 8

Figura 6.7. Matriz de retractación derivada de la figura 6.6.

Una regla de decisión interesante para el campo de la economía, pero poco aplicada en el de la administración, afirma que debemos escoger la alternativa que implique menos riesgo, la alternativa cuyos resultados sean los menos variables. Esta es una regla razonable cuando la predicción es importante, como sucede cuando los resultados de una elección (por ejemplo, referentes a gastos o tiempo) se integran en un esfuerzo coordinado (por ejemplo, un proyecto de presupuesto o de programa general).

Antes de dejar este análisis de las reglas de decisión formales de alternativas, debemos recordar que una estrategia común de la gerencia para tomar decisiones en situaciones arriesgadas o inciertas es escoger la alternativa que permita la máxima flexibilidad para adaptarse a los acontecimientos futuros. Dentro del contexto de aplicación de la técnica MEU, el gerente puede considerar explícitamente esta estrategia, ya sea en el paso 2 o en el paso 6. Por ejemplo, si una alternativa permitiera al gerente retirar algunos de los recursos comprometidos, cuando se presentara un resultado adverso, se podría considerar esta alternativa como si contara con un plan de contingencias. El método consistiría en ajustar la matriz de rendimiento (en el paso 2) para reflejar los costos menores asociados con la instrumentación del plan de contingencias más que los costos más elevados asociados con el mantenimiento del pleno compromiso, de acuerdo con el plan original. Un enfoque alternativo sería ponderar (en el paso 6), la ventaja de adoptar la alternativa más flexible, y la pérdida de utilidad asociada con la adopción de una alternativa que tenga la máxima utilidad esperada.

Pregunta 4: ¿Qué debo hacer si las probabilidades de las condiciones futuras dependen de la alternativa que yo escoja?

En un análisis anterior mencionamos que las probabilidades de las condiciones futuras pueden ser afectadas por nuestros propios actos. Por ejemplo, las probabilidades de los diferentes volúmenes de ventas están afectadas por nuestras decisiones relativas a la publicidad y a las presentaciones de los productos, y la probabilidad de encontrar petróleo, agua o alguna otra cosa resulta afectada por lo profundo que cavemos. Los procedimientos para hacer elecciones racionales en tal situación son los mismos que los que discutimos en partes anteriores de esta misma sección. Por ejemplo, apliquemos la regla MEU a la matriz de decisión que aparece en la figura 6.8, en donde la entrada en la esquina superior izquierda de cada celda de resultados es la probabilidad de que ocurra dicho resultado. En la situación de decisión, están en juego $ 100 000, y las estrategias de manipulación cuestan $ 10 000 cada una.

1. Utilidad esperada de A_1 = .30(− $ 120 000) + .70(− $ 20 000)
   = − $ 50 000.
2. Utilidad esperada de A_2 = .40(− $ 110 000) + .60(− $ 10 000)
   = − $ 50 000.

3. Utilidad esperada de A_3 = .50(− \$ 110 000) + .50(− \$ 10 000)
   = − \$ 60 000.
4. Utilidad esperada de A_4 = .60(− \$ 100 000) + .40(0)
   = − \$ 60 000.

	F_1, El proyecto legislativo se convierte en ley	F_2, El proyecto legislativo no se convierte en ley
A_1, Persuadir en forma agresiva y organizar una campaña por correo	0.30 − \$ 120 000	0.70 − \$ 20 000
A_2, Armar sólo una campaña por correo	0.40 − \$ 110 000	0.60 − \$ 10 000
A_3, Sólo persuadir	0.50 − \$ 110 000	0.50 − \$ 10 000
A_4, No hacer nada	0.60 − \$ 100 000	0.40 0

Figura 6.8. Matriz de decisión para la acción política.

El análisis sugiere que debemos organizar una campaña por correo y también debemos considerar un esfuerzo de persuasión, dependiendo de si los demás factores que no ha considerado el modelo favorecen o no este esfuerzo adicional.

Pregunta 5: ¿Qué debo hacer si uno, o más, de los posibles resultados en la matriz de decisión fuera tan desastroso que me vea tentado a adoptar una alternativa conservadora aun cuando no maximice mi rendimiento esperado?

Existen dos posibilidades. Una de ellas es desarrollar un *plan de contingencias* que pudiera ser instrumentado con el fin de reducir las pérdidas en caso de que ocurriera lo peor. Un plan presentado como ejemplo implicaría una reasignación del personal y de los materiales asociados con un producto nuevo en caso de que surgiera un competidor con un producto superior cuando el nuestro se estuviera introduciendo en el mercado. El uso de un plan de contingencias es una estrategia común y por lo regular nos permite insertar una pérdida mucho más pequeña en la "celda de desastre" de la matriz de decisión, y así, continuamos con la aplicación de la regla de decisión MEV.

La segunda posibilidad es convertir todos los rendimientos de la matriz de decisión en utilidades, o las pérdidas en *desutilidades* (utilidades, negativas). Entonces aplicamos la regla de decisión MEU a esta nueva matriz. Este enfoque nos permite capturar la naturaleza real del resultado desastroso mientras todavía se aplica un procedimiento sistemático a los datos captados en el modelo de la matriz de decisión. Estos métodos pueden utilizarse simultáneamente.

PROBLEMA-RESUMEN. INTRODUCCIÓN DE UN PRODUCTO NUEVO

Sam Wilson director de mercadotecnia de la compañía QRS, aprendió a utilizar la matriz y la técnica MEU mientras asistía a un curso breve sobre la gerencia, y decidió aplicar las ideas cuando se hiciera el siguiente análisis "preliminar" sobre la conveniencia de introducir un producto nuevo.[10] Como tenía a la mano dos productos nuevos, pero sólo podía financiar la introducción de uno de ellos en el transcurso del año siguiente, decidió trabajar con las siguientes alternativas: 1. Introducir el producto A; 2. Introducir el producto B; y 3. No introducir un producto nuevo.

Al emprender el paso 1, *identificar y hacer una lista de las condiciones futuras relevantes*, Wilson concluyó, por experiencia previa y por los resultados de los datos de la investigación de mercados, que los actos del principal competidor de la compañía serían las condiciones clave para determinar los rendimientos de ambos productos. Teniendo presente eso, Wilson decidió que para este análisis preliminar, las condiciones futuras relevantes por considerar eran:

1. F_1. El competidor introduce un producto superior.
2. F_2. El competidor introduce un producto equivalente.
3. F_3. El competidor introduce un producto inferior.
4. F_4. El competidor no introduce un producto similar.

Su siguiente paso fue determinar el rendimiento o la utilidad para QRS que ocurriría para cada una de las combinaciones de una alternativa instrumentada y de una condición futura.

Con el fin de hacer más sencillo su análisis preliminar, *al determinar el rendimiento o la utilidad de cada resultado*, Wilson prefirió utilizar rendimientos en dólares, en lugar de utilidades, al construir la matriz de

---

[10] Recalcamos aquí la palabra "preliminar" debido a que, mientras el uso de la matriz de decisión y de la técnica MEU es un enfoque absolutamente correcto para analizar la situación de decisión de Wilson, la técnica del árbol de decisión del siguiente capítulo se verá que es todavía más apropiada para hacer el análisis "final".

decisión. Con base en la información procedente del departamento de contabilidad y en las estimaciones de ventas, calculó los rendimientos que aparecen en la figura 6.9. Los valores que figuran entre paréntesis en las celdas de la primera columna son las pérdidas que se tendrían si QRS introdujera el producto nuevo frente al producto superior del competidor. Los otros valores de las celdas de la primera columna representan las pérdidas que habría si QRS adoptara el plan de contingencias de Wilson. Este plan consistía en dar un nuevo cauce a los recursos asociados con el nuevo producto desviándolos hacia otros productos de QRS en caso de que el competidor introdujera un producto superior.

Cuando se volvió a *identificar las restricciones y descartar las alternativas inaceptables,* Wilson se enfrentó a una situación frecuente. Aunque sabía que la compañía QRS no podía darse el lujo de incurrir en fuertes pérdidas, también sabía que una posible pérdida de $ 1 200 000 se encontraba dentro del rango de pérdidas que la compañía estaba preparada para absorber al lanzar al mercado productos nuevos. Wilson por lo tanto no eliminó alternativa alguna mediante la aplicación de restricciones. Después se dedicó a determinar las probabilidades de los diversos resultados de las condiciones futuras.

Condiciones futuras

	F_1, El competidor introduce un producto superior	F_2, El competidor introduce un producto equivalente	F_3, El competidor introduce un producto inferior	F_4, El competidor no introduce un producto similar
A_1, Introducir el producto A	$-$ $ 1 200 000 ($-$ $ 1 800 000)	$ 1 000 000	$ 3 800 000	$ 6 250 000
A_2, Introducir el producto B	$-$ $ 600 000 ($-$ $ 950 000)	$ 1 250 000	$ 3 600 000	$ 6 950 000
A_3, No introducir un nuevo producto	0	0	0	0

Figura 6.9. Matriz de decisión para la introducción de un producto nuevo.

Al emprender el paso 4, *determinar la probabilidad de cada resultado o de las condiciones futuras,* Wilson tuvo la impresión de que, para los propósitos de sus análisis preliminares, las probabilidades de los actos de su competidor podían considerarse independientes de las alternativas de QRS. Esto parecía razonable puesto que el grado de progreso de la compañía en el desarrollo de los productos A y B se había logrado mantener en secreto, por lo que se estimaron las probabilidades para cada una de las condiciones futuras más que para cada uno de los resultados. El resultado al que llegaron del uso del procedimiento de estimación de probabilidades descrito anteriormente tanto Wilson como el gerente de investigación de mercados, después de analizar las dos series de estimaciones hasta lograr un consenso, fue el siguiente: $P(F_1) = .2$, $P(F_2) = .25$, $P(F_3) = .4$, y $P(F_4) = .15$.

Cuando *aplicó el modelo de rendimiento esperado y el procedimiento de cálculo* a la alternativa de introducir el producto A, Wilson vio que había cuatro resultados y rendimientos posibles: 1. QRS incurrirá en una pérdida de $ 1 200 000 si el principal competidor introduce un producto superior. Esto tiene un 20% de probabilidades de ocurrir; 2. QRS logrará una ganancia de $ 1 000 000 si el principal competidor introduce un producto equivalente. Esto tiene un 25% de probabilidades de ocurrir; 3. QRS puede obtener una ganancia de $ 3 800 000. Esto tiene una probabilidad de ocurrir del 40%; y 4. QRS puede incurrir en una ganancia de $ 6 250 000. Esto tiene una probabilidad de ocurrir del 15%.

Al multiplicar los rendimientos de las estimaciones de probabilidad relacionadas y después sumarlas, Wilson obtuvo los siguientes resultados:

Valor esperado si QRS introduce el producto A

$$A = (.2)(-1\ 200\ 000) + (.25)(1\ 000\ 000) + (.4)(3\ 800\ 000)$$
$$+ (.15)(6\ 250\ 000) = -240\ 000$$
$$+ 250\ 000 + 1\ 520\ 000 + 937\ 500$$
$$= 2\ 467\ 500.$$

Valor esperado si QRS introduce el producto B

$$B = (.2)(-600\ 000) + (.25)(1\ 250\ 000) + (.4)(3\ 600\ 000)$$
$$+ (.15)(6\ 950\ 000) = -120\ 000$$
$$+ 312\ 500 + 1\ 440\ 000 + 1\ 042\ 500$$
$$= 2\ 675\ 000$$

Valor esperado si QRS no introduce un producto nuevo $= (.25)(0)$
$$(.25)(0) + (.4)(0) + (.15)(0) = 0$$

En este punto, Wilson vio que la información captada por este modelo llevaba a la conclusión de que QRS podía introducir el producto B. Como el hecho principal no incluido en el modelo —que el producto

B era más útil que el producto A al llenar la línea de productos de QRS — conducía a la misma conclusión que el análisis MEU, Wilson tomó la decisión tentativa de introducir el producto B en el mercado.

RESUMEN Y PANORAMA

En este capítulo hemos repasado una técnica que puede ser de considerable ayuda para un gerente, en la identificación y en el uso de la información pertinente para tomar una decisión en una situación arriesgada e incierta. En un principio presentamos el uso de la regla de decisión de la maximización de la utilidad esperada como una estrategia de decisión que pudiera conducir a posteriores mejoras en la calidad de las decisiones tomadas en tales situaciones. Más tarde examinamos el proceso paso a paso para utilizar combinadamente matrices de decisión y la regla de decisión MEU, y nos referimos a esta combinación como la técnica MEU. Hacia el final del capítulo analizamos la naturaleza de la toma de decisiones en situaciones inciertas.

En muchas situaciones arriesgadas o inciertas tenemos la oportunidad de obtener más información para reducir algunas de las incertidumbres implicadas. Tales oportunidades plantean la pregunta "¿Debemos incurrir en los gastos o en la demora necesarios para obtener esta información?" La respuesta depende del valor de la información con relación a su costo. En el capítulo siguiente examinaremos algunas técnicas para determinar si debemos buscar información adicional antes de tomar una decisión, o no.

EJERCICIOS

1. Anote tres argumentos en contra de la estimación explícita de probabilidades y tres argumentos en favor de la estimación explícita.
2. Anote tres argumentos contra la presentación de situaciones de decisión con una matriz de decisión y tres argumentos en favor de dicha presentación.
3. Calcule el rendimiento esperado de una alternativa que, si se escoge, puede encontrarse con una de estas tres condiciones futuras: La primera proporciona un rendimiento de $ 1 000 y tiene una probabilidad de ocurrir de .3. La segunda otorga un rendimiento de $ 2 000 y ocurre con una probabilidad de .45. El rendimiento de la tercera condición es de $ 3 000.
4. Piense en una situación de decisión que pueda presentar con una matriz de decisión. Aplique la regla de decisión MEU o la MEV a la información de la matriz, y vea si el resultado tiene sentido

por lo que usted sabe acerca de la situación. Si el resultado no tiene sentido, explique por qué es así y qué es lo que podría hacerse respecto de la incogruencia entre la lógica del modelo y la regla de decisión, y su propia idea acerca de cuál podría ser la elección. En particular, considere si el paso 6, o el procedimiento paso a paso podrían ser útiles.

REFERENCIAS BIBLIOGRÁFICAS

Brown, R. V., Kahr, A. S., y Peterson, C., *Decisión Analysis for the Manager,* Holt, Rinehart and Winston, Nueva York, 1974.

"Decision Analysis Group", *Readings in Decision Analysis,* Stanford Research Institute, Menlo Park, Calif., 1976.

Downs, A., *Inside Bureaucracy,* Little, Brown and Company, Boston, 1966.

Huber, G. P., "Methods for Quantifying Subjective Probabilities and Multiattribute Utilities", *Decisión Sciences,* julio de 1974, págs. 430-458.

Kenney, R. L. y Haiffa, R., *Decisions with Multiple Objectives: Preferences and Value Tradeoffs,* John Wiley and Sons, Inc., Nueva York, 1976.

Seaver, D. A., Winterfeldt, D. V. y Edwards W., "Eliciting Subjective Probability Distributions on Continuous Variables", *Organizational Behavior and Human Performance* 21, junio de 1978, págs. 379-392.

Tversky, A. y Kahneman, D., "Judgement under Uncertainty: Heuristics and Biases", *Science* 185, 1974, págs.1124-1131.

7 Cómo decidir cuándo decidir. Procedimiento de autoayuda

Hay decisiones importantes de la gerencia que sólo raras veces se toman en el momento mismo en que aparece un problema. En muchos casos se utilizan el tiempo y otros recursos para buscar información adicional acerca del problema y de la situación de decisión. Desde luego, los gerentes no siempre emprenden inmediatamente la búsqueda de información. En cambio, en ocasiones se plantean si está justificado el buscar tal información; las demoras que implica esta búsqueda pueden ser costosas y los datos reunidos no siempre son tan informativos como se esperaba. En esencia, los gerentes primero toman una decisión acerca de cuándo deberían decidir: inmediatamente, con la información disponible, o posteriormente, después de obtener más información.

El presente capítulo describe una técnica para determinar si debe tomarse una decisión con la información de que se dispone o si debe buscarse información adicional. Entre las situaciones en donde la técnica es útil están, por ejemplo, las siguientes:

Introducción de un producto o servicio nuevo. El que se vaya a introducir un producto o servicio nuevo es una decisión en donde las probabilidades de que sea correcta podrían mejorar si se obtuviera mayor información acerca de la probable reacción de los consumidores, (por medio de una encuesta de mercadotecnia o de una prueba de test), pero tal información es costosa e imperfecta, ¿debe la organización gastar los recursos necesarios para obtenerla?

Venta o compra de propiedades. El comprar una propiedad para descansar, o una granja o acciones es una decisión en donde las probabilidades de hacer una elección correcta podrían mejorar si se obtuviera más información acerca de las futuras condiciones relacionadas, por ejemplo, con la compra por parte del gobierno de las tierras adyacentes, con el apoyo a los precios de la carne de res, o con la política tributaria hacia la industria. Sin embargo, tal información es costosa y no totalmente confiable. ¿Vale la pena el precio de compra?

En situaciones como éstas, el gerente debe tomar una secuencia de decisiones. La primera decisión, respecto a si debe obtener más información, debe tomarse desde el punto de vista de lo útil que podría ser la información cuando se intentara a fin de cuentas llegar a la decisión proyectada. Un tipo de situación estrechamente relacionado con la anterior es aquél en donde el gerente se muestra renuente a comprometer una cantidad fuerte de los recursos de la empresa en condiciones de incertidumbre y considera como una opción la estrategia de instrumentar una alternativa de poco costo, mientras espera que la situación relativa a la decisión se vuelva más clara.

Esta estrategia es frecuente y se refleja en afirmaciones tales como "Dejemos abiertas nuestras opciones" y "Hagamos lo que podamos por mantener nuestra flexibilidad". Este es un enfoque de sentido común para la toma de decisiones, pero en ocasiones puede ser costoso. Por ejemplo, construir una planta pequeña y posteriormente añadirle instalaciones puede resultar más costoso, debido a la conversión y los costos de oportunidad perdidos, que construir desde el principio una planta grande. En tales situaciones, el gerente trata con una secuencia de decisiones (por ejemplo, qué planta debe construir ahora y si se le deben hacer adiciones posteriormente). Como antes, la primera decisión que debe tomarse es cuál podría ser la segunda decisión. De hecho, el implantar una solución de bajo costo, mientras se espera que con el transcurso del tiempo se pueda obtener más información acerca de la conveniencia de una solución de costo más elevado, es idéntico, desde el punto de vista conceptual, a implantar una solución de *búsqueda activa de información*. En consecuencia, no hay que tratar por separado los tipos de situaciones de decisión. En cualquiera de los dos casos, cuando los costos y los rendimientos asociados con las decisiones son grandes, la situación merece un análisis formal.

Las próximas dos secciones del capítulo describen y demuestran una técnica formal que puede utilizarse para analizar situaciones de decisión secuencial tales como las que se han descrito. La técnica se ha aplicado con éxito en muchas organizaciones privadas y también en el sector público.[1] Supone el uso de un modelo denominado *árbol de*

[1] Para encontrar descripciones detalladas de la toma de decisiones dentro de organizaciones tanto del sector privado como del público en donde se ha aplicado la técnica del árbol de decisión, consúltese "Decision Analysis Group", *Readings in Decision Analysis,* Stanford Research Institute, Menlo Park, Calif., 1976, y Rao Tummala V. M., y Henshaw, R. C., eds., *Concepts and Applications of Modern Decision Models,* Michigan State University Business Studies, East Lansign, Mich., 1976.

decisión y es muy similar a la técnica de la matriz de decisión analizada en el capítulo anterior.

La primera de estas secciones describe el uso *fundamental* de un árbol de decisión (esto es, como mecanismo para reducir las dificultades cognoscitivas de los individuos y las dificultades de comunicación de los grupos). Aquí el interés se centrará en utilizar el árbol para ayudar a estructurar la situación de decisión. Éste es el uso fundamental según Rex Brown, conocido autor y asesor en el campo; su idea es que la "contribución (de los árboles de decisión) a la calidad de la toma de decisiones proviene más de forzar la estructura significativa sobre el razonamiento informal que de suplantarlo por el análisis formal" (Brown, 1970, pág. 88). Esto también lo sugiere el ejecutivo citado en la *Harvard Business Review* quien informó "Discutimos durante 45 minutos acerca de lo que deberíamos hacer precisamente ahora y de lo que costaría posponer una decisión, pero sólo cuando utilizamos un árbol de decisión dibujado en el pizarrón comenzamos a darnos cuenta de que habíamos estado hablando acerca de problemas diferentes" (Hayes, 1969, pág. 109).

La segunda de las dos secciones describe el uso *único* de un árbol de decisión (esto es, como auxiliar en el análisis formal del valor de la información adicional para el que toma las decisiones). Ahora pasemos a analizar el uso fundamental de los árboles de decisión.

ÁRBOLES DE DECISIÓN PARA ESTRUCTURAR DECISIONES

Un árbol de decisión es un modelo gráfico que expresa la secuencia de las decisiones y los acontecimientos que comprenden una situación de decisión secuencial. Lo presentaremos considerando una situación sencilla: una gerente de la industria de cosméticos que tiene ante sí una proposición para realizar un gran esfuerzo de promoción que, idealmente, llegará a un mercado todavía virgen.

Tal como los subordinados presentan la situación, parece haber una alternativa ("hacer promoción" o "no hacer promoción") y tres posibles condiciones futuras o resultados ("mercado grande", "mercado reducido" o "no hay mercado"). Podríamos utilizar una matriz de decisión para presentar este problema, pero por razones que serán pronto obvias comenzaremos por presentarlo con el pequeño árbol de decisión que aparece en la figura 7.1.

Al construir este modelo, comenzamos por la izquierda con una *bifurcación de elecciones* a partir de la cual se proyectarán nuestras *ramas alternativas*. Al final de la rama de hacer promoción aparece la *bifurcación de resultados* de la cual surgen nuestras *ramas de resultados*.

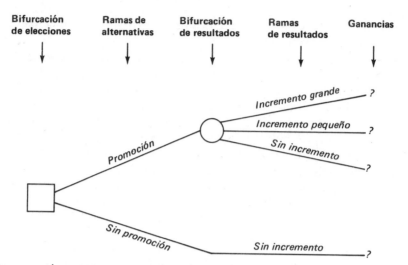

Figura 7.1. Árbol de decisión para una decisión de promociones tal como se presenta inicialmente.

Cada rama de resultados, o resultado, tiene un rendimiento asociado con él, como sucedió con los resultados de las matrices de decisión del capítulo 6. Como tales modelos representan, por lo general, sólo aquellos resultados que son consecuencia de elecciones, los resultados de "incremento grande" o "incremento pequeño" no aparecen como ramas de resultados cuando se escoge la solución de "no hacer promoción".

La figura 7.1 es un modelo de una situación de decisión simplificada. Cuando la gerente comienza a pensar acerca de la cuestión, el modelo implícito que los subordinados utilizan puede parecer inadecuado. Escuchemos a la gerente cuando reflexiona sobre la proposición.

"La decisión a la que me enfrento es si se debe invertir en esta promoción o si debemos dejar pasar esta oportunidad. Desde luego, si en realidad el mercado que hay es grande, ganaremos bastante dinero, pero la promoción propuesta costaría aproximadamente la mitad de lo que ganaríamos. No estoy tan segura, como lo está la mayor parte de la gente de aquí, de que el mercado grande exista en realidad. De hecho, yo diría que las oportunidades de que encontremos un mercado grande son del 50%, y nada más. Estoy segura de una cosa: no tendría inconveniente en buscar ideas para reducir el riesgo.

"Todos nosotros estamos de acuerdo en que por lo menos existe un mercado pequeño; pero si es el único mercado disponible, sería estúpido invertir en la promoción propuesta, por el simple hecho de que no podríamos recuperar el dinero invertido. Tal vez debamos probar con una promoción en pequeña escala. Desde luego, con la promoción menor no podríamos aprovechar el mercado grande, si existiera, pero tampoco perderíamos tanto. Creo que consideraré esta idea de una promoción pequeña como una tercera opción.

"Ahora que pienso en ello, podría ser conveniente que el departamento de mercadotecnia realizara un estudio formal, una encuesta o algo así que determine la magnitud del mercado. Eso costaría dinero, pero por lo menos tendríamos mejor información para decidir lo que se debe hacer respecto a la promoción especial. Veamos, ¿es ésta una cuarta opción o es una decisión separada? Esto comienza a complicarse.

"Debe ser una decisión separada de todas formas porque los resultados del estudio serían estimaciones del tamaño del mercado más que ventas reales resultantes de la promoción. Parece que tengo una serie de decisiones que tomar: primero 'si se debe hacer un estudio de mercado', y segundo, 'qué hacer con respecto a la promoción'. Esto se complica. Puede que convenga hacer un esquema."

Esta gerente está lista para utilizar un modelo de árbol de decisión. Ha reconocido que la complejidad de la situación está más allá de su capacidad de representarla mentalmente. Supongamos que decidió superar sus limitaciones cognoscitivas y hacer un esquema primero de la situación a la que se enfrentaría si no se realizara el estudio de mercado (esto es, la decisión que entraña precisamente el problema de la promoción). Después de algunos intentos en falso y de un poco de ayuda, la gerente elaboraría un árbol de decisión (figura 7.2).

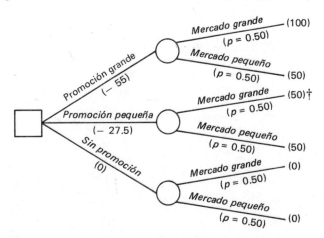

† Recuérdese que la promoción pequeña no pudo explotar el mercado grande, por lo que el beneficio se limita al del mercado pequeño y explotable.

" Todos los costos y beneficios mostrados representan miles de dólares.

Figura 7.2. Árbol de decisión para escoger entre promociones.*

Repetimos aquí que uno de los rendimientos principales que obtengamos de trazar un árbol de decisión es un incremento en nuestra idea de la situación de decisión. Tal incremento es consecuencia de la reflexión inicial por medio de la estructura del árbol, después, de la identificación de la información pertinente, y finalmente, de agregar tal información. Estas tres tareas se realizan fácilmente si llevamos a cabo el siguiente procedimiento de tres fases.

Fase 1. Construcción de un árbol de decisión.
Trazado de las ramas

Al construir un árbol de decisión, debe comenzarse por el lado izquierdo del diagrama (véase la figura 7.2) y continuar hacia la derecha.

Paso 1.1. Trace las alternativas como ramas de una bifurcación de elecciones. Partiendo de la izquierda, el gerente trazó como ramas las opciones básicas de una promoción en gran escala, de una promoción pequeña, de no hacer ninguna promoción. El cuadro del cual se originan las tres ramas se llama *bifurcación de elecciones.*

Paso 1.2. Al final de cada rama de optativas, trace los posibles resultados como ramas de una bifurcación de resultados. La elección de una alternativa puede tener varios resultados. El gerente reconoció este hecho al trazar un círculo al final de cada rama optativa. Después trazó una nueva serie de ramas, correspondientes a los resultados de un mercado grande y de un mercado pequeño. Tales círculos se denominan *bifurcaciones de resultados.*

Con el fin de conservar un ejemplo sencillo no incluiremos más optativas (por ejemplo, "promoción en escala mediana") o más resultados (por ejemplo, "no hay mercado"). El terminar esta primera fase equivale a definir de una manera explícita y sucinta la situación de decisión.

Fase 2. Construcción de un árbol de decisión.
Inserción de las hojas

Los tres pasos siguientes ayudan a incorporar más información relativa a la decisión en el modelo. Por medio de ellos utilizamos el modelo para acordarnos de los tipos de datos que son pertinentes y representar estos elementos en la memoria externa que proporciona el árbol.

Paso 2.1. Indique el costo de instrumentación para cada optativa. Los valores del costo de − $ 55 000, − $ 27 500 y $ 0 pueden verse en los paréntesis adyacentes a las respectivas ramas optativas.[2]

---

[2] En el presente ejemplo utilizaremos los costos y los rendimientos monetarios como estimaciones de las utilidades que están en juego. Si la utilidad del dinero no fuera directamente

Paso 2.2. Indique la probabilidad de ocurrencia para cada resultado.
Los valores probabilísticos de .50 y .50 aparecen en los paréntesis adyacentes a las respectivas ramas de resultados. En este caso y en esta etapa, serían estimaciones de probabilidad subjetiva desarrolladas de acuerdo con el procedimiento de generación descrito en el capítulo 6. Finalmente podrían ser modificados por la llegada de más información, como sería el caso de los resultados del estudio de mercado.

Paso 2.3 Indique el rendimiento bruto que produce cada resultado.
Los valores de los rendimientos de $ 100 000, $ 50 000 y $ 0 aparecen entre paréntesis en los extremos de las respectivas ramas de resultados.

Ampliaremos este árbol en la siguiente sección, pero de momento utilicémoslo como podría hacerlo el gerente, para ayudar a analizar la conveniencia relativa de las tres opciones de la promoción en gran escala, promoción en pequeña escala o no hacer promoción. Suponiendo que desee utilizar la regla de decisión de la maximización del valor esperado del capítulo 6, el gerente debe aplicar el procedimiento paso a paso que presentamos a continuación.

Las fases 1 y 2 suponen identificar y adquirir la información pertinente a la situación de decisión; la siguiente, y última, fase nos ayuda a hacer un uso sistemático de dicha información.

Fase 3. Poda del árbol de decisión. Añadidura de información

Paso 3.1. Calcule el valor neto esperado en cada bifurcación de resultados. Si el gerente, por ejemplo, elige realizar la promoción en gran escala, primero tendrá que pagar $ 55 000. Entonces recibirá o bien $ 100 000, con una probabilidad de .50, o $ 50 000 con una probabilidad de .50. Así, el valor neto esperado (NEV) en la bifurcación de resultados es

$$NEV = -55\ 000 + .50(100\ 000) + .50(50\ 000) = \$ 20\ 000.$$

De manera similar, el NEV en la bifurcación de resultados asociados con llevar a cabo la promoción en pequeña escala es

$$NEV = -27\ 5000 + .50(50\ 000) + .50(50\ 000) = \$ 22\ 500.$$

El NEV asociado con no llevar a cabo promoción alguna es 0.

Paso 3.2. Sustituya cada bifurcación de resultados, por el valor neto esperado en esta bifurcación. La figura 7.3 muestra gráficamente

---

proporcional a la cantidad del mismo, podríamos construir una curva de utilidad del dinero valiéndonos de los métodos analizados en el capítulo 5. Entonces se usarían las utilidades como hojas en el árbol de decisión.

que con estos dos pasos la gerente ha calculado el valor neto esperado asociado con cada optativa y ha *podado* las ramas cuyos valores han sido añadidos en los cálculos del NEV. El completar estos dos pasos ayuda a la gerente a ver dos cosas: 1. a menos que las estimaciones de probabilidad y de rendimiento sean poco exactas, debe escoger llevar a cabo la optativa de "promoción en pequeña escala", y 2. sin el estudio de mercado, el rendimiento esperado *en la bifurcación de elecciones* de la figura 7.2 debe ser $ 22 500.

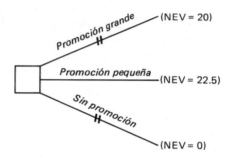

Figura 7.3. Árbol de decisión después de añadir información.

Si el gerente aplica los cálculos NEV, está claro que la elección entre las dos mejores optativas es sensible a errores en las estimaciones de probabilidad. Por ejemplo, si la probabilidad de que exista un gran mercado para las ventas en realidad es de .60 en lugar de .50, entonces la promoción en gran escala sería favorable y revertiría la elección actualmente indicada. Esto puede verse en los cálculos siguientes:

NEV (promoción en gran escala) $= -55\ 000 + .60(100\ 000)$
$$+ .40(50\ 000) = 25\ 000.$$

NEV (promoción en pequeña escala) $= -27\ 500 + .40(50\ 000)$
$$+ .60(50\ 000) = 22\ 500.$$

Así, de no haber estado convencido antes de la utilidad de una prueba de mercado, probablemente ahora sí lo estaría. Incluso los cambios pequeños en las actuales estimaciones de probabilidad podrían variar la opción aparentemente preferible.

Debido a que la complejidad de la situación de decisión aumenta cuando se considera la opción de un estudio de mercado, el gerente podría intentar plantear la situación en una forma más completa con el árbol de decisión que aparece en la figura 7.4. La observación de la figura 7.4 muestra que la gerente ha determinado de manera correcta que primero debe decidir si debe comprar el estudio de mercado, y después decidir lo que se debe hacer acerca de realizar la promoción.[3] La figura también muestra que, tal vez como resultado de los cálculos que condujeron a la figura 7.3, la gerente ha decidido descartar la optativa de no hacer promoción alguna.

Los pasos 1.1 a 3.2 pertenecen a situaciones de decisión con sólo una secuencia de decisiones (esto es, con una decisión concerniente a la compra de información, seguida por una decisión relativa a la elección de una estrategia para resolver el problema). El procedimiento paso a paso para utilizar un árbol de decisión que contenga una secuencia de dos o más decisiones se muestra en los pasos 1.1 a 3.4 de la tabla 7.1, es una elaboración del procedimiento descrito anteriormente.[4]

Al aplicar la fase 1 del procedimiento de la tabla 7.1, a la situación de decisión de la figura 7.4, vemos que la primera vez que se completa

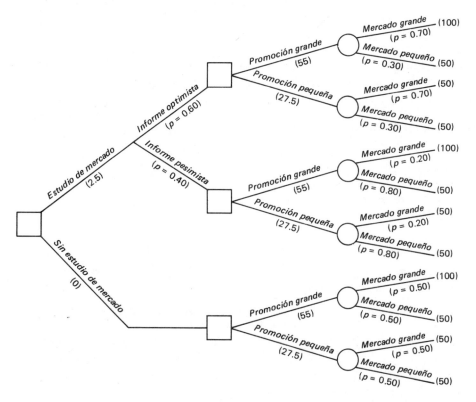

Figura 7.4. Árbol de decisión para analizar la secuencia de decisiones.

[3] Los análisis que realizamos en las siguientes dos secciones explicarán cómo se determinaron los valores probabilísticos de la figura 7.4.

[4] Notamos aquí que los pasos de la tabla 7.1 describen el desarrollo y uso de árboles de decisión, más que los pasos que se deben seguir para tomar una decisión. Por ejemplo, al tomar la decisión real, el gerente sin duda realizaría el paso 6 del procedimiento paso a paso para tomar

el paso 1.2, las ramas de resultados "optimista" y "pesimista" conducen a las bifurcaciones de elección de "promoción en gran escala" y "promoción en pequeña escala", más que a los rendimientos monetarios directos. Por lo tanto, se cumplieron los pasos 1.3 y 1.4 y los pasos 1.1 y 1.2 se repitieron. La segunda vez que se realizaron los pasos 1.1. y 1.2, comenzando con la bifurcación de elecciones "promoción en gran escala" contra "promoción en pequeña escala", produjeron ramas de resultado en el mercado que dieron lugar a rendimientos más que a bifurcaciones de elección adicionales. La característica clave de los pasos 1.1 a 1.4, pues, es que llevan a la construcción de un modelo para expresar situaciones de decisión en donde se requiere una secuencia de elecciones o de decisiones.

El ejemplo analizado en estas últimas páginas demuestra que los árboles de decisión, como otros modelos, son auxiliares útiles para superar nuestras limitaciones cognoscitivas. Para los gerentes y su personal, utilizar el esquema gráfico de la figura 7.4 como una memoria externa, es mucho más fácil de lo que les resulta tratar con esta situación de decisión mientras intentan conservar mentalmente la misma información. También es evidente que la figura 7.4 es útil como auxiliar para comunicarse con otros acerca de varios aspectos de la situación de decisión. Así, los árboles de decisión producen los mismos beneficios que otros modelos; sin embargo, todavía queda por discutir su uso particular. Sigamos adelante en nuestro análisis.

Tabla 7.1. Procedimiento para utilizar un árbol de decisión.

Fase 1. Construir un árbol de decisión: dibujar las ramas.

Paso 1.1. Trazar las alternativas como ramas de una bifurcación de elecciones.

Paso 1.2. Al final de cada rama de alternativas, trazar los posibles resultados como ramas de una bifurcación de resultados. (Si todos estos resultados determinan pagos directos más que alternativas, pasar a la Fase 2.)

Paso 1.3. Al final de cada una de las ramas de resultados, tratar las alternativas como ramas de una bifurcación de elecciones.

Paso 1.4. Repetir los pasos 1.1, 1.2 y 1.3 hasta que el final de cada rama de resultados produzca una ganancia en lugar de una bifurcación de elecciones.

---

decisiones que describimos en el capítulo 6 (esto es, "consideraría tanto los criterios no incluidos en el análisis como las posibles consecuencias adversas de escoger la optativa que tiene la puntuación más elevada"). Al comparar el procedimiento paso a paso para tomar decisiones en situaciones inciertas, del capítulo 6, y el de paso a paso de la tabla 7.1 para utilizar árboles de decisión, se observa que el procedimiento de la tabla 7.1 es un método para realizar el paso 5 del capítulo 6. Es un método particularmente efectivo cuando la situación de decisión requiere hacer una secuencia de decisiones.

Tabla 7.1. (*Continuación.*)

Fase 2. Construir un árbol de decisión: Insertar las hojas.

    Paso 2.1. Indicar para cada una de las alternativas, el costo de aplicación.
    Paso 2.2. Indicar para cada resultado, la probabilidad de que ocurra.
    Paso 2.3. Indicar la ganancia bruta que aporta cada rama de resultados ubicada al extremo derecho.

Fase 3. Podar el árbol de decisión: Agregar información.

    Paso 3.1. Calcular el valor neto esperado en cada bifurcación de resultados ubicada en el extremo derecho.
    Paso 3.2. Sustituir cada bifurcación de resultados que esté ubicada al extremo derecho con el valor neto esperado en esa bifurcación.
    Paso 3.3. En cada bifurcación de elección ubicada al extremo derecho, eliminar cada rama de alternativas salvo aquella que tenga los valores esperados netos más grandes calculados en el paso 3.2 y considerar al NEV más grande como la ganancia de la rama de resultados que precede a la bifurcación de elecciones.
    Paso 3.4. Repita los pasos 3.1, 3.2 y 3.3 hasta que esté calculado el valor neto esperado en cada rama de alternativas de la bifurcación de elecciones situada al extremo izquierdo.

LOS ÁRBOLES DE DECISIÓN Y EL VALOR DE LA INFORMACIÓN

Anteriormente mencionamos que la única contribución de los árboles de decisión era la de auxiliar en el análisis formal de situaciones de decisión secuencial en donde las anteriores decisiones se referían a si debía buscar información adicional o no. La presente sección explica cómo utilizar árboles de decisión al realizar tales análisis. Específicamente, expone cómo utilizar los árboles de decisión para calcular el valor de la información.

Comenzaremos por recordar que el rendimiento neto esperado de la gerente sin el estudio de mercado era de $ 22 500. El uso del árbol de decisión de la figura 7.4 puede ayudar a determinar lo que sería el rendimiento neto esperado con el estudio de mercado. Se trata de una cifra muy importante, pues comparándola con el NEV que se obtendría sin el estudio, la gerente puede determinar el valor de la información proporcionada por el estudio de mercado. Dichas las cosas con mayor rigor:

El *valor de la información* es igual a la diferencia entre el rendimiento neto esperado de la decisión tomada sin la información y el rendimiento neto esperado de la decisión tomada con la información.

El cálculo del valor de la información, en este caso el estudio de mercado, es un proceso de tres fases. La primera es trazar la estructura básica del árbol. Esta fase (fase 1) se describió en la sección anterior y dio por resultado la figura 7.4. La segunda fase es la siguiente:

Fase 2. Construcción de un árbol de decisión: Inserción de las hojas

Paso 2.1 Indique el costo de instrumentación de cada optativa. Como puede verse en la figura 7.4, se han insertado los $ 2 500 como costo del estudio de mercado y los presupuestos de $ 55 000 y $ 27 500 correspondientes a las promociones en gran y en pequeña escala.

Paso 2.2 Indique la probabilidad de ocurrencia de cada resultado. La inspección de la figura 7.4 muestra que hay tres series de probabilidades por determinar. La primera serie consiste en aquellas probabilidades estimadas sin una búsqueda de información. En este caso son los valores de .50 y de .50 que aparecen en las ramas superiores derechas del árbol de decisión. Como estos valores se determinan previamente a la información reunida por medio de búsqueda, se les denomina *probabilidades previas.*

La segunda serie de probabilidades está asociada con los resultados del proceso de búsqueda. En este caso son los valores .6 y .4 que aparecen debajo de los resultados de los dos estudios de mercado. Aunque pueden ser determinados en forma analítica, como se muestra en el apéndice del presente capítulo, también se pueden desarrollar utilizando el procedimiento subjetivo de generación de probabilidades del capítulo 6. En cualquier caso deben reflejar la experiencia previa de la compañía con estudios de este tipo.

Veamos un ejemplo de cómo podrían surgir los valores de .6 y .4 del juicio gerencial. Supongamos que la experiencia adquirida indica que se cuenta con un gran mercado; los estudios del departamento de mercadotecnia indicarán correctamente que esto es así el 90% de las veces (p = .9). Indicarán, incorrectamente, un mercado pequeño el 10% de las veces (p = .1). Por otra parte, cuando se cuenta con un mercado pequeño, los estudios indicarán, incorrectamente, un mercado grande el 30% de las veces y un mercado pequeño el 70% de las veces. Así, en el caso del presente ejemplo, los estudios de mercado tienden a ser optimistas. El gerente que sabe esto podría deducir que si la probabilidad real de un mercado grande es .50, los estudios del departamento de mercadotecnia serán optimistas (esto es, indicarán un mercado grande el 60% de las veces). Por lo tanto asignará una p = .60 como la estimación de probabilidad de recibir un informe optimista y una p = .40 como la de recibir un informe pesimista.

La tercera serie de probabilidades que debe determinarse es aquella que refleja los cambios o las revisiones en las probabilidades previas. En otras palabras, estas probabilidades se basan en opiniones previas pero reflejan información nueva proporcionada por la investigación, en este caso la que proporciona el estudio de mercado. En la figura 7.4 las probabilidades aparecen en las ramas superiores derechas del árbol de decisión. Aunque estos valores se pueden determinar en forma analítica, como muestra el apéndice del capítulo, también pueden ser desarrolladas utilizando el procedimiento de estimación de probabilidades del capítulo 6. En cualquier caso, deben reflejar tanto las opiniones previas de la gerente, como los posibles resultados del estudio de mercado.

Por ejemplo, como puede verse en la situación de decisión presentada en la figura 7.4, la gerente decidió que si el estudio de mercado indicara un incremento potencialmente grande en las ventas, revisaría las estimaciones de probabilidad para ponerlas de .50 y .50 en .70 y .30. Como sabía que los estudios de mercado eran por lo regular optimistas, decidió revisar las probabilidades en una forma más radical si el resultado fuera pesimista y determinó moverlos de .50 y .50 a .20 y .80.

Paso 2.3 Indique el rendimiento bruto proporcionado por cada rama de resultados situada en el extremo derecho.

La fase tercera y última del proceso, que determinará si se va a comprar el estudio de mercado, es la siguiente:

Fase 3. Poda del árbol de decisión. Añadidura de información

Al agregar información, siempre agregamos en las bifurcaciones que están situadas en el extremo derecho y continuamos hacia la izquierda.

Paso 3.1. Calcule el valor neto esperado en cada bifurcación situada al extremo derecho.

Paso 3.2 Sustituya cada una de las bifurcaciones situadas en el extremo derecho por el valor neto esperado en esa bifurcación. Por ejemplo, vemos que el valor neto esperado en la bifurcación de resultados del extremo derecho es:

$$NEV = -55 + .70(100) + .30(50) = 30.$$

La figura 7.5 muestra los resultados de realizar estos dos pasos en la serie que está en el extremo derecho de las bifurcaciones de resultados.

El siguiente paso indica que el gerente aplica la regla de decisión MEV y en cada bifurcación de elecciones seleccionará la opción que tenga el más alto rendimiento neto esperado.

Paso 3.3. En cada bifurcación de elección del extremo derecho, eli-

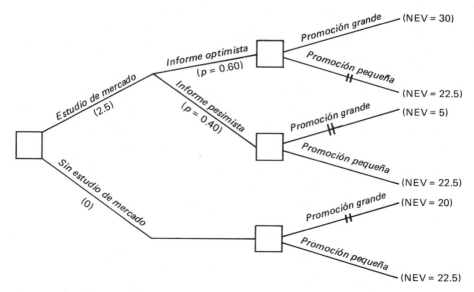

Figura 7.5. Árbol de decisión después de aplicar los pasos 3.1 y 3.2 del procedimiento de poda.

mine cada rama optativa salvo aquella que tenga el más grande de los valores netos esperados que se calcularon en el paso 3.2, y trate al NEV más elevado como el rendimiento de la rama de resultado que precede a la bifurcación de elecciones. Las marcas de corte en algunas de las ramas de la figura 7.5 indican qué opciones se eliminarían si los resultados del estudio de mercado fueran los que aparecen en la figura 7.4 y si se realizara el paso 3.3. Como ejemplo, vemos en la figura 7.5 que si el resultado del estudio de mercado fuera un informe pesimista, la mejor elección de la gerente sería poner en marcha la promoción en pequeña escala.

La figura 7.6 muestra el resultado de este paso. En la práctica, la poda de los árboles de decisión se hace con frecuencia por medio de un borrador o de un raspador, en lugar de dibujar los árboles podados.

Paso 3.4. Repita los pasos 3.1, 3.2 y 3.3 hasta que se haya calculado el valor neto esperado de cada rama optativa de la bifurcación situada en el extremo izquierdo. A través de la figura 7.6 vemos que el valor neto esperado asociado con la compra del estudio de mercado es:

$$NEV = -2.50 + .60(30) + .40(22.5) = 24.50$$

Como este valor es mayor que el NEV de 22.5 asociado con la opción de no comprar el estudio, la aplicación de la regla de decisión MEV indica que el gerente debe encargar la realización del estudio (esto es, debe comprar la información).

Otra forma de decidir si se debe comprar la información es pensar en términos del "valor de información" tal como se definió anteriormente. En nuestro ejemplo, el rendimiento esperado del gerente con el estudio es de .60(30) + .40(22.5), o sea 27. El rendimiento esperado sin el estudio es 22.5. Por consiguiente, la contribución o el valor del estudio para la decisión es de 4.5 o de $ 4 500. Debido a que en este caso el precio de la información (2.5) es menor que su valor, el gerente debe hacer la compra.

RESUMEN Y PANORAMA

Este capítulo describió la forma de desarrollar y utilizar un árbol de decisión. El procedimiento paso a paso para llevarlo a cabo se resume en la tabla 7.1.

Los árboles de decisión son los auxiliares de la decisión analítica más sofisticados que hemos presentado y en consecuencia implican el máximo de cálculo. Asimismo hicimos una distinción entre el uso de un árbol de decisión como memoria externa y como auxiliar de comunicación, y su uso como guía al aplicar las reglas de decisión MEV o MEU a las decisiones que impliquen la posible compra de información adicional. Cualquiera puede beneficiarse del primero de estos dos usos. Si las circunstancias son apropiadas y si el gerente o su personal tienen inclinación por la aritmética, podrán beneficiarse del segundo.

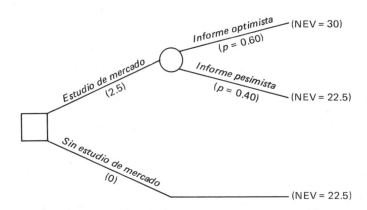

Figura 7.6. Árbol de decisión después de aplicar el paso 3.3 del procedimiento de poda.

En el capítulo 3 señalamos que la toma individual de decisiones, tal como sucede realmente, produce decisiones de calidad inferior a lo que desearíamos. Esto en gran medida es consecuencia de nuestra limitada capacidad para identificar y utilizar la información pertinente. Para superar esto se señalaron como útiles dos enfoques. Uno de ellos intenta que el gerente agudice su pensamiento al aplicar una de las técnicas auxiliares de la decisión que se han desarrollado para identificar y utilizar información relacionada con aquélla. En esta parte del libro hemos descrito diversas técnicas que han demostrado ser útiles en este sentido. Los beneficios derivados del uso de estas técnicas incluyen lo siguiente:

1. Desarrollar y hacer explícito nuestro punto de vista de la situación de decisión en la forma de un modelo que puede ayudarnos a identificar las inadecuaciones en nuestro modelo mental implícito.
2. Los atributos contenidos en el modelo sirven como recordatorios de la información que debe obtenerse acerca de cada opción. Esto ayuda a evitar el uso frecuente de evaluar una optativa sobre los atributos A, B y E, mientras que se evalúa otra optativa sobre los atributos A, C y D, simplemente porque en un caso se contaba con una serie de información en tanto que en el otro se contaba con otra.
3. Las presentaciones de información y los modelos gráficos que contienen la información utilizada en el modelo matemático sirven como memorias externas organizadas. Aquí podemos registrar, analizar y recuperar información con toda eficiencia, con lo cual se superan algunas de nuestras limitaciones como procesadores de información.
4. El procedimiento paso a paso asociado con el modelo nos pone en condiciones de agregar grandes cantidades de información en una forma ordenada y sistemática, en lugar de hacerlo en una forma determinada por el orden en el cual aparece la información, o por los límites de nuestro intelecto.
5. Las presentaciones gráficas de información y los procedimientos asociados con el modelo aumentan espectacularmente la capacidad de los gerentes para comunicarse con aquellos asesores a los que podría pedirse que ayudaran con la elección, con aquellos superiores ante los cuales tendrían que justificar la elección, o con aquellos subordinados que podrían tener que llevarla a cabo.

El segundo enfoque útil para superar las dificultades del gerente en cuanto a identificar y utilizar información pertinente a la decisión consistió en ampliar los recursos intelectuales y de otra índole por medio del uso de grupos auxiliares de decisión. En la siguiente y última parte del libro describiremos diversas técnicas que son útiles para hacer efectivos a los grupos auxiliares de los gerentes.

Antes de movernos de las técnicas analíticas a las técnicas de manejo de grupos, es importante advertir que todos los beneficios que logran quienes toman decisiones individuales a través del uso de modelos, también los consiguen los miembros individuales de un grupo. Tal vez los beneficios sean todavía mayores en este caso, dado que la comunicación constante que tiene lugar en un grupo intensifica las limitaciones cognoscitivas de los participantes individuales. Como consecuencia, a los gerentes que introducen grupos en sus esfuerzos de toma de decisiones se les aconseja que consideren seriamente el uso de modelos para auxiliar en el razonamiento de los miembros del grupo tanto como las comunicaciones entre éstos.

APÉNDICE

El propósito de este apéndice es describir las relaciones que deben aplicarse entre las probabilidades de un árbol de decisión. Estas relaciones se comprenderán más fácilmente si las basamos en algunas definiciones.

Definiciones

El repaso cuidadoso del tema mostrará que existen cuatro tipos de probabilidades que desempeñan funciones en el uso de los árboles de decisión. Uno de ellos es la *probabilidad previa*. Una probabilidad previa representa nuestro grado de certeza, antes de adquirir información directamente relacionada con la probabilidad de un resultado particular, acerca de lo probable de que ocurra un resultado. Así las dos probabilidades de .50 y .50 que aparecen en la bifurcación de resultados de la parte inferior derecha de la figura 7.4 se denominarían probabilides previas, ya que fueron estimadas previamente a la adquisición de información adicional (por ejemplo, un estudio de mercado). En este apéndice indicaremos la probabilidad previa del resultado "mercado grande" como $P(O_l)$ y la probabilidad previa del resultado "mercado pequeño" como $P(O_s)$.

Otro de los cuatro tipos de probabilidades se denomina *probabilidad compuesta*.[5] Una probabilidad compuesta representa nuestro grado de certeza de que ocurra un resultado particular (por ejemplo, un informe optimista). Así los valores de .60 y .40 en la figura 7.4 se llamarían probabilidades compuestas, lo mismo que cualesquiera de las probabilidades correspondientes a los resultados de los datos que se obtienen a través de la búsqueda de información. En el presente apéndice indicaremos la probabilidad compuesta del dato "informe optimista" como $P(D_o)$ y la probabilidad compuesta del dato "informe pesimista" como $P(D_p)$.

---

[5] El adjetivo "compuesta" es un tanto superfluo y a menudo no se usa. Su sentido resultará más claro posteriormente en este mismo apéndice.

El tercer tipo de probabilidad se denomina *probabilidad condicional*. Una probabilidad condicional representa nuestro grado de certeza acerca de lo probable de que ocurra algún resultado (por ejemplo un informe optimista), dada, o supuesta, la existencia de algún otro resultado (por ejemplo, existe un mercado pequeño). Así, el .90 que mencionamos anteriormente como reflejo de la probabilidad de que un informe sea optimista, dado que el mercado grande realmente existe, se denominaría posibilidad condicional. En el mismo párrafo mencionamos .30 como la posibilidad condicional de los datos de un reporte optimista suponiendo el resultado de un mercado pequeño.

En el presente apéndice indicaremos la posibilidad condicional del dato "informe optimista" dado el resultado de gran mercado, como $P(D_o/O_p)$ y la posibilidad del dato "informe pesimista" dado el resultado de pequeño mercado, como $P(D_p/O_s)$.

Al cuarto y último tipo de probabilidad se le llama *probabilidad posterior*. Una probabilidad posterior representa nuestro grado de confianza, después de modificar la probabilidad previa asociada ayudadas de cualquier información adicional, acerca de lo probable de que un resultado pueda ocurrir. Así las dos probabilidades de .70 y .30 en la bifurcación superior derecha de la figura 7.4 se denominarían probabilidades posteriores. Indican una revisión de las opiniones previas acerca de la existencia de mercados, una revisión basada en la información adicional provista por el estudio de mercado.

En este apéndice señalaremos la probabilidad posterior del resultado "mercado pequeño", según el dato "informe pesimista", como $P(O_s/D_p)$.

Con estas definiciones en mente, regresemos al punto de las relaciones que deben aplicarse entre las probabilidades.

Relaciones

Hay tres relaciones. Una de ellas es la relación entre las probabilidades y un resultado bifurcado. Postula que:

En cualquier resultado bifurcado, las probabilidades de los resultados que aparecen deben sumar 1.00, o, si existen, *N* resultados.

$$P(O_1) + P(O_2) + \ldots + P(O_N) = 1.0.$$

Por ejemplo, en la figura 7.4, las dos probabilidades en la bifurcación del lado inferior derecho son .50 y .50 y suman 1.00.

La segunda relación asocia las probabilidades condicionales y las probabilidades compuestas. Es básicamente una definición que afirma lo siguiente:

La probabilidad de cualquier dato es una probabilidad compuesta —un valor igual a la suma ponderada de las probabilidades condicionales del dato— en donde las ponderaciones son las probabilidades de los resultados de los que dependen las probabilidades condicionales.

Ésta es una definición verdaderamente retadora, en especial porque la terminología necesaria es poco familiar. Por fortuna, la relación se demuestra más fácilmente de lo que se define. Tomemos, por ejemplo, la probabilidad compuesta de .60 que representa la probabilidad de encontrar el dato "informe optimista". El dato "informe optimista" (D_o) puede ocurrir de dos formas. Una de ellas es en el caso de que exista un mercado grande (O_l). En este caso la probabilidad de un informe optimista es .90 [esto es, $P(D_o/O_l) = .90$]. La otra forma es para el caso de que exista un mercado pequeño (O_s). En este caso la probabilidad de un informe optimista es .30 [esto es, $P(D_o/O_s) = .30$]. De acuerdo con la definición, la probabilidad compuesta del dato "informe optimista" es una combinación ponderada de .90 y .30, en donde las ponderaciones son las probabilidades previas asociadas con los resultados O_l y O_s. Nosotros, desde luego, tenemos estos dos valores. De acuerdo con nuestros conocimientos actuales, la probabilidad de un resultado de mercado grande es .50 [esto es, $P(O_l) = .50$].

La probabilidad de .30 supone el otro resultado, un mercado pequeño, que también tenía una probabilidad previa de .50 (esto es, $P(O_s) = .50$). Así tenemos, siguiendo la relación, que la probabilidad del dato "informe optimista" es igual a:

$$P(D_o) = .60 = .90(.50) + .30(.50).$$

Al desplazarnos del uso de estos números que utilizamos como ejemplo, al uso de la definición, vemos que la probabilidad compuesta es igual a la combinación ponderada de las probabilidades condicionales, como puede verse a continuación:

$$P(D_o) = P(D_o/O_l)\,P(O_l) + P(D_o/O_s)\,P(O_s).$$

La probabilidad de un informe pesimista puede calcularse de forma similar. El sentido común nos dice que si la probabilidad de un informe optimista, dado un mercado grande, es .90, entonces la probabilidad de un informe pesimista, dado un mercado grande, es $1.00 - .90 = .10$. De manera similar, la probabilidad de un informe pesimista dado un mercado pequeño es $1.00 - .30 = .70$. Así la probabilidad general de un informe pesimista es:

$$P(D_p) = P(D_p/O_1)\ P(O_1) + P(D_p/O_s)\ P(O_s) = .10(.50) + .70(.50)$$
$$= .40.$$

En estos ejemplos vemos que las probabilidades de los diversos resultados provenientes de la búsqueda en un árbol de decisión pueden obtenerse ya sea por estimación directa, como hicimos en el texto del capítulo, o a través del cálculo. En cualquier caso reflejan experiencia (por ejemplo, los valores de .90 y de .30 se dedujeron de las observaciones de acontecimientos pasados) y del juicio (por ejemplo, las probabilidades previas de los resultados supuestos se basaron en los juicios del gerente, los cuales se basaban en la experiencia).

La tercera relación asocia las probabilidades posteriores con los otros tres tipos de probabilidades.[6] Se le llama teorema de Bayes, por sir Thomas Bayes, la persona que lo desarrolló; básicamente afirma que:

La probabilidad posterior de un resultado, teniendo algún dato, es igual a la probabilidad previa del resultado multiplicado por la proporción que existe entre la probabilidad condicional del dato, dado el resultado de la probabilidad compuesta del dato.

También en este caso la definición se demuestra más fácilmente de lo que se expone. Tomemos, por ejemplo, la probabilidad posterior de un resultado de un mercado grande, dado un informe optimista, o $P(O_1/D_o)$. El sentido común nos dice que revisemos nuestra probabilidad previa de un resultado de mercado grande, $P(O_1) = .50$, en sentido ascendente debido al informe optimista. La cuestión es: "¿En qué grado de sentido ascendente debemos revisarla?" La respuesta según la relación presentada antes es "tanto como lo indique la proporción entre la probabilidad condicional, $P(D_o/O_1) = .90$, y la probabilidad incondicional, $P(D_o) = .60$". Así,

$$P(O_1/D_o) = P(O_1)\ \frac{P(D_o/O_1)}{P(D_o)} = .50\ \frac{.90}{.60} = .75$$

Vemos que la propia lógica del gerente, descrita a través de los capítulos, condujo a una revisión de las opiniones previas en la dirección correcta. Estas revisiones, sin embargo, no llegaron lo suficientemente lejos.[7] La investigación demuestra que este enfoque conservador de la revisión de probabilidades, que refleja el sesgo del *conservadurismo*, es más bien penetrante.

---

[6] Hay análisis del teorema de Bayes en Edwards, W., Phillips, Hays y Goodman B. C., "Probabilistic Information Processing Systems: Desing Evaluation", *IEEE Transactions on Systems and Cybernetics* SSC-4 septiembre de 1968, págs. 248-265.

[7] Recuérdese que fue revisada en sentido ascendente hasta .60.

Existen cuatro probabilidades posteriores en la figura 7.4. Ya hemos calculado la magnitud correcta de una, $P(O_l/D_o)$. Las otras se calcularían como sigue:

$$P(O_s/D_o) = P(O_s) \frac{P(D_o/O_s)}{P(D_o)} = .50 \frac{.30}{.60} = .25$$

Dado un informe optimista para ambas, esta probabilidad de un mercado pequeño, junto con la probabilidad de un mercado grande, debe sumar 1.00, de acuerdo con la primera de las tres relaciones descritas anteriormente en el apéndice.

$$P(O_l/D_p) = P(O_l) \frac{P(D_p/O_l)}{P(D_p)} = .50 \frac{.10}{.40} = .125$$

Aquí, también, vemos que se manifiesta el conservadurismo, pues el gerente no revisa lo suficiente la probabilidad previa de .50.

$$P(O_s/D_p) = P(O_s) \frac{P(D_p/O_s)}{P(D_p)} = .50 \frac{.70}{.40} = .875$$

Estas dos últimas probabilidades también deben sumar 1.00, como en realidad ocurre.

EJERCICIOS

1. Trace las ramas e inserte las hojas de un árbol de decisión que represente una situación de una sola elección, como la de la figura 7.2, en lugar de una situación de elección secuencial.
2. Aplique la regla de decisión MEU al árbol que acaba de trazar.
3. Describa una situación de decisión que pudiera ser presentada en una forma más efectiva con un árbol de decisión que con una matriz de decisión. Explique por qué un árbol de decisión sería más efectivo.
4. Trace las ramas del árbol de decisión correspondiente a la situación de decisión que acaba de describir.
5. Utilice las probabilidades posteriores desarrolladas en el apéndice, en lugar de las que aparecen en la figura 7.4, para determinar el valor del estudio de mercado.
6. Trace las ramas e inserte las hojas de un árbol de decisión que represente una situación de elección secuencial, como la de la

figura 7.4. Utilice lo que usted crea que son estimaciones razonables de las probabilidades implicadas.

7. Utilice las relaciones descritas en el apéndice del capítulo para verificar la bondad de las estimaciones anteriores. No las verifique en términos de su exactitud, sino en términos de su consistencia, tal como la definen las reglas de probabilidad y el teorema de Bayes.

REFERENCIAS BIBLIOGRÁFICAS

Brown, Rex V., "Do managers find decision theory Useful?" *Harvard Business Review,* mayo-junio de 1970, págs. 78-89.

Brown, R. V., Kahr, A. S., y Peterson, C., *Decision Analysis for the Manager,* Holt, Rinehart and Winston, Nueva York, 1974.

"Decision Analysis Group", *Readings in Decision Analysis,* Stanford Research Institute, Menlo Park, Calif., 1976.

Edwards, W., Phillips H. y Goodman, B. C., "Probabilistic Information Processing Systems: Desing Evaluation", *IEEE Transactions on Systems and Cybernetics* SSC-4, septiembre de 1968, págs 248-265.

Hayes, Roberth H., "Qualitative Insights From Quantitative Methods", *Harvard Business Review,* julio-agosto de 1969, págs. 108-117.

Keeney, R. L., y Haiffa, R., *Decisions with Multiple Objectives: Preferences and Value Tradeoffs,* John Wiley and Sons, Inc., Nueva York, 1976.

Rao Tummala. V. M. y Henshaw, Richard C., eds., *Concepts and Applications of Modern Decision Models,* Michigan State University Businnes Studies, East Lansing, Mich., 1976.

Tercera parte

La toma
de
decisiones grupal

Cómo decidir quién debe decidir.

Los grupos como auxiliares para los que toman decisiones

Los comités, los paneles de revisión, los equipos de estudio, los grupos de trabajo y otros métodos son un hecho familiar de la vida organizacional. Con frecuencia son un componente importante del proceso general de toma de decisiones en la organización. Debido a que el gerente que sabe cuándo y cómo debe utilizar tales grupos alcanzará un éxito mayor que el que no está en esas condiciones, este capítulo y otros de los que siguen describen y analizan procedimientos, guías y técnicas para determinar cuándo y cómo se deben utilizar grupos en el proceso general de toma de decisiones. En particular, el propósito de los capítulos 9 a 11 es ayudar a los gerentes a aumentar la efectividad de los grupos que escojan incluir en sus actividades de toma de decisiones. La finalidad del presente capítulo es ayudar a los gerentes a decidir cuándo se deben incluir grupos en dichas actividades.

En la mayor parte de los casos, el análisis que se presenta utiliza la palabra "grupo" para referirse a un conjunto de personas que interactúan una frente a la otra. Cuando esto no es así, y la palabra asume un significado especial, advertimos el hecho y definimos lo que queremos decir en una forma más precisa.

En el capítulo existen cuatro secciones principales. La primera es introductoria e incluye una descripción de las tareas relacionadas con la decisión que los gerentes con frecuencia delegan en los grupos. La segunda examina las ventajas de utilizar grupos para realizar tales tareas, y la tercera examina sus desventajas. La cuarta sección presenta guías para decidir cuándo se deben utilizar grupos como auxiliares en el proceso de toma de decisiones gerenciales.

¿POR QUÉ UTILIZAR GRUPOS?

Nuestras observaciones cotidianas nos demuestran que los gerentes a menudo utilizan grupos como ayuda en sus tareas de toma de decisiones. Existen dos razones principales para esto. Una de ellas se refiere a los recursos personales limitados que cualquier gerente individual puede hacer incidir sobre cualquier decisión particular. A partir de nuestro análisis anterior de los límites a la racionalidad, sabemos que la capacidad de tomar decisiones de un gerente, de manera individual, está sumamente restringida por sus limitaciones cognoscitivas, por la disponibilidad de tiempo y por el acceso a la información. Sin embargo, el uso inteligente de grupos para ayudar en la toma de decisiones, pone al gerente en condiciones de agregar recursos al aumentar tanto la cantidad de información como su procesamiento, para utilizarlos en la tarea de tomar decisiones. En esta forma, el grupo se convierte en una extensión del gerente.

La segunda razón principal de que los gerentes hagan participar a grupos es que la efectividad de la instrumentación de la decisión resulta considerablemente afectada por el hecho de si la decisión es aceptada por las personas encargadas de instrumentarla. La investigación inicial realizada por los científicos de la decisión demostró que la mayor parte de la gente estaba más dispuesta a aceptar decisiones que a participar en tomarlas. Esta investigación se dio a conocer en la bibliografía gerencial y en los cursos sobre administración. Ahora es una parte aceptada de la teoría y la práctica gerenciales.

Existen muchas situaciones en donde una o las dos razones mencionadas hacen que los gerentes utilicen grupos como auxiliares en su toma de decisiones. A continuación presentamos una breve lista de las tareas que normalmente se asignan a los grupos que ayudan en la toma de decisiones.

1. *Análisis del problema.* Los grupos con frecuencia se encargan de identificar y definir un problema y diagnosticar cuáles son sus causas.
2. *Identificación de los componentes de la situación de decisión.* Esta tarea está principalmente asociada con el desarrollo de los tres tipos básicos de información utilizada en la toma de decisiones (esto es, con la identificación de alternativas, criterios y condiciones futuras). Sin embargo, también está asociada con la identificación de síntomas de problemas y metas no cumplidas durante el paso de exploración del problema que se trató en el capítulo 2.
3. *Estimación de los componentes de la situación de decisión.* Una de las tareas que los gerentes delegan con frecuencia es el des-

arrollo de estimaciones. Por ejemplo, a los grupos se les encarga normalmente estimar las probabilidades de que ocurran diversos resultados, los rendimientos asociados con diversos resultados o la magnitud específica de algunas restricciones (por ejemplo, el tiempo disponible para completar un proyecto específico).

4. *Diseño de alternativas.* Esta tarea por lo general implica un elevado nivel de interacción entre los miembros del grupo. Su propósito es crear una alternativa nueva, presumiblemente superior a cualquiera otra. Algunos ejemplos podrían ser una compleja asignación de fondos entre proyectos, un programa de tiempos de cumplimiento de metas para un grupo de actividades de construcción interrelacionadas, o una serie de reglas de decisión y planes de contingencia para tratar con una situación militar.

5. *Elección de una alternativa.* Bajo algunas circunstancias, que se discutirán posteriormente, los gerentes pueden instruir a los grupos para que hagan la elección final. En otras, se hace responsable a los grupos sólo de una de las tareas que acabamos de discutir, y no participan en la selección final entre las alternativas. Por otra parte, escoger las restricciones o las estimaciones de probabilidad que se utilizarán en la elección son tareas de grupo que implican el mismo tiempo de esfuerzo de valoración que hacer la elección final. Así, en muchas situaciones, los grupos auxiliares de la toma de decisiones son también grupos de toma de decisiones.

Aunque el tema principal del presente capítulo y de este libro es el uso de grupos que son auxiliares y subordinados de los gerentes individuales así como responsables ante ellos, no debemos perder de vista el hecho de que muchos grupos en nuestras organizaciones y en nuestras comunidades tienen bastante autonomía. También dirigen situaciones de decisión que eligen ellos mismos, y tienen que ver directamente en la toma de decisiones, además de auxiliar en ellas. Por ejemplo, las juntas de gobierno tanto en el sector público como en el privado, las legislaturas y comisiones legislativas, el personal docente de los departamentos universitarios, los comités permanentes en diversas organizaciones y los grupos especiales creados por sus miembros para enfrentar un problema común.

En muchos sentidos, los grupos autónomos como éstos son similares a aquellos que están subordinados a los gerentes individuales. Por ejemplo, así como un gerente —o la persona designada como líder del grupo— se compromete a planificar, organizar, dotar de personal, dirigir y controlar, para el grupo y con respecto al grupo, así también un grupo más autónomo —o la persona que se escoja como dirigente— debe comprometerse en estas funciones gerenciales. Otro ejemplo de similitud podemos verlo en los cinco grupos de tareas anotadas, éstas no son del dominio exclusivo de grupo subordinados, sino que se realizan también por grupos autónomos.

Debido a que estos dos tipos de grupos son tan similares, y debido a que los gerentes, como dirigentes en sus organizaciones y comunidades, son llamados para ser miembros y dirigentes de ambos tipos, nuestro análisis se referirá tanto a los grupos subordinados como a los grupos autónomos. Así, para facilitar nuestro análisis (a menos que el contexto lo prohíba), utilizaremos el término *grupo de decisión* para aludir ya sea a un grupo subordinado o a uno autónomo, es decir, a un grupo que tiene responsabilidades ya sea como auxiliar en la toma de decisiones o en la toma de decisiones misma.

Recordemos a continuación las ventajas y desventajas de los grupos de decisión en contraste con las personas que toman decisiones individualmente.

VENTAJAS DE UTILIZAR GRUPOS DE DECISIÓN

El uso de un grupo de decisión puede tener tres ventajas para un gerente:

1. El grupo podría tomar mejores decisiones que cualquier persona por sí sola, incluyendo al gerente.
2. El grupo puede ser más efectivo posteriormente, en la instrumentación de decisiones si los miembros participaron en la toma de decisiones.
3. La participación en el proceso de decisión puede ser una técnica útil para capacitar y desarrollar a los subordinados.

Veamos más específicamente el razonamiento que sostiene estas conclusiones.

Un argumento de apoyo es que los *grupos tienen más información y conocimiento*. En situaciones en donde la información necesaria no está fácilmente disponible (como es el caso en donde una idea nueva o un hecho poco conocido son críticos para la solución de un problema), la probabilidad de que la información exista en un grupo es mucho mayor que la probabilidad de que exista en la mente de cualquiera de los miembros. En situaciones en donde existe la necesidad crítica de conocimientos acerca de cómo reunir la información, es más probable que la experiencia previa exista dentro de un grupo a que tal experiencia esté en los antecedentes de una persona.

Otra razón de por qué los grupos pueden en ocasiones tomar mejores decisiones que los individuos es que los *grupos cometen menos erro-*

res en el uso de la información. Debido a que los miembros del grupo tienen diferentes puntos de vista y distintos antecedentes, es menos probable que un error en el procedimiento de la información pase inadvertido en un escenario de grupo que en otro en donde una persona trabaja sola. Los errores en el uso de la información varían desde un simple error aritmético hasta un error político al interpretar mal los puntos de vista de alguna persona influyente.

Un error particularmente común, cometido por los que solucionan problemas individualmente, es que siguen una rutina en su procedimiento para resolver un problema o una clase de problemas. Tal vez aprendieron demasiado de algún ejemplo anterior en donde funcionó bien, una solución particular o tal vez nunca se expusieron a algunas de las soluciones alternativas disponibles. Por ejemplo, al intentar aumentar los depósitos en cuentas de ahorros, un gerente de mercadotecnia podría estar muy influenciado por una sola experiencia con un problema similar, en donde los anuncios por radio tuvieron como consecuencia un gran incremento en el número de cuentahabientes. En realidad, la publicidad en los periódicos o una campaña de llamadas por teléfono para aumentar la cantidad depositada de los que ya tienen cuentas, podrían ser precedimientos más efectivos. O bien, por ejemplo, al intentar reducir la pérdida de vidas debido a una determinada enfermedad, un experto puede concentrarse en las curaciones, cuando en realidad la inmunización o unas prácticas sanitarias mejores podrían resultar más útiles. Si estos problemas los afrontaran varios expertos, es más probable que salieran a la superficie otros puntos de vista para tener en cuenta.

El hecho de que los grupos por lo general tengan más información y mayor capacidad para utilizarla correctamente les da una importante ventaja sobre los que toman decisiones de manera individual. Esto ha sido demostrado tanto matemática como experimentalmente, y es cierto sobre todo cuando el problema de decisión es difícil, pero se demuestra más fácilmente cuando el problema es sencillo, como sucede al estimar la fecha de algún acontecimiento futuro. Los errores aleatorios que los expertos individualmente considerados podrían cometer al llegar a tal estimación tienden, a largo plazo, a cancelarse mutuamente. Por ejemplo, las estimaciones de ventas de cuatro gerentes de ventas podrían ser 800, 750, 700 y 650. Si resulta que la respuesta correcta en realidad fuera de 710, el error promedio obtenido al utilizar la estimación de cualquiera de estos expertos, supuestamente equivalentes, habría sido 50, pero el error obtenido cuando se usa la estimación del grupo de 725 = (800 + 750 + 700 + 650)/4 habría sido mucho menor. Esta tendencia a que los promedios de grupos sean más exactos es de naturaleza estadística, pero también ha sido demostrada en el laboratorio de grupos pequeños.

Como señalamos anteriormente, los miembros de un grupo, por lo general, serán más efectivos en poner en práctica una decisión si participaron en la toma de decisión correspondiente. Una razón de esto es el hecho de que *la participación en la toma de decisiones aumenta la aceptación de la decisión*. En muchos casos, la puesta en práctica de un plan o de una decisión debe ser realizada por personas que podrían participar también en el proceso de planificación o incluso en el de toma de decisiones. Aparte del hecho de que su participación podría aumentar la calidad de la decisión, muy probablemente aumentará su aceptación de ésta, y su entusiasmo de verse participar. Este aspecto motivacional de la participación es importante porque si un gerente toma una decisión tiene la tarea adicional al convencer a otros de que la lleven a cabo. Sin embargo, si varios de estos "otros" participan en la toma de la decisión, se supone que habrá al mismo tiempo menos gente que convencer y más gente para ayudar con la tarea de persuasión.

Una segunda razón de que la gente tienda a ser más efectiva en la realización de decisiones cuando han participado en la toma de las mismas, es que *la participación en la toma de decisiones aumenta la comprensión de la decisión*. Las decisiones tomadas por una persona deben ser comunicadas a otras. Es imposible que esta comunicación contenga toda la información que llevó a esa elección particular. Sin embargo, esta información podría ser básica para los que instrumentan la decisión; si éstos participan en tomar la decisión, no sólo comprenden mejor la solución porque ven cómo se desarrolla, sino que también están enterados de las demás alternativas sometidas a consideración y las razones por las cuales fueron descartadas. Además, tienen más información de los supuestos de los que se partió al hacer la elección y de la forma en que se pretende que la elección tomada cumpla las diversas metas y restricciones organizacionales. Finalmente, la información y el intercambio social que tiene lugar en la toma de decisiones tienden a facilitar las comunicaciones posteriores entre aquéllos que deben trabajar juntos en la fase de instrumentación de la solución del problema.

El tercer beneficio obtenido de la toma de decisión en grupo es que *la participación en la toma de decisiones aumenta la información y la habilidad que los miembros del grupo pueden necesitar para futuras asignaciones de la organización*. Por ejemplo, con el fin de aumentar la comprensión de un gerente junior acerca de los problemas y de las consideraciones que son importantes para otras unidades de la organización o para otros niveles gerenciales, un gerente podría asignar a esta persona una misión de solución de problemas que incluyeran a ios miembros de estas otras unidades o niveles. O bien, con el fin de aumentar la habilidad interpersonal o de toma de decisiones de algún subordinado recién contratado, un gerente podría asignar a esta persona al comité en donde esta habilidad probablemente se demostraría por otros miembros y se requerirían por el subordinado. Es de todos conocido que la información y la habilidad se aprenden mejor mediante la observación y la aplicación de primera mano. La participación en los grupos de solución de problemas y en los comités a menudo es una forma efectiva de proporcionar tal ambiente de aprendizaje.

Para resumir las ventajas de la toma de decisiones en grupo, podemos decir que: 1. la disponibilidad y el procesamiento de la información tienden a ser más completas cuando la unidad de toma de decisiones es un grupo y no un individuo; 2. la aceptación y la comprensión de la decisión por los que participan en su instrumentación tienden a ser más completas cuando estas personas también participan en el proceso de tomarla, y 3. la información y las habilidades de los subordinados pueden ser aumentadas al involucrarlas en el proceso de decisión.

Como estas ventajas son importantes, y debido a que la participación en la toma de decisiones es una expectativa generalizada en nuestra sociedad, puede concluirse fácilmente que casi todas las decisiones de la organización se toman, o deben tomarse, en el contexto de un grupo. Antes de aceptar este punto de vista, sin embargo, debemos considerar las desventajas de la toma de decisiones en grupo.

DESVENTAJAS DE UTILIZAR GRUPOS DE DECISIÓN

Existen cuatro desventajas cuando un gerente introduce grupos en su proceso de toma de decisiones:

1. Los grupos tienden a consumir más tiempo personal en tomar una decisión, que un individuo.
2. Los grupos a veces toman decisiones que no están de acuerdo con las metas de los altos niveles de la organización.
3. Los miembros de la organización pueden esperar que se les haga participar en todas las decisiones, por lo que se resistirán a las decisiones que se tomen en forma apropiada pero unilateral por los altos niveles de la organización.
4. Los desacuerdos entre los miembros pueden ocasionar que el grupo sea incapaz de tomar una decisión, con lo cual se demora el progreso en la solución del problema y se producen malos entendidos entre los miembros del grupo.

Cuando el tiempo de los miembros potenciales del grupo es un recurso escaso de la organización, es lógico que el gerente, o tal vez otra persona, tomen algunas decisiones en forma individual. Esto hace que los demás ahorren tiempo y los problemas inherentes a tener que reunirse para el proceso de toma de decisiones. También es más probable que las metas y las decisiones de los altos niveles de la organización estén de acuerdo con las diversas demandas de los clientes, grupos de intereses especiales, público en general, y dependencias del gobierno, que las metas y las decisiones de los niveles inferiores. Entonces es lógico que los altos niveles de la organización —tal vez un solo ejecutivo— tomen decisiones.

Ahora veamos con mayor detalle algunas de las desventajas de la toma de decisiones en grupo. Por lo que respecta al hecho de que *los grupos tienden a consumir más tiempo personal en tomar una decisión,* debemos recordar que, además de gastar tiempo en intercambiar información relacionada con la tarea, los miembros del grupo dedican tiempo a trasladarse al lugar donde se celebrará la reunión. Los dirigentes de grupo y sus colaboradores gastan tiempo en arreglar los asuntos relacionados con la reunión. Además, los resultados de los estudios de investigación nos recuerdan que antes de que los miembros se dediquen plenamente a la tarea asignada, tardan algún tiempo en familiarizarse o en refamiliarizarse entre sí y en desarrollar una serie de relaciones interpersonales. En algunos casos la ventaja marginal ganada por el uso de un grupo puede no compensar estas pérdidas en el tiempo personal consumido. En otros casos, la fecha límite para tomar la decisión puede no dar tiempo suficiente para que los miembros potenciales del grupo se liberen de sus demás responsabilidades.

Volviendo ahora al problema de que *los grupos en ocasiones toman decisiones que no están de acuerdo con las metas de los altos niveles de la organización,* advertimos, a título de ejemplo, que los altos niveles de la organización han decidido integrar minorías en la clase obrera adonde se dirigen con mayor frecuencia las demandas de los grupos de acción social y del gobierno. Estas demandas, presiones y preocupaciones sociales dan lugar a que la participación en el proceso de decisión se restrinja a aquéllos cuya meta sea la de satisfacer estas demandas, y no la de mantener una fuerza de trabajo formada por personas con antecedentes y normas culturales similares. Otro ejemplo son las decisiones relativas a promociones y salarios, pues frecuentemente se toman en los altos niveles de la organización porque se piensa que no todos los grupos subordinados utilizarían la contribución de la organización como principal criterio en la toma de decisiones. Aunque esta opinión puede no estar justificada, la perpetúa la costumbre de los grupos organizados de empleados de pedir que el principal criterio de decisión sea la antigüedad en el puesto dentro de la organización, así como la inclinación del público a elegir a estrellas de cine, astronautas y figuras deportivas para desempeñar cargos públicos.

Con respecto a la posibilidad de que el uso frecuente de *grupos para tomar decisiones puede ocasionar que los miembros de la organización se resistan a cumplir las decisiones tomadas sin su participación,* recordamos algo que observamos comúnmente: los miembros de la organización tienden a apoyarse en la tradición y en los precedentes como guías para conformar sus expectativas acerca de cuáles serán y deberán ser los procesos de decisión de la organización. Esto es cierto tanto en lo que respecta a los miembros del personal que quieren participar en la política del negocio, como en el caso de los niños que esperan participar en las decisiones de la familia acerca de cenar fuera de casa. Los profesores universitarios acostumbrados a participar en el gobierno de las instituciones donde enseñan, se resienten cuando, en forma unilateral los administradores deciden eliminar un campo de estudio debido a la escasa demanda de los estudiantes. Los que no están acostumbrados a participar consideran tales decisiones como algo natural.

Finalmente, debemos considerar la posibilidad de que *la falta de acuerdo entre los miembros pueda dar lugar a que el grupo sea incapaz de tomar una decisión.* Tal obstáculo puede resultar de una discrepancia respecto a cómo debe proceder el grupo o de cuál será su elección. Aunque puede intervenir el gerente, o tal vez incluso se puede eliminar el grupo, para resolver la dificultad, la posibilidad de que ello ocurra ciertamente es una desventaja que debe advertirse.

Para resumir estas desventajas podemos decir que:

1. Tiende a consumirse una mayor cantidad del tiempo personal en los grupos de toma de decisiones.
2. En la toma de decisiones grupal es más probable que entren en juego otras metas aparte de las que consideran más importantes los altos niveles de la organización.
3. Las expectativas no deseadas que pueden complicar las decisiones futuras en las que haya participación de grupo puede ser una consecuencia de la participación del grupo anterior.
4. El desacuerdo entre los miembros puede dar lugar a que el grupo sea incapaz de llegar a una decisión.

Cambiemos ahora del panorama de las ventajas y desventajas de utilizar grupos de decisión a un examen más específico de las pautas para decidir cuándo se deben utilizar grupos como auxiliares en el proceso gerencial de toma de decisiones.

GUÍAS PARA DECIDIR CUÁNDO SE DEBEN UTILIZAR GRUPOS DE DECISIÓN

¿Cuándo se deben usar grupos como auxiliares en la toma de decisiones? Ésta es una cuestión compleja. Afortunadamente se puede descomponer en otras cuatro preguntas más manejables:

1. ¿Cuándo debemos hacer participar a otras personas en nuestra toma de decisiones?
2. ¿Cuándo debemos encargar a los participantes, o a nuestros asesores, que trabajen en grupo?
3. ¿Cuándo debemos incluirnos nosotros mismos en el grupo?
4. ¿Cuándo debemos delegar al grupo la autoridad de tomar decisiones finales?

Las respuestas a las primeras dos preguntas son, en conjunto, la respuesta a cuándo debemos utilizar grupos para ayudarnos en nuestra toma de decisiones. Las respuestas a las últimas dos preguntas responden a un problema que guarda una estrecha relación con la primera cuestión: la forma en que utilizamos tales grupos.

La figura 8.1 representa las relaciones entre estas cuestiones y los resultados que se deducen de las respuestas. Veamos ahora algunas guías para llegar a las respuestas correctas. Comencemos con la primera pregunta.

¿Cuándo debemos hacer participar a otras personas en nuestra toma de decisiones?

Esta pregunta es relativamente fácil de contestar en la mayor parte de las situaciones de decisión. Los gerentes tienden a contestarla determinando cómo se aplican las ventajas y desventajas ya discutidas de utilizar grupos en la situación de decisión a la cual aquéllos se enfrentan constantemente. Nótese que aún no tratamos la cuestión de si el gerente debe utilizar grupos (miembros que interactúan), sino que simplemente determinamos si sería útil hacer participar a otros, independientemente de si esta participación se da como asesores individuales o como miembros del grupo de decisión designado.

Partiendo de nuestro análisis anterior de las ventajas y desventajas de utilizar grupos, podemos ofrecer las siguientes guías:

1. Si una mayor disponibilidad o un procesamiento de la información aumenta la calidad de la decisión, entonces debemos hacer participar a aquellos que podrían ser útiles aportando o procesando esta información.
2. Si la aceptación o la comprensión de la decisión pudieran ser un problema, entonces debemos hacer participar a aquéllos cuya aceptación y comprensión son importantes.
3. Si de la participación en el proceso de decisión se derivara información útil desde el punto de vista del desarrollo o bien algunas habilidades, entonces debemos hacer participar a aquéllos cuyo

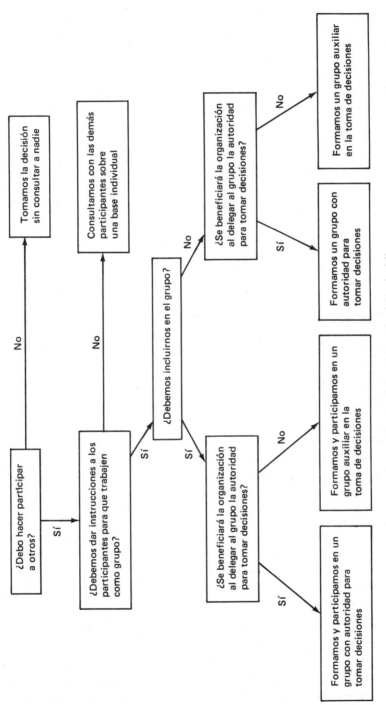

Figura 8.1. Procedimiento para decidir quién debe decidir.

desarrollo es importante, y se beneficiarían de la información resultante y de la actividad generadora de habilidades.

El hecho de que estas condiciones sean frecuentes puede explicar por qué muchas de las decisiones de las organizaciones no las toman los gerentes individuales sino grupos o gerentes que han hecho participar a sus subordinados, a sus iguales o a sus superiores.

Incluso existen situaciones en donde el gerente podría elegir no hacer participar a la gente que podríamos esperar ver incluida (sobre la base de las tres directrices indicadas antes). En muchas de estas situaciones encontraríamos que se había aplicado la siguiente norma de sentido común:

4. Si el tiempo necesario para hacer participar a determinados individuos o grupos no se justificara por las ventajas obtenidas de la participación, entonces se debe evitar dicha participación.

Desde luego, el "tiempo" de que hablamos podría ser tanto de otros como nuestro.

Esta guía se deduce directamente de la primera de las tres desventajas de los grupos de toma de decisiones que examinamos anteriormente. La segunda desventaja, la de que la gente que participa podría tomar decisiones que no estuvieran de acuerdo con las metas propias del gerente, es más aplicable al problema de la delegación de autoridad y lo trataremos cuando discutamos este problema. La tercera desventaja —la de que los miembros de la organización pueden esperar que se les incluya en todas las decisiones— raras veces es en realidad un problema. Por lo general puede eludirse aclarando que el gerente tiene la prerrogativa de hacer participar a otros y que no debe considerarse que la participación actual establece un precedente.

La quinta y última de las guías a menudo no es aplicable, pero es importante cuando sí lo es. Si la decisión es poco popular, los que participaron en ella pueden perder el respeto, el afecto o la futura cooperación de sus compañeros de trabajo. Los gerentes tienden a insensibilizarse a estas consecuencias; sus puestos y la necesidad reconocida para ellos de tomar algunas decisiones, incluso las impopulares, los protege en grado considerable. Sin embargo, esto no es válido para los subordinados. Como consecuencia, un gerente puede preferir, en algunos casos, proteger a sus subordinados evitando incluirlos en un proceso de decisión que probablemente conducirá a una elección impopular. Para ello puede emplearse la siguiente guía:

5. Si resulta que la decisión final va a ser impopular, y no se justifica el daño que se va a provocar a la relación de un subordinado

con sus iguales por las ventajas que se obtendrán de su participación, entonces se debe evitar, si es posible, su participación.

La calificación de "si es posible" supone reconocer el hecho de que las responsabilidades de trabajo de determinados subordinados puede requerir su participación en la toma de decisiones. Cuando esto ocurre, la retroalimentación negativa de sus compañeros de trabajo es entonces parte del precio de ocupar su puesto. Por otra parte, si vemos que la decisión final probablemente será impopular, entonces el poner en peligro la relación de un subordinado con sus compañeros de trabajo, debido a su participación, podría ser marginalmente útil o daría pie a que la decisión fuera considerada como imprudente o, tal vez, como tímida.

Estas cinco guías, reformuladas como consideraciones en la sección A de la tabla 8.1, se han concentrado en la cuestión de si debemos hacer participar a otros en el proceso de toma de decisiones. Suponiendo que decidamos hacerlo, la siguiente cuestión se refiere a si debemos tratarlos como individuos —tal vez en una serie de sesiones celebradas con cada

Tabla 8.1. Consideraciones para decidir cuándo utilizar grupos de decisión.

A. Consideraciones para decidir si debemos hacer participar a otros.

1. ¿Aumentaría la calidad con la participación?
2. ¿Aumentaría la aceptación o la comprensión con la participación?
3. ¿Desarrollaría al personal la participación?
4. ¿Desperdiciaría tiempo la participación?
5. ¿Dañaría la participación las relaciones de los subordinados?

B. Consideraciones para decidir si debe formarse un grupo.

1. ¿Ayudaría la interacción a la calidad?
2. ¿Aumentaría la interacción a la motivación?
3. ¿Sería el desacuerdo útil o perjudicial?
4. ¿La interacción conservaría o desperdiciaría tiempo?

C. Consideraciones para decidir si debemos incluirnos nosotros.

1. ¿Puede otra persona proporcionar un liderazgo lo suficientemente fuerte?
2. ¿Puede otra persona contestar preguntas inesperadas?
3. ¿Inhibiría nuestra participación la presentación de información delicada (pero importante)?

D. Consideraciones para decidir si debemos delegar la autoridad para tomar la decisión final.

1. ¿Ahorraría tiempo la delegación?
2. ¿Aumentaría la motivación con la delegación?
3. ¿Podrían conducir las metas o las habilidades del grupo a una elección de calidad menor a la adecuada?

---

uno de ellos— o si debemos capacitarlos para que trabajen como un grupo de decisión y presenten un informe colectivo. Otra posibilidad sería utilizar a otras personas como asesores.

¿Cuándo debemos encargar a nuestros asesores que trabajen como grupo?

Nótese que al manejar esta cuestión no preguntamos si el gerente debe ser incluido en el grupo. Lo que nos planteamos es si sería más útil para él recibir un insumo determinado por un solo grupo o bien recibir insumos separados de cada una de las personas que pertenecen a él.

Existen cuatro directrices que pueden utilizarse para ayudar a contestar a esta pregunta. La primera es retrospectiva y se refiere a nuestros anteriores análisis de los límites cognoscitivos sobre nuestra racionalidad; reconoce el hecho de que las situaciones de decisión gerencial normalmente requieren capacidades de procesamiento de información que están más allá de cualquier persona. Si la situación de decisión está muy estructurada, entonces podemos utilizar los modelos y las técnicas de secciones anteriores como auxiliares en nuestras actividades de procesamiento de la información. Si, por otra parte, la situación no está estructurada, a menudo nos encontraremos con que puede ser estructurada en forma ventajosa por medio de los esfuerzos colectivos e interactivos de cierto número de personas. Por ejemplo, la gente que intercambia información en un grupo puede ser capaz de solucionar contingencias y asuntos que los individuos que trabajan separadamente no podrían. Así, una norma para determinar si debemos utilizar grupos es la siguiente:

1. Si la situación de decisión en la actualidad no está estructurada y si la interacción entre nuestros asesores fuera útil para estructurarla, entonces debemos hacerlos participar como grupo.

La segunda norma es consecuencia del hecho de que los individuos que trabajan en presencia de otros a menudo son más productivos que cuando trabajan solos. Existen excepciones, desde luego, como cuando algunos miembros del grupo alteran el pensamiento de otros miembros. Sin embargo, una de éstas dos fuerzas motivadoras estará presente y propiciará un mayor rendimiento: 1. el medio ambiente ligeramente competitivo que se observa con frecuencia cuando la gente intenta realizar tareas en presencia de otras personas, o 2. la posibilidad de la aprobación del grupo en caso de contribuciones inusitadamente útiles. Por tanto, la segunda norma es:

2. Si es probable que resulte una mayor motivación a partir de una interacción dentro del grupo, entonces debemos hacer participar a nuestros asesores como grupo.

¿Cuáles son los argumentos en contra de hacer participar a nuestros asesores como grupo? Uno es que la falta de acuerdo entre los miembros del grupo, en lo relativo, por ejemplo, a cómo proceder o a lo que el grupo debe recomendar, puede dar lugar a que el grupo sea incapaz de funcionar. Las prácticas gerenciales de grupo adecuadas, como las que se analizarán en el capítulo 10, finalmente superarán este problema. Sin embargo, no podemos contar siempre con que estén presentes este tipo de prácticas gerenciales de grupos, o que haya tiempo disponible para que funcionen, en caso positivo. Por otra parte, la experiencia demuestra que el desacuerdo a menudo provoca que la gente vea y entienda problemas que no había reconocido antes. Además, la falta de acuerdo a menudo da como resultado el desarrollo de alternativas más creativas. Estas ideas sugieren que consideremos las guías tercera y cuarta:

3. Si es posible que el desacuerdo entre los miembros del grupo dé por resultado que el grupo sea incapaz de realizar sus tareas, entonces no debemos incluir a nuestros asesores, como grupo.
4. Si es probable que el desacuerdo dé como resultado una mayor comprensión o soluciones más creativas, debemos incluir a nuestros asesores como grupo.

La última de las normas relativas al uso de grupos de decisión, en lugar de asesores indivïduales, constituyen un intento de tratar simultáneamente dos hechos. Uno de ellos es que las entrevistas con una serie de asesores a menudo proporcionarán información redundante y entonces se reducirá la eficiencia del proceso general de captación de información. Por ejemplo, el tiempo invertido en celebrar una serie de reuniones con los asesores individuales puede ser mayor que el que se dedique en realizar una sesión con todos ellos. Si la información generada es la misma en los dos casos, entonces una sola reunión es el procedimiento más eficiente. Asimismo, como advertimos anteriormente, existen pérdidas de tiempo dentro de las reuniones de grupo cuando los miembros intentan relacionarse entre sí y manejar su grupo. Estos gastos de tiempo son necesarios para que el grupo funcione, pero no contribuyen en forma directa que éste realice su cometido.

Como estos dos hechos, ambos concernientes al problema de la utilización del tiempo, conducen a conclusiones diferentes, la norma resultante es:

5. Si todas las demás cosas permanecen iguales, los asesores deben participar de forma que se minimice el costo del tiempo gastado.

Dicho de esta forma, se deduce que debe considerarse tanto el tiempo del gerente como el de sus subordinados. Estas normas se reformulan como consideraciones en la sección B de la tabla 8.1.

Si decidimos encargar a nuestros asesores que funcionen como grupo, surge otra cuestión.

¿Cuándo debemos incluirnos nosotros en el grupo?

Para contestar a esta pregunta, será útil comentar primero la cuestión del liderazgo, pues están muy relacionados. El gerente que crea un grupo para ayudar a tomar decisiones tiene la responsabilidad final de realizar las funciones gerenciales para el grupo. El gerente debe hacer la *planificación* inicial, así como la *organización, la dotación de personal,* la *dirección* y el *control*. Aunque las funciones de planificar, organizar o dotar personal raras veces se delegan, las de dirigir y controlar, con frecuencia se encomiendan. La persona que realiza estas últimas dos funciones es el *líder del grupo*. En ocasiones el líder del grupo es el gerente. Otras veces es la persona que designa el gerente. En ocasiones el liderazgo se comparte; los diferentes miembros del grupo pueden encabezarlo en diversos momentos en una determinada sesión.

La mayor parte de los grupos de decisión tienen dirigentes formalmente designados o electos. El amplio uso que se hace de los dirigentes se deduce del hecho de que los grupos sin líderes formales en ocasiones se encuentran con vacíos de liderazgo, periodos en que vacilan por falta de dirección y de control. En otras ocasiones, se hace poco o ningún progreso cuando dos o más miembros compiten entre sí por convertirse en líderes. Además, si el líder formal considera la necesidad de compartir la dirección en algún momento determinado de las sesiones, puede decidir ejercer poco o ningún control. Esto crea la oportunidad de que se desarrolle el liderazgo compartido.

Como consecuencia de lo anterior se deduce que en la gran mayoría de los casos y con la finalidad de maximizar la efectividad del grupo, el gerente que crea un grupo de decisión debe designar un líder formal, o requerir que el grupo designe uno. En vista de esta observación y del hecho de que la mayor parte de los grupos de decisión tiene dirigentes formales, procederemos con el resto de nuestro análisis como si los grupos de decisión a los cuales nos referimos tuvieran líderes formales.

Ahora volvamos a la cuestión básica de cuándo debemos incluirnos nosotros en el grupo. Las respuestas y las normas son, individualmente consideradas, poco complejas.

1. Si nadie puede asumir un liderazgo suficientemente fuerte del grupo, entonces debemos incluirnos nosotros como líderes.

Un ejemplo de ello es la situación donde esperamos que surjan gran cantidad de conflictos y desacuerdos y no tenemos a nadie a quien podamos designar como líder, que tenga la influencia y la habilidad suficiente para tratar con estas condiciones.

2. Si el grupo va a tener de vez en cuando la necesidad imprevista de información que sólo nosotros podemos proporcionar, entonces debemos incluirnos dentro del grupo.

Un ejemplo de tal situación es cuando el grupo de decisión va a analizar un problema y sólo nosotros conocemos los antecedentes de algunos de los síntomas del problema. Otro ejemplo se presenta cuando el grupo intenta diseñar una solución al problema y sólo nosotros podemos hacer juicios relativos a la rigidez de las restricciones.

La siguiente guía indica cuándo no debemos incluirnos como líderes.

3. Si nuestra presencia inhibiría la presentación de información delicada e importante, entonces no debemos incluirnos en el grupo.

Un ejemplo de tal situación es el caso en donde quisiéramos que el grupo proporcionara un análisis independiente de lo que sus miembros pensaran que queríamos escuchar.

Estas tres normas se presentan nuevamente como consideraciones en la sección C de la tabla 8.1. Se refiere a la pregunta "¿Puede el grupo completar su tarea en forma más efectiva sin nuestra participación?" Si la respuesta es "sí", entonces no debemos incluirnos. Mediante la no participación ahorraremos tiempo y además cumpliremos con el propósito de utilizar al grupo.

Volvamos ahora a la última de nuestras cuatro preguntas.

¿Cuándo debemos delegar en el grupo la autoridad final de toma de decisiones?

Hay dos razones para delegar la autoridad de tomar decisiones. Una de ellas es ahorrarnos el esfuerzo de revisar la decisión de grupo cuando sabemos anticipadamente que seremos relativamente indiferentes a la decisión, cualquiera que ésta sea. La otra es motivar a los miembros del grupo para que trabajen con mayor intensidad en la toma de decisiones y acepten de mejor grado y se muestren más entusiastas acerca de su instrumentación. Estas dos razones conducen a las tres normas siguientes:

1. Si delegar la autoridad final ahorraría nuestro tiempo, entonces debemos hacerlo.

2. Si delegar la autoridad final produciría una motivación mayor, entonces debemos hacerlo.

La desventaja de delegar la autoridad final es, desde luego, que no podemos alterar una mala elección. Así la tercera norma es la siguiente:

3. Si resulta que cualesquiera que sean las metas o la capacidad de los miembros del grupo, se pudiera llegar a elecciones que juzgaríamos que son de mala calidad, y si es importante que la elección final tenga una calidad media o mejor, entonces no debemos delegar dicha autoridad final.

Estas guías se formulan nuevamente como consideraciones en la sección D de la tabla 8.1.

RESUMEN Y PANORAMA

En el presente capítulo examinamos la cuestión de cómo decidir quién debe decidir. Específicamente vimos cómo decidir, cuándo y en qué forma utilizar grupos en la toma de decisiones. Comenzamos por revisar cinco tareas que los grupos de decisión frecuentemente realizan (esto es, analizar el problema, identificar los componentes de la situación de decisión, estimar estos componentes, diseñar alternativas y escoger entre las alternativas). Después examinamos las ventajas y desventajas de utilizar grupos de decisión en lugar de estas cinco tareas nosotros mismos. Finalmente, revisamos conjuntos de normas para contestar cuatro preguntas que, en total, responden a la pregunta original de cómo decidir quién debe decidir.

Hagámonos ahora una nueva serie de preguntas. Si decidimos utilizar grupos, ¿cómo debemos usarlos? Más particularmente, ¿cómo debemos manejarlos? Qué preparativos debemos hacer antes de que el grupo empiece a funcionar? ¿Cómo deben ser dirigidas y controladas las reuniones individuales? Estas preguntas y otras similares se contestarán en los siguientes tres capítulos. En el capítulo siguiente comenzamos por describir cómo planificar, organizar y reclutar personal en un grupo de decisión.

EJERCICIOS

1. Describa alguna situación de un grupo auxiliar para la toma de decisiones del cual usted era miembro. ¿Cuál fue su asignación específica? Explique si considera que fue prudente para el grupo recibir esta tarea, o no lo fue, y por qué.

2. Considere una decisión que usted, u otro gerente, tomaron con respecto al uso de grupos. Utilice las normas asociadas con las cuatro preguntas aplicables, y vea si usted rebatiría la decisión tomada. En caso de que no fuera así, explique por qué considera que no lo haría.
3. Piense en una decisión que usted tuviera que tomar con relación al uso de grupos. Valiéndose de las normas asociadas con las cuatro cuestiones que resultan aplicables, llegue a una decisión acerca de quién debe participar. ¿Está de acuerdo con sus apreciaciones intuitivas acerca de la cuestión? Si no es así, explique por qué.
4. Jane Smith ha sido gerente, durante los últimos tres años, del departamento de quejas de clientes de una gran compañía de ventas al menudeo; durante ese periodo, el número de quejas recibidas por la empresa ha aumentado muy lentamente, pero la cantidad de quejas por resolver ha aumentado casi el 50%. En la actualidad, el tiempo promedio para procesar una queja es de más de veinte días de trabajo. Smith se preocupa cada vez más por esta situación y ha decidido analizar el problema. En la actualidad se está planteando si debe hacer participar a su personal para encontrar la causa, y cómo hacerlo, por otra parte, debe decidir cómo hacer los cambios necesarios para resolver el problema.

¿Cuál sugeriría usted que es un procedimiento apropiado en esta situación de decisión? Base su respuesta en las preguntas y las guías del presente capítulo.

REFERENCIAS BIBLIOGRÁFICAS

Maier, N. F., *Problem Solving and Creativity in Individuals and Groups*, Brooks/Cole Publishing Company, Belmont, Calif., 1970.

Stumpf, S. A., Zand, D. E. y Freedman, R. D., "Designing Groups for Judgemental Decisions", *The Academy of Management Review* 4, octubre de 1979, págs. 589-600.

Vroom, V. H., y Yetton, P. W. *Leadership and Decision Making,* University of Pittsburgh Press, Pittsburgh, 1973.

9

La toma de decisiones en grupo y el manejo de comités. Planificación, organización y dotación de personal

Este capítulo y el que sigue describen guías, tácticas y procedimientos paso a paso que pondrán al gerente en condiciones de manejar en forma más efectiva los comités, las sesiones de trabajo y otras formas de grupos de decisión. Al emplear estos auxiliares al mismo tiempo mejorará el rendimiento del grupo y aumentará la satisfacción de los miembros del mismo.

Este capítulo describe lo que necesita hacer el gerente que tiene a su cargo un grupo de decisión, antes de que el grupo comience a funcionar. El capítulo se refiere a las funciones de *planificación, organización* y *dotación de personal* asociadas con la creación de un grupo de decisión. El siguiente capítulo describe lo que un gerente debe hacer antes de las reuniones del grupo y en el transcurso de ellas. En concreto, se refiere a las funciones de *dirección* y de *control* asociadas con el manejo de un grupo de decisión. Ambos capítulos están orientados hacia el manejo del grupo interactuante cara a cara, comparándolo con los grupos de tormentas de ideas, nominales y Delphi. El manejo de estos grupos menos tradicionales y especialmente diseñados y dirigidos se discutirá en el capítulo 11.

En el siguiente análisis no hacemos distinción entre el gerente que crea un grupo para que lo ayude en su toma de decisiones y el gerente que es designado como líder de un grupo que no creó él. Las normas y los procedimientos que se presentan son aplicables y útiles en cualquier caso. Simplemente nos referiremos al "gerente", y con ello aludiremos a la persona que, debido a su autoridad jerárquica o a su asignación temporal, es responsable de los resultados del grupo.

Este capítulo se divide en tres secciones principales, cada una de las cuales trata con una actividad diferente. La primera trata acerca de la *definición de la tarea del grupo.* Esto supone obtener respuestas a las preguntas fundamentales relativas a la finalidad, la responsabilidad y las necesidades del grupo. La segunda sección se ocupa de *planificar el esfuerzo general del grupo* en términos de plazos, recursos necesarios y coordinación con otros grupos. La tercera sección se refiere a la *organización y dotación del personal del grupo*. Esto incluye escoger a los miembros del grupo y asignarles roles si esto es conveniente (por ejemplo, escoger al líder del grupo).

DEFINICIÓN DE LA TAREA DEL GRUPO

Con el fin de explicar lo que entra en juego al definir la tarea del grupo, consideremos las tres preguntas que el gerente debe contestar:

1. *¿Cuál es el problema con el que debe tratar el grupo?* ¿Cuál es su naturaleza? ¿Trata este problema, por ejemplo, de reducir el ausentismo o de mejorar la moral de los empleados? ¿Cuál es su alcance? ¿Estará interesado el grupo en reducir el ausentismo en el departamento A o en toda la organización?

Aunque no siempre es facil responder a preguntas relacionadas con el problema, como éstas (en especial si los sectores de la organización tienen diferentes puntos de vista sobre la naturaleza del problema que se debe resolver), ciertamente esto es necesario. Si el gerente no hace explícito el problema, el grupo lo hará. El resultado ocasionalmente será una deformación del problema y con frecuencia ocurrirá sólo después de una discusión que consumirá tiempo y producirá divisiones. Algunas veces, el mismo grupo puede agudizar la definición del problema, pero en cualquier caso, la ambigüedad acerca de la naturaleza y el alcance del problema reducirá el progreso del grupo y fomentará el desacuerdo y el conflicto.

2. *¿Cuál es la responsabilidad del grupo?* ¿Es el grupo responsable de tomar una decisión, como sería el caso de una reunión política o de una junta de directores? ¿Es responsable de prestar asesoramiento con respecto a alguna acción que el gerente debe emprender, como sería el caso de un equipo de estudio o de una comisión de empleados? ¿O bien es responsable de una decisión colectiva que tenga que ver con las actividades de sus miembros, como sucedería con un equipo de proyecto gerencial, o una comisión de planificación de currículos en una escuela o universidad?

Tal vez este tema de la responsabilidad requiere cierta elaboración. Recuérdese que nos hemos ocupado de los grupos de decisión y no, por ejemplo, de los grupos reunidos para que el gerente pueda anunciar la decisión. Nos interesan los grupos que son realmente parte del proceso de decisión. Existen tres responsabilidades que podrían asignarse a tales grupos.

a) *Los grupos de toma de decisiones.* Estos grupos tienen la responsabilidad y la autoridad de tomar decisiones sobre los asuntos que se les presentan. En algunos casos, tienen autoridad original, como sucede con los jurados, las juntas de directores y las legislaturas. En otros tienen una autoridad delegada, como podría ser el caso de los grupos que crea un ejecutivo para tomar ciertas decisiones en tanto que él atiende a otros asuntos.

Los ejecutivos, las juntas de directores y los legisladores ayudan a su propia toma de decisiones haciendo uso de otro tipo de grupo de decisiones: el grupo de asesoramiento o grupo de estudio.

b) *Grupos de asesoramiento o de estudio.* Estos grupos generan algo de la información que se utiliza en la toma de decisones (esto es, construyen una parte del modelo de decisión). Por ejemplo, podrían generar planes, o más candidatos para que un gerente escogiera, o bien podrían realizar análisis que indicaran el rendimiento asociado con algún resultado. Después del estudio a menudo van más allá y aconsejan al gerente cuál de las alternativas es la que debe ser escogida.

c) *Grupos de coordinación.* En los grupos de coordinación los individuos intercambian información que les ayuda a cumplir con sus tareas individuales o conjuntas. En la práctica estos grupos se crean debido a las dependencias entre las unidades represendas por los miembros del grupo, y a menudo toman decisones para tratar estas dependencias. Por ejemplo, los gerentes de las unidades involucradas en el cumplimiento de un gran contrato de producción pueden reunirse periódicamente, como podrían hacerlo los directores de los diversos aspectos de la campaña electoral de un candidato político. El hecho de que muchas de las dificultades que surgen de las dependencias entre estas unidades se resuelvan por medio de decisiones tomadas en un grupo, hace que incluyamos a éstos en nuestro análisis de la toma de decisiones.

Volvamos ahora a la tercera de las preguntas que se deben contestar con el fin de definir la actividad del grupo.

3. *¿Cuáles son los rendimientos que el grupo debe cumplir?* ¿Cuándo deben cumplirse las responsabilidades del grupo? ¿Hay necesidad de informes intermedios? ¿Cómo debe presentar los resultados el grupo, mediante un informe escrito o con una presentación oral? Obtener y trasmitir la información relativa a los requerimientos reducirá la incertidumbre del grupo y minimizará posibilidades de que una reunión individual pudiera estancarse mientras las respuestas se buscan o se discuten.

En conjunto, las respuestas a las tres preguntas fundamentales relativas al problema, a la responsabilidad y a los requerimientos comprenden la "tarea" del grupo. Un ejemplo de la mencionada tarea es "Identificar a los cuatro candidatos mejor calificados para el puesto de vicepresidente de finanzas. Presentar sus nombres y sus expedientes el 15 de marzo".

Preferiblemente, el problema, la responsabilidad del grupo y sus requerimientos deben presentarse por escrito. En cualquier caso, debe hacerse alusión a ellos con frecuencia, para que los esfuerzos del grupo no se dediquen a problemas periféricos. A medida que el grupo progresa, puede obtener información o algunas ideas que sugieran que el problema debe ser redefinido. Cuando ocurre esto, el grupo debe obtener el consentimiento del gerente, o de otros ante los cuales el grupo es responsable, para dedicarse a lo que parece ser el problema más apropiado.

Los gerentes de grupo serán de gran ayuda si en la primera reunión describen la actividad del grupo con cierto detalle. Al proceder en esta forma reducen las posibilidades de que el grupo se dirija en una dirección equivocada y aumentan las posibilidades de que tengan lugar tanto la comunicación como la comprensión efectivas. En primer lugar resulta útil que los gerentes resuman la tarea del grupo en la carta o en la llamada telefónica en la que se cita a los miembros. Esto minimiza las posibilidades de que se desarrollen expectativas equivocadas incluso antes de que el grupo se reúna.

Pasemos ahora de la primera función del gerente de definir la tarea del grupo, a la segunda tarea: planificar el esfuerzo general del grupo.

Planificación del esfuerzo general del grupo

Las tareas asignadas a los grupos de decisión por lo general son complejas (esto es, tratan problemas, responsabilidades o restricciones complejos). Quizá esto sea así debido a que las tareas menos complejas las maneja el mismo gerente o se delegan a una persona. En cualquier caso, resulta útil descomponer la tarea compleja en partes más manejables. Una forma útil de hacer esto es dividir la tarea general en los pasos de solución del problema que describimos en el capítulo 2, especialmente en la tabla 2.1.

El hecho de dividir la tarea general en partes más pequeñas sirve a dos propósitos. Primero, al centrarnos en los pasos individuales, superamos el obstáculo psicológico de atacar una tarea que puede ser abrumadora. La gente se muestra renuente a emprender tareas sumamente difíciles o imposibles. El demostrar, por medio de esta división en fases separadas, que la asignación general puede cumplirse si se realiza una serie de tareas no tan difíciles, motiva tanto a los gerentes de grupo como a los miembros del mismo.

La segunda finalidad que se cumple al tratar los pasos individuales es que el gerente puede desarrollar de una forma más precisa el tiempo y la estimación de otros recursos necesarios para planificar el término de toda la tarea asignada. Debido a que puede tratar tareas más pequeñas y más fácilmente visualizables, la estimación del tiempo necesario para completar las fases individuales será más preciso que una estimación global del tiempo necesario para completar la tarea global. Mediante el uso de estas estimaciones como guías, el gerente evita el esfuerzo de última hora para completar el proyecto general y los resultados de calidad más pobre que a menudo acompañan a tal esfuerzo.

Basándonos en estas ideas, podemos presentar los primeros dos pasos para desarrollar un plan que complete la tarea del grupo.

Paso 1. Dividir en partes la tarea general del grupo.

Paso 2. Estimar el tiempo y los otros recursos necesarios para completar cada parte de la tarea y la tarea general. Con respecto al segundo paso, en "otros recursos" se podrían incluir conceptos tales como fondos para realizar viajes o apoyo del personal. Desde luego, el recurso clave lo integran los miembros del grupo, pero tal recurso lo trataremos por separado en nuestro análisis para organizar y dotar de personal.

El tercer paso se deduce del segundo.

Paso 3. Determinar el tiempo y los otros recursos disponibles y emprender las acciones apropiadas para reducir cualesquiera diferencias entre lo que se necesita y aquello con lo que se cuenta. Por ejemplo, si la tarea general realmente fuera "Identificar a los cuatro candidatos más aptos para el puesto de gerente de finanzas y presentar sus nombres y expedientes el 15 de marzo", el gerente podría encontrarse con que resulta imposible, desde el punto de vista logístico, cumplir tanto el requerimiento implícito de buscar a todos los candidatos posibles para los cuatro primeros lugares de la clasificación, como el requerimiento establecido de cumplir esto el 15 de marzo. Entonces el gerente tendría que hacer algo como podría ser extender el plazo límite, o bien formular de nuevo la tarea, y cambiar el requisito a "aptos" en lugar de "más aptos".

Ahora bien, una vez definida la tarea y desarrollado un plan para determinarla consideremos la tercera función del gerente: organizar y dotar de personal para el grupo de decisión.

ORGANIZACIÓN Y DOTACIÓN DE PERSONAL DEL GRUPO DE DECISIÓN

En determinadas situaciones, el gerente puede tener un control casi completo sobre los miembros de una comisión, como cuando se designan subordinados para una comisión que él mismo ha formado. En otras situaciones, el gerente puede tener poco o nada que ver al escoger a los miembros del grupo. Por ejemplo, puede haber sido designado como presidente de una comisión por un ejecutivo de nivel superior. En aquellos casos en donde el gerente tiene la oportunidad de escoger o de recomendar a quienes debe incluirse en el grupo, debe pensar cuidadosamente acerca del manejo de dicha oportunidad. Tanto la investigación como nuestra experiencia propia nos dicen que la composición del grupo es una determinante principal de la calidad y la fuerza de sus resultados. En los próximos párrafos revisamos cinco normas para decidir a quién se debe incluir en los grupos de toma de decisiones.

1. Asegúrese de que se puede conseguir la información clave

A menudo se forman grupos para que puedan ser aportados diferentes elementos de información en forma simultánea. La información puede hacerse asequible en diferentes formas. Por ejemplo, si en el paso de elección el grupo necesitara información de un experto en particular, podemos proporcionar esta asesoría por lo menos en tres formas: 1. Podemos designar al experto como miembro permanente del grupo; 2. Podemos designar al experto como miembro solamente en este paso, o 3. Podemos designar al experto como consultor del grupo cuando se llegue a este paso.

Este ejemplo muestra la necesidad de identificar los recursos de información requeridos, como parte de la primera tarea de planificación. En el proceso de organización, estos requerimientos de información se traducen en requerimientos de pertenencia. En situaciones de una complejidad todavía más moderada, resulta útil para el gerente hacer una lista de los elementos necesarios de información y del miembro o procedimiento que se espera los aporte. El hecho de no tener información clave disponible hace que los grupos se atoren a el corto plazo y tomen malas decisiones a largo plazo.

2. Asegúrese de que participen los que serán afectados

Esta guía es tal vez la estrategia mejor conocida para minimizar la posibilidad de resistencia posterior a una decisión. Existen dos circunstancias bajo las cuales esta guía es más aplicable. La primera cuando la tarea del grupo versa sobre la asignación de recursos entre diferentes unidades o secciones. La segunda es cuando la cooperación de las unidades o secciones afectadas probablemente dependerá de su satisfacción con los productos o procesos del grupo de decisión. Como vimos anteriormente, la participación en los grupos de decisión reduce la resistencia a las decisiones consecuentes y aumenta la cooperación en la fase de instrumentación. Esto debe ser un motivo poderoso para que el gerente incluya representantes de las unidades o secciones afectadas como miembros del grupo de decisión. Además, los representantes de tales unidades o secciones pueden estar en condiciones de proporcionar información (por ejemplo, la importancia relativa de los diversos criterios) que de otra forma no podría obtenerse con confianza.

Por otra parte, no siempre es posible incluir a representantes de cada una de las unidades o secciones. En estos casos, pueden establecerse procedimientos que permitan por lo menos algún grado de participación. Por ejemplo, entrevistas o audiencias que supongan que tanto los miembros del grupo de decisión como los miembros del grupo afectado pueden ser útiles.

3. No permita que las costumbres anteriores dicten cuál debe ser la composición del grupo

Aunque las costumbres organizacionales previas pueden constituir guías útiles para decidir quién debe incluirse en el grupo, se deben revisar y ponerse en duda su aplicabilidad a la situación actual. Debe evitarse, entonces, que las normas aplicadas anteriormente dicten cuál debe ser la composición del grupo. Entre las razones de ello están las siguientes:

a) Si bien es importante incluir a miembros que tengan experiencia con el problema, los miembros nuevos traen una perspectiva nueva. Ponen sobre aviso a los que siguen formando parte del grupo acerca de que el problema actual no es exactamente el mismo que los que se han manejado en ocasiones anteriores. La rotación en los comités reduce la posibilidad de que se utilice un modelo que en la situación actual resulta inapropiado aun cuando anteriormente haya funcionado.

b) Los problemas diferentes requieren perspectivas diferentes y distintos tipos de conocimientos. La investigación indica que las organizaciones que menos éxito obtienen son las que utilizan al mismo grupo para manejar todos los tipos de decisión. Las organizaciones más exitosas son las que utilizan diferentes grupos de decisión para manejar los diferentes tipos de situaciones.

c) La participación en los grupos de decisión es una experiencia que contribuye al desarrollo y al establecimiento de un clima nuevo. El designar ocasionalmente a personas recién llegadas a la empresa, o bien a aquellas que no han sido significativas para la organización, para que formen parte de un grupo de decisión tiende a proporcionarles conocimientos e interrelaciones que pueden aumentar su productividad y hacer que se involucren más en la empresa.

Estas tres primeras guías se concentraron sobre todo en la función de dotación de personal. Debido a que las características de la gente indican la efectividad con la que pueden desempeñar ciertos roles (como los de dirigente de grupo o experto del grupo en impuestos), la dotación de personal determina hasta cierto punto una organización. A la inversa, nuestras ideas acerca de cómo podría organizarse al grupo en forma óptima (por ejemplo, qué tipos de expertos se requieren) determina qué gente es la que se va a incluir. Así, en el diseño de grupos de decisión, la organización y la dotación de personal están tan entretejidas que a menudo se tratan como una sola función. La cuarta guía se concentra en la función organizadora así como en la función de dotación de personal.

4. Desígnese un líder que represente al grupo pero que también esté dispuesto a ejercer control y sea capaz de hacerlo

La selección gerencial es un tema que está bastante fuera del alcance del presente libro. Nuestra finalidad al incluir esta guía es recalcar dos ideas importantes. La primera es que las ventajas que se han obtenido del uso de grupos de decisión se producirán en mayor grado si el dirigente se concentra en facilitar los esfuerzos del grupo para realizar su cometido, en lugar de imponer sus propias opiniones acerca de cuál debe ser el resultado. Si el dirigente del grupo, ya seamos nosotros mismos o una persona designada por nosotros, de antemano posee el resultado apropiado (por ejemplo, el diagnóstico del problema o la decisión requerida) no hay una asignación significativa para el grupo. Esto es, no existe necesidad de un grupo de decisión que maneje el problema. Si los miembros del grupo advierten esto, se resentirán de ser manipulados al tener que avalar las conclusiones del dirigente y se rebelarán, o se retirarán. Esto no quiere decir que los gerentes nunca deban reunir gente con la finalidad de convencerla de los méritos de una decisión, pero tal auditorio no constituye un grupo de decisión. Tampoco significa que los gerentes no deben utilizar un grupo que examine en forma crítica su pensamiento, pero si ésta es la finalidad, entonces deben concentrarse en facilitar los esfuerzos del grupo para que realice su tarea más que en intentar obtener un consentimiento en forma subrepticia. Los resultados de la investigación muestran que aquellos grupos cuyos dirigentes utilizan su puesto para ayudar al grupo, obtienen más éxito en el cumplimiento de sus tareas que en aquellos otros cuyos dirigentes intentan utilizar sus puestos para dictar cuál debe ser el resultado del grupo.

La segunda finalidad de incluir esta guía es recalcar que, en general, los grupos que son manejados por un dirigente fuerte que sabe ejercer el control, son más efectivos en el cumplimiento de sus tareas y en dar a sus miembros un alto grado de satisfacción. (A continuación señalamos lo que queremos decir por dirigente fuerte y que sabe ejercer el control: Un líder fuerte es el que tiene la habilidad de controlar el comportamiento del grupo y de sus miembros cuando decide hacerlo. Un dirigente que ejerce control es aquel que emplea esta habilidad para guiar los esfuerzos del grupo.)

Existen tres excepciones: 1. el caso en que el dirigente intenta controlar al grupo valiéndose de métodos no autorizados o desplazándose hacia metas que los miembros del grupo no están en posibilidad de sancionar; 2. el caso en donde el grupo espera, y favorece, un grado bajo de control, y 3. el caso en donde el grupo no está convencido de que el líder designado deba ser, de hecho, líder del grupo.

La sensibilidad y el sentido común, si se aplican, pueden superar los problemas planteados por estas excepciones. El ser consciente de cuáles son las normas del grupo ayuda a eludir problemas asociados con el primer caso (valerse de métodos no autorizados o desplazarse hacia metas no estipuladas). De manera similar, en el segundo caso, el ser consciente de que el grupo podría esperar un grado bajo de control puede permitir al líder concentrarse en el papel de facilitador más que en el de manipulador.

Finalmente, con respecto al tercer caso, cualquier gerente que designe a un líder de grupo debe escoger a una persona que sea considerada como apropiada por los miembros del grupo.

El gerente debería entonces comunicar, ya sea abierta o veladamente, las características del líder designado que constituyen una elección apropiada.

Este último paso, de legitimar al dirigente designado, es sumamente importante, la resistencia del liderazgo de una persona que es considerada como inapropiada para un puesto determinado puede provocar un caos.

El papel del líder en cuanto persona que al mismo tiempo facilita y controla los esfuerzos del grupo por cumplir con su asignación será más claro cuando analicemos la forma de manejar las reuniones de los grupos individuales. En este punto, la tarea consiste en identificar, apuntar y designar a una persona que tenga la capacidad de cumplir con ese rol.

La quinta y última guía también se concentra tanto en la función de organización como en la de dotación de personal.

5. Considere la posibilidad de tener diferentes miembros como participantes en distintas partes de la tarea general

Esta norma requiere básicamente eficiencia en el uso de los recursos de personal. Como ejemplo, analicemos la posibilidad de utilizar diferentes miembros en los distintos pasos del proceso de solución del problema. Es difícil argumentar que cualquier persona sería igualmente útil en cada uno de los pasos. De hecho, es razonable pensar que la perspectiva, la experiencia o los intereses de algunos miembros podrían adecuarse a las actividades asociadas con un paso de solución de problema, mucho mejor que a otros pasos. ¿Debe participar esa persona en el mismo grado en todos los pasos? Probablemente no, si se cuenta con otros medios de mantener la coordinación a través de los pasos. Por ejemplo, haga que sólo un subgrupo de la gente que participa en un paso participe en el siguiente. El obligar que la gente que podría ser básica en las tareas de un paso particular participe en pasos en donde decididamente ocupan una posición secundaria es una práctica que desemboca en pérdida de tiempo.

Algunos ejemplos podían aclarar esta idea. Consideremos la situación en la cual un empleado ha dejado la organización. Podríamos decidir por nuestra cuenta que el puesto vacante es importante, que se ha definido en forma apropiada y que debe ser ocupado. Así, como gerentes, habríamos completado el paso de *explorar el problema.* Podríamos delegar la tarea de *generar alternativas* a un comité de investigaciones de alguna clase, o al departamento de personal. Podríamos, por nuestra cuenta, completar el paso de *escoger entre alternativas,* tal vez consultando a la persona que supervisará al nuevo empleado. Finalmente, podríamos delegar los pasos *ejecutar la solución* y *controlar el programa de solución* a la persona que vaya a supervisar al nuevo empleado. El hacer variar la composición del grupo de decisión de acuerdo con la fase del proceso de solución del problema, puede ser un procedimiento para hacer eficiente el uso de los recursos gerenciales.

Como ejemplo más complejo, supongamos que somos gerentes de ventas de nivel superior de una compañía que se enfrenta al problema de una baja en las ventas en una de sus líneas de productos, y hemos decidido crear grupos para ayudarnos con el problema.

En el primer paso, *exploración del problema,* intentamos identificar, definir y diagnosticar el problema. Aquí debemos dar prioridad, en cuanto a la designación de los miembros del grupo: *a)* a personas que hayan observado los síntomas del problema, como son los vendedores y el gerente de producto, *b)* a personas que hayan analizado antes tales problemas, como el gerente general de ventas, y *c)* a personas cuya capacidad los haga aptos para explorar la naturaleza del problema, como es un analista de mercado.

Si estamos en el punto de *generación de alternativas* para resolver el problema, debemos dar prioridad al nombramiento para formar parte del grupo a personas que *a*) hayan tratado anteriormente con tales problemas, como un gerente general de ventas, y *b*) estén especialmente capacitadas para tratar con tales problemas, como diseñadores de producto y gerentes de publicidad.

Si estamos en la fase de *escoger entre alternativas*, entonces debemos involucrar con prioridad: *a*) a personas que sean expertas en el diseño o análisis de situaciones de elección, como los investigadores de operaciones o los asesores en la ciencia de la decisión, *b*) a personas que se verán afectadas por la elección, como por ejemplo el gerente de producción, o el gerente de personal, si la alternativa es descontinuar la línea de productos, y *c*) a gente que será responsable de realizar la elección, como el ejecutivo de más alto nivel, si la mejor alternativa parece ser descontinuar la línea de productos.

En este caso hipotético vemos que podrían haber asesorado al gerente general de ventas dos grupos en que participan subordinados: uno en la exploración del problema y el otro en la generación de alternativas. En el paso escogido, sin embargo, los asesores del gerente no participaron necesariamente como miembros de un grupo. El principio de que una parte determinada del proceso general podría ser realizada en forma más efectiva con diferentes participantes que actuaran en formas diferentes, se aplica a todo el proceso de solución del problema. En algunas ocasiones —sobre la base de la información que poseemos pero que no tenemos libertad para compartir, o con el fin de producir una respuesta rápida por lo menos a una parte de un problema grande— nosotros mismos podríamos definir el problema por resolver, sin obedecer a las modificaciones o interpretaciones de otros.

Este principio es también la base de uno de los métodos más útiles para reforzar la eficiencia del grupo, el uso del comité de personal o del comité subgrupos para que se encarguen de tareas que no necesariamente debe emprender todo el grupo. Por ejemplo, la redacción de informes intermedios o finales por lo regular puede hacerse en una forma más eficiente por una persona o pocas personas y después lo revisa el grupo entero. De manera similar, discutir cuáles son los hechos a menudo es una actividad que malgasta el tiempo del grupo y que puede ser sustituida por la asignación de uno o más miembros para que obtengan la información necesaria antes de la siguiente reunión.

Debido a que los dos últimos pasos del proceso de solución del problema, la *instrumentación de la elección y controlar el programa de solución*, están más allá del proceso de la toma de decisiones y entran en el de la puesta en marcha de las mismas, no dedicaremos nuestro tiempo a analizar el problema de la composición del grupo en estas fases. Sin embargo, advertimos de nuevo que en general sería útil hacer participar en el paso de toma de decisiones a las personas que posteriormente participarán en el paso de puesta en marcha de las mismas. Combinado con el hecho de que no todas las personas que participan en la instrumentación deben participar en la toma de decisiones, esta idea nos recuerda que si coinciden al mismo tiempo los miembros del grupo involucrados en los distintos pasos, esto resultará útil como mecanismo de coordinación. La duplicación exacta en lo que se refiere a la composición, frecuentemente da lugar en la asignación dispendiosa del tiempo de personal clave.

Las consideraciones anteriores se resumen en la tabla 9.1 como lista de comprobación de las guías para planificar, organizar y dotar de personal a un grupo de decisión.

Al destacar distintas guías no hemos presentado dos cuestiones básicas: 1. cuál debe ser el tamaño del grupo, y 2. cuál debe ser el nivel de heterogeneidad del grupo. Estas cuestiones son importantes, y sus respuestas no pueden resumirse fácilmente como guías que se expresan en una sola oración. Consideremos en primer lugar la cuestión relativa al tamaño del grupo.

Tamaño del grupo

Se han realizado muchos estudios en respuesta a la pregunta: "¿Cuál debe ser el tamaño de un grupo de decisión?", y han surgido dos soluciones principales. Uno de ellos es que los grupos acéfalos de dos, tres o cuatro personas tienden a experimentar dificultades al resolver problemas y proporcionar satisfacción a sus miembros. En los grupos formados por dos o cuatro personas, tienden a desarrollarse las confrontaciones que producen estancamiento cuando existe un número igual de miembros a cada uno de los dos lados del problema. Esto nos lleva a obtener un rendimiento bajo en el cumplimiento de la tarea así como un escaso nivel de satisfacción. En los grupos formados por tres personas, dos miembros tienden a dominar al tercero. Esto a su vez conduce al esperado efecto contrario en lo relativo a satisfacción. El otro hallazgo principal es que los miembros de los grupos de seis o más personas tienden a obtener menos satisfacción que la que obtienen los miembros de los grupos pequeños. Esto se debe al menor nivel promedio de participación que tiene lugar en los grupos más grandes y también a que en los grupos grandes hay unos cuantos miembros que tienden a dominar los procedimientos de trabajo.

Como consecuencia de estos hallazgos, y de algunos estudios que comparan el rendimiento de los grupos de cinco miembros con otros grupos, los científicos de la decisión han concluido que el grupo de decisión más efectivo es el formado por cinco personas.

Tabla 9.1. Guías para planificar, organizar y dotar de personal a los grupos de decisión.

A. Defina la tarea.
1. Defina el problema que se va a tratar.
2. Defina las responsabilidades que se deben cumplir.
3. Defina los requerimientos que se deben satisfacer.

B. Planifique el esfuerzo general.
1. Divida la tarea general en partes.
2. Estime el tiempo y otros recursos necesarios para cada parte y para el total.
3. Determine el tiempo y otros recursos disponibles, y emprenda la acción necesaria para reducir diferencias entre lo que se necesita y aquello de que se dispone.

C. Asigne personas para cada trabajo.
1. Asegúrese de que se cuenta con la información clave.
2. Asegúrese de que los que se verán afectados están dispuestos a participar.
3. No permita que la costumbre dicte cuál será la composición del grupo.
4. Designe a un líder que represente al grupo, que esté dispuesto a ejercer control y sea capaz de hacerlo.
5. Considere la posibilidad de que participen diferentes miembros en partes diferentes de la tarea general.

Por desgracia, la mayor parte de los estudios que conducen a esta conclusión fueron realizados con grupos ad-hoc, en lugar de grupos cuyos miembros estaban familiarizados entre sí y que operaban en sus roles habituales, así como con grupos que o bien no contaban con un líder designado o cuyo líder designado tenía sólo una mínima pretensión a la posición de liderazgo (esto es, no había recompensas con las cuales inducir a los demás miembros a seguir sus direcciones). En consecuencia, debido a que los escenarios de los estudios eran generalmente diferentes a aquellos otros en los cuales operan muchos grupos reales de decisión, debemos tener cuidado al extrapolar los resultados de nuestras propias situaciones de decisión cuando varían de los escenarios en donde se obtuvieron los resultados. Por ejemplo, si designamos a un grupo de cuatro personas, pero les proporcionamos un "líder de equipo" que tenga una pretensión legítima a tal puesto, si lo instruimos para que trabaje en una forma cooperativa, y escogemos a sus miembros de tal manera que cada uno de ellos desempeñe un papel único, la tendencia del grupo de formar pares en una confrontación de dos contra dos será mucho menor de lo que sería en los escenarios experimentales en donde se ha observado este comportamiento de confrontación.

Hay un ejemplo similar que puede provocarnos escepticismo acerca del grado en que debemos alterar el tamaño del grupo. En un grupo de tres personas, pueden trabajar dos miembros al unísono para dominar al tercero. ¿Sería razonable agregar arbitrariamente dos miembros, y utilizar un equipo de cinco personas para hacerse cargo de una tarea que nuestras guías anteriores sugieren que podía ser manejada por un grupo de tres personas? Muy pocos gerentes, conscientes de las horas que consumen las actividades del grupo, responderían afirmativamente a esta pregunta. ¿Dónde dejamos entonces la conclusión de que los grupos de dos y cuatro personas tienen tendencia a estancarse y que los miembros de los grupos de dos, tres y cuatro personas producen niveles elevados de conflictos? Lo único que puede decirse es que debemos tener presentes estas tendencias y hacer lo que podamos por superarlas, tal vez mediante la designación de líderes legitimados, a los que se debe instruir acerca de cómo manejar los conflictos.

Regresemos ahora a la conclusión de que los miembros de grupos más grandes consiguen menos satisfacción y tienen más dificultades para organizarse en el desempeño de su tarea. Podemos presentar una pregunta similar a la anterior: ¿Es razonable designar un grupo de trabajo de sólo cinco miembros cuando honradamente pensamos que los requerimientos de vasta experiencia y amplia representividad de los miembros requieren que el grupo de trabajo sea de nueve personas? Probablemente no, en especial si tomamos en cuenta que los problemas a los que se enfrentan los grupos experimentales no son tan corrientes en la mayor parte de los grupos de la organización. Por ejemplo, en grupos mayores de siete personas, los miembros tienden a no verse unos a otros como personas. Sin embargo, esto pierde mucha importancia en situaciones en donde varios de los miembros son ya conocidos entre sí, en donde el grupo se interrelaciona durante un extenso periodo o en donde cada miembro representa una composición diferente o un campo distinto de experiencia. El descubrimiento de que los grupos mayores tienen dificultades en organizarse para acometer sus tareas tiene menos importancia cuando se designan o se eligen jefes de comité que tienen experiencia.

¿Qué ocurre entonces con los descubrimientos de que los grupos experimentales mayores no suelen tener un rendimiento mucho mejor que el de los grupos menores y proporcionaban menos satisfacción a sus miembros? De nuevo, lo más que puede decirse es que debemos tener presentes estas observaciones y aplicarlas en la medida en que puedan resultar relevantes. Por ejemplo, estas ideas sugieren que los grupos ad-hoc formados por extraños deben mantenerse en un tamaño menor que los grupos formados por amigos y colaboradores, y que un liderazgo fuerte será muy importante para el buen funcionamiento de tales grupos.

Consideremos ahora la cuestión de la heterogeneidad del grupo.

La heterogeneidad del grupo

Los grupos homogéneos son aquéllos cuyos miembros son similares, por ejemplo, en sus actitudes y en sus ocupaciones. Los grupos heterogéneos son aquéllos cuyos miembros difieren en algunos aspectos. Debido a que las tareas asignadas a los grupos de decisión por lo general requieren variedad de perspectivas y de información, se podría esperar que los grupos de decisión heterogéneos fueran más efectivos. La investigación por lo general confirma esta expectativa. Apoya el uso de las guías C.1 y C.2 de la tabla 9.1, con lo cual sugiere que dotamos de personal con la finalidad de asegurar la disponibilidad de valiosos conceptos de información y puntos de vista. Además, la investigación demuestra que los grupos heterogéneos son más susceptibles de aprovechar el *efecto reunión*, es decir, las condiciones en donde el producto del grupo es mayor o mejor del que podría obtenerse con la agregación de los insumos de los miembros individuales. Por ejemplo, es más probable que surjan soluciones creativas de una comparación de puntos de vista conflictivos que de la comparación de puntos de vista similares.

Ocurre una excepción importante al descubrimiento de que los grupos heterogéneos son más efectivos, cuando la diferencia de atributos, tales como estatus, actitud o experiencia, son tan extremas que los miembros del grupo son incapaces de trabajar juntos. Esta excepción produce las conclusiones extraídas por dos eminentes psicólogos sociales, Collins y Guetzkow, quienes piensan que, aunque

... aumentar la heterogeneidad ... dentro de un grupo ... aumentará el potencial de solución de problemas del grupo

también es cierto que

... aumentar la heterogeneidad ... [también] aumentará la dificultad de construir relaciones interpersonales. (Collins and Guetzkow, 1964, pág. 101.)

¿A qué clase de normas operativas conducen estas ideas? Nos estimulan para hacer un uso pleno de las habilidades y las perspectivas múltiples que obtenemos por medio de la formación de un grupo heterogéneo, sujeto a la restricción de que las diferencias en los atributos de los miembros no deben ser tan grandes que interfieran con los intentos del grupo para llevar a cabo su tarea. Al organizar nuestro grupo, podemos ayudar a reducir la posibilidad de que la heterogeneidad interfiera con el funcionamiento del grupo, al designar como miembros a personas que sean expertas en varias áreas, o que tengan una amplia perspectiva general. Estas personas serán capaces de tratar con una variedad de información más amplia así como con perspectivas que pueden ser útiles para facilitar el intercambio de información y la interpretación de puntos de vista.

Si a nuestro grupo auxiliar de decisión se le da una tarea en donde se requiere poca creatividad o juicio (como puede ser la recolección rutinaria de datos fácilmente disponibles), entonces no hay necesidad de heterogeneidad, y debemos designar a un grupo homogéneo, pues tales grupos tienden a trabajar juntos con mayor armonía y a completar las tareas de rutina con mayor rapidez que los grupos heterogéneos.

RESUMEN Y PANORAMA

El presente capítulo proporciona guías, que se resumen en la tabla 9.1, para realizar tres tareas importantes: definir la tarea del grupo, planificar su trabajo del grupo y organizarlo y dotarlo de personal. Las dos primeras tareas generalmente están asociadas con la función administrativa de la planificación. La tercera está asociada con las funciones de organización y reclutamiento de personal. El cumplimiento de estas funciones debe preceder, cuando sea posible, a la activación real del grupo de decisión. Aunque tienen lugar cambios en los planes, en la organización y en el personal, las funciones de dirigir y controlar al grupo vienen a ser predominantes después de la activación.

La dirección y el control de un grupo de decisión son considerados por muchas personas como tareas relativamente difíciles. El siguiente capítulo contiene guías, tácticas y procedimientos paso a paso que hacen más fáciles estas tareas y conducen a un mejor cumplimiento y a una mayor satisfacción.

EJERCICIOS

1. Piense en una situación de decisión en donde usted utilizaría un grupo auxiliar de decisión, y describa la tarea del grupo en términos del problema, las responsabilidades y los requerimientos que se presentan.
2. Recuerde alguna situación de grupo que haya observado, en donde la planificación inadecuada haya conducido a un bajo rendimiento del grupo. ¿Ha ayudado el seguir cuidadosamente los tres pasos de planificación descritos en el capítulo, a evitar estas últimas dificultades? De no ser así, ¿qué acción habría resultado útil?
3. Recuerde una situación de grupo que haya observado en donde la organización o la dotación inadecuada de personal hayan conducido a un menor rendimiento del grupo. ¿Ha ayudado el seguir cuidadosamente las cinco guías descritas en el capítulo, a evitar esta última dificultad? De no ser así, ¿qué acción habría sido de utilidad?

REFERENCIAS BIBLIOGRÁFICAS

Collins, B. E. y Guetzkow, H., *A Social Psychology of Group Processes for Decision Making*, John Wiley and Sons, Inc., Nueva York, 1964.

Cummings, L. L., Huber, G. P. y Arendt, E., "Effects of Size and Spatial Arrangements on Group Decision Making, *Academy of Management Journal* 17, septiembre de 1974, págs. 460-475.

Maier, N. F., *Problem Solving and Creativity in Individuals and Groups*, Brooks/Cole Publishing Company, Belmont, Calif., 1970.

Shaw, M. E., *Group Dynamics,* Mc Graw-Hill, Inc., Nueva York, 1971.

10 La toma de decisiones grupal y el manejo del comité. Dirección y control de las reuniones individuales

Este capítulo trata de la administración de las reuniones individuales de los grupos de decisión. En él describimos guías y tácticas que han demostrado ser útiles en el control y la dirección de tales reuniones. Cuando se aplican, ponen en condiciones al gerente de ser un líder de grupo o un jefe de comité más efectivo.

Hay dos razones por las cuales es importante que los gerentes estén adiestrados para dirigir y controlar las reuniones del grupo. Una de ellas es que tanto el rendimiento como la satisfacción de un grupo de decisión están determinados en gran medida por la calidad de su dirección. Si el líder del grupo o el jefe del comité maneja deficientemente la situación, el grupo tenderá a ser inefectivo al realizar sus tareas, y los miembros a mostrarse frustrados, además no se sentirán comprometidos y estarán renuentes para aceptar tareas similares en el futuro. Si el líder actúa bien, el rendimiento del grupo y la satisfacción de los miembros serán favorables.

La segunda razón por la cual es importante que los gerentes estén adiestrados en el manejo de las reuniones, es que la posición del líder del grupo o del jefe del comité es sumamente notoria. Como consecuencia, se observan fácilmente tanto los puntos fuertes como los débiles y con frecuencia se discuten tanto dentro como fuera del grupo. Esta revisión pública afecta a la imagen general del gerente así como a su imagen específica como líder del grupo, por lo tanto afecta al alcance de las tareas futuras. Estas dos razones juntas indican la necesidad de que los gerentes busquen guías prácticas, y también tácticas para dirigir y controlar las reuniones de los grupos de decisión. La finalidad del presente capítulo es proporcionar estas guías y tácticas.

El capítulo se divide en dos secciones principales. La primera analiza los factores que interfieren con la efectividad de los grupos de decisión. La segunda describe guías y tácticas que son útiles para dirigir y controlar las reuniones del grupo individual. A continuación haremos una revisión de los factores que reducen la efectividad de los grupos de decisión.

FUERZAS SOCIALES Y PSICOLÓGICAS QUE INTERFIEREN CON LA EFECTIVIDAD DE LOS GRUPOS DE DECISIÓN

En el capítulo 3 analizamos diversos factores que interfieren con la toma efectiva de decisiones del gerente individual. En el capítulo 8 observamos que el uso de los grupos de decisión puede ayudar a superar o a eludir algunos de esos factores. Sin embargo, los mismos grupos de decisión tienen tendencias contraproductivas que interfieren con su efectividad.

Tal vez debamos definir lo que queremos decir con toma efectiva de decisiones por el grupo. Significa la toma de decisiones que: 1. llena los requerimientos de la situación de decisión (calidad aceptable de la decisión, uso aceptable del tiempo de los miembros del grupo, etc.), 2. da como resultado que los miembros individuales por lo general se muestren más satisfechos que insatisfechos, y 3. no dificulta la capacidad del grupo para continuar sus funciones. Con esta definición presente podemos afirmar con mayor sentido que lo que encontraremos será un concepto útil: que la "efectividad real de un grupo de decisión es igual a la efectividad potencial que se deduce de los insumos combinados de los miembros menos las pérdidas de efectividad consecuentes a los procesos del grupo más las ganancias en efectividad que se obtienen de los procesos del grupo". Dicho más brevemente,

$$Efectividad\ real = Efectividad\ potencial - Pérdidas\ del\ proceso$$
$$+ Ganancias\ del\ proceso.$$

Las *pérdidas del proceso* incluyen, por ejemplo, la pérdida en la calidad de decisión resultante de que algún miembro no tenga la oportunidad de contribuir con su conocimiento. Las *ganancias del proceso* incluyen la ganancia en la calidad de la decisión resultante de que uno de los miembros exprese una idea nueva y útil como resultado de escuchar la discusión de los demás miembros.

Como vimos en el capítulo 9, en muchos sentidos la *efectividad potencial* del grupo se determina por lo bien que se realicen las funciones de planificar, organizar y dotar de personal. Por el contrario, como veremos pronto, las *pérdidas del proceso* y las *ganancias del proceso* se determinan principalmente por lo bien que se realicen las funciones de dirigir y controlar. La cuestión que surge naturalmente es ¿Cuáles son las causas de las *pérdidas del proceso*?" o, si hacemos uso de una terminología utilizada anteriormente, "¿Cuáles son las fuerzas sociales o psicológicas y las tendencias contraproductivas que interfieren con la efectividad de los grupos de decisión?"

A continuación presentamos una lista resumida extraída de la bibliografía relativa a la investigación administrativa y de la ciencia de la decisión.

1. Los miembros del grupo que tienen personalidad dominante o fuertes intereses en la situación de decisión, tienden a participar en la discusión del grupo en mayor grado de lo que requiere su contribución para alcanzar la meta del grupo. Esto a su vez conduce a decisiones de inferior calidad, al suprimir las contribuciones de otros miembros y con ello restringir la disponibilidad de información. También lleva a una menor satisfacción entre los otros miembros del grupo cuya participación se limita. De manera similar, la tendencia a persistir con terquedades y con ello fatigar a la oposición hace que algunos individuos afecten a la decisión más de lo que justifica su información o sus conocimientos del tema.

2. Los miembros que tienen un estatus bajo tienden a condescender con las opiniones expresadas por los miembros que tienen un estatus alto, con lo cual se priva al grupo de la contribución potencial que justificaba la inclusión de estos miembros.

3. Las presiones del grupo para alcanzar la conformidad pueden suprimir hechos y opiniones que no están de acuerdo con la dirección que se ha dado al grupo, o no están de acuerdo con los valores que sostienen otros miembros del grupo. Como se mencionó anteriormente, este comportamiento conduce a decisiones de baja calidad ya que restringe la disponibilidad de información.

4. A medida que transcurra el tiempo los grupos pierden de vista su tarea inmediata; adquieren rutinas y persiguen periféricamente problemas, conversaciones y líneas de pensamiento. Esto no sólo vuelve más lento el proceso (con el consecuente efecto negativo sobre la oportunidad de la decisión y la satisfacción de los miembros), sino que también hace que alguna información que sería útil para completar la tarea sea descartada y, finalmente, olvidada.

5. Con el fin de reducir la tensión creada por la presencia de su tarea general, los grupos de decisión que participan en la solución del problema a menudo prestan atención insuficiente a los pasos de análisis del problema y de generación de alternativas. Se mueven con demasiada rapidez al paso de la elección y con ello aumentan la probabilidad de escoger una solución inapropiada o de baja calidad. Por ejemplo, hay grupos que tienden a conside-

rar sólo soluciones fácilmente alcanzables y presionan para terminar obstruyendo, eludiendo o regateando la disensión o el desacuerdo.

6. Los miembros del grupo tienden a utilizar parte de su tiempo en establecer relaciones interpersonales con otros miembros del grupo. Aunque esta tendencia hacia la socialización y la búsqueda de estatus parece inevitable, absorbe un tiempo que en otras condiciones podría dedicarse a cumplir la tarea del grupo.

7. Las contribuciones reales de los miembros individuales del grupo resultan adversamente afectadas por sus limitaciones cognoscitivas y, además, por las malas comunicaciones que se producen cuando intentan compartir su información y sus razonamientos con otros miembros del grupo. Estas dificultades interfieren directamente con la generación y la consideración interactiva de información de grupo; como a menudo hacen que otros miembros del grupo dediquen algún tiempo para ayudar al individuo que tiene dificultad, indirectamente también interfieren.

Volviendo al análisis del capítulo 8, recordamos que para capitalizar plenamente las ventajas que se obtendrán del uso de grupos de decisión, debemos aumentar al máximo la generación y el análisis interactivo de la información que poseen o adquieran los miembros del grupo. Así, como gerentes, debemos dirigir al grupo con el fin de que presente y revise colectivamente tanta información y conocimientos relevantes como pueda. Esto está sujeto, desde luego, a las restricciones de tiempo y disponibilidad de los miembros del grupo.

Como indica nuestro estudio de los siete factores anteriormente mencionados, existen poderosas fuerzas sociales y psicológicas que obran en contra de compartir y revisar totalmente la información en los grupos. El predominio y el impacto negativo de estas fuerzas han llevado a los científicos de la decisión y a quienes practican la ciencia de la administración a desarrollar guías y tácticas que ayudan a minimizar el surgimiento y el impacto de estas fuerzas. En consecuencia, conducen a la generación y comportamiento más completos de la información necesaria para tomar mejores decisiones.

Ahora vamos a analizar estos recursos. Comenzamos con una guía que se concentra en la situación especial de la primera reunión.

Guía 1. Ayude a los miembros del grupo a conocerse

La investigación psicológica y nuestras observaciones cotidianas nos muestran que la gente tiene una poderosa necesidad de "ver claro", tanto en lo que se refiere a sus relaciones nuevas, como a sus relaciones antiguas y compañeros con los cuales no han hablado durante algún tiempo. Esta urgencia y las cuestiones que provoca sirven en parte para minimizar las ocasiones de que los participantes se relacionen entre sí en formas inapropiadas. Por ejemplo, la gente a menudo hace preguntas como "¿de dónde es usted? ¿a qué organización pertenece? ¿qué ha hecho usted últimamente?" tales preguntas ayudan al que interroga a hablar después de una forma positiva de tales situaciones, organizaciones o actividades. Si la meta es causar una impresión favorable, esto le ayudará a no decir un disparate con respecto a estas cuestiones. Asimismo, la aportación voluntaria de información personal se considera como un recurso para evitar el que otros, sin quererlo, nos relacionen con ellos en una forma inapropiada. El escuchar cuidadosamente las conversaciones de los profesionales que están al día demostrará que muchas de estas comunicaciones iniciales son intentos de determinar estatus o esferas de influencia. También aquí se trata de intentos de asegurar un comportamiento adecuado.

El conocer estas tendencias hará que el gerente de un grupo recién formado, o de un grupo formado anteriormente cuyos miembros no se han visto durante algún tiempo, esté en condiciones de decidir en una forma más inteligente si se debe proporcionar la oportunidad de que los miembros del grupo lleguen a familiarizarse entre sí. La tabla 10.1 contienen una amplia diversidad de "recetas" que ofrecen algunos procedimientos posibles para simplificar esta familiarización. El hecho de que muchas de ellas sean comunes determina la frecuencia con que los gerentes admiten esta urgencia universal de la gente por conocerse entre sí antes de dedicarse a resolver el problema que se tiene entre manos.

Aunque debemos lamentar la pérdida de tiempo resultante, también hay que aceptar el hecho de que si no se proporciona esta oportunidad,

Tabla 10.1. Tácticas para ayudar a los miembros del grupo a conocerse.

a) Antes de la primera reunión, envíe a cada uno de los miembros un resumen biográfico de los demás miembros, también puede añadir una descripción de la tarea del grupo, del programa de reuniones, etc.

b) Antes de la primera reunión, proporcione una oportunidad para que los miembros se relacionen entre sí, como por ejemplo, un rato para tomar café, o para un cóctel.

c) En la primera reunión, presente a cada miembro o intente que éstos se presenten a sí mismos. (Por lo general las presentaciones hechas por el presidente del comité son mucho más informativas, pues los miembros pueden ser demasiado modestos para contar muchas cosas acerca de sí mismos.)

d) En el transcurso de las reuniones prolongadas, proporcione periodos de descanso durante los cuales los miembros puedan dedicarse a comentar lo que han tenido que dejar de lado mientras estaban concentrados en la tarea de grupo.

probablemente nos encontraremos con las siguientes consecuencias:
1. los miembros del grupo pueden relacionarse entre sí en forma incorrecta; por ejemplo, pueden manifestar inadvertidamente expresiones ofensivas, o utilizar una terminología que sea confusa para otros miembros, y con ello interferir sin querer con el progreso del grupo; 2. con el fin de evitar el relacionarse incorrectamente, los miembros individuales pueden negarse a compartir toda su información o todo su pensamiento, aun cuando pueda ser pertinente; y 3. los miembros pueden dedicarse a tener conversaciones secundarias durante la reunión, con el fin de establecer su relación. Debido a que estas consecuencias negativas podrían causar que el grupo fuera ineficiente o no tuviera éxito en la realización de su tarea, el gerente debe hacer un esfuerzo por asegurarse de que los miembros se conozcan rápidamente.

Pasemos ahora a una guía aplicable a cualquier reunión.

Guía 2. Ayude al grupo a seguir el plan

Como indicamos en el capítulo 9, la efectividad de la toma de decisiones está determinada, en parte, por lo bien que se planee el proceso de toma de decisiones. Pero cualquier plan, aunque sea bueno, es relativamente inútil a menos que se lleve a cabo. Incluso cuando es necesario cambiar el plan, se hace sobre el supuesto de que el nuevo plan será instrumentado. En las páginas que siguen describimos cuatro tácticas que pueden utilizarse para tener la seguridad de que el grupo lleve a cabo el plan, es decir que se concentre en el cumplimiento de su tarea al trabajar a través de las tareas individuales en la secuencia del programa establecido por el líder o por los miembros.

Como veremos, estas tácticas requieren una aplicación sistemática simple del sentido común. La importancia de formalizarlas en estas páginas proviene del hecho de que la aplicación no sistemática, o el hecho de que inadvertidamente no se haya aplicado ésta, hace que el líder del grupo pierda importantes oportunidades de aumentar al máximo el rendimiento del grupo. La primera táctica es la siguiente:

a. Al principio de cada reunión, revise el progreso realizado hasta la fecha y establezca la tarea de la reunión individual. Un ejemplo del uso de esta táctica sería el decir: "Como ustedes recuerdan, al final de la última reunión habíamos generado una lista de ocho formas para reducir los costos en el departamento, y establecimos una estrategia para evaluarlas. Nuestro programa para la reunión de hoy requiere una decisión acerca de cómo obtener la información que necesitamos para realizar las evaluaciones". Un comienzo más elaborado, pero más útil con grupos que se reúnen de una manera más formal y menos frecuente, podría incluir el presentar sintetizados los conceptos en una agenda distribuida en la reunión.

El uso de esta táctica cumple varias metas. Primero, al revisar el progreso realizado hasta la fecha, destacamos los pasados triunfos del grupo. Esto ayuda a levantar la moral y el espíritu de grupo y aumenta la motivación para continuar progresando. Segundo, al revisar el progreso realizado identificamos en dónde está ubicado el grupo con respecto al plan. Esto combinado con la identificación de la tarea de la reunión actual, ayuda a asegurar que todos los miembros tengan una comprensión común de lo que es necesario hacer. La realización de estas metas ayuda a alcanzar la meta general de minimizar la confusión y los malos entendidos, y así facilita el progreso posterior.

Una referencia ocasional a la tarea particular de la reunión puede ayudar a mantener al grupo debidamente concentrado, y la referencia ocasional al progreso realizado en la reunión, como: "Bien, hemos evaluado con éxito las primeras cuatro alternativas, ahora pasemos a la número cinco" puede ayudar a mantener el interés y la motivación.

La segunda táctica se refiere a la recepción de informes de los miembros del grupo que tenían tareas previamente asignadas. El que estos informes se deban requerir justo antes o justo después de la revisión del progreso y del establecimiento de las tareas mencionadas antes depende de la naturaleza del informe y de la preferencia del gerente. La segunda táctica es la siguiente:

b. Obtenga un informe de cada uno de los miembros que tenía una tarea previamente asignada al comenzar cada reunión, o lo antes posible. Por ejemplo, podríamos decir: "antes de avanzar más, escuchemos lo que Jorge encontró acerca de los planes de la empresa para mejorar su equipo de ordenadores". El uso de esta táctica cumple tres metas. Una es que ayuda a establecer una atmósfera de responsabilidad. Si los miembros del grupo se enteran por observación o por experiencia de que se les hará responsables de terminar sus tareas, se mostrarán más inclinados a terminarlas en el futuro.

La segunda meta que se consigue es hacer un reconocimiento público al miembro del grupo que informa. En aquellas ocasiones en que el desarrollo de la reunión hace que el líder del grupo olvide obtener un informe, la falta de reconocimiento resultante invariablemente conduce a enfriar el entusiasmo por parte del miembro. Hasta cierto punto, el aplazamiento de un informe para reuniones subsecuentes produce el mismo efecto. De manera similar, el miembro del grupo cuyo informe se mantiene en suspenso por lo general no participa en una forma tan efectiva durante el periodo interpuesto. En algunos casos, el miembro se interesa por saber si recibirá crédito por la tarea terminada y cuándo. En otros existe preocupación acerca de la redacción precisa de la presentación.

Existen, desde luego, algunas situaciones en donde los informes pueden ser prematuros y requerirán una posterior repetición para ser más útiles. Cuando esto ocurre, por lo regular es mejor que se comente de manera sencilla pero explícita la existencia del siguiente informe y el tiempo en que se le pedirá presentarlo.

La tercera meta, que se logra por medio de esta solicitud inicial de los informes, es la reducción de la tensión que existe en ocasiones cuando algunos miembros del grupo tienen información sobre algún problema importante, en tanto que otros no lo tienen. En lugar de ser una consideración primordial, la realización de esta meta es más un subproducto favorable del uso de la táctica para alcanzar las dos metas descritas antes. Las últimas dos tácticas que ayudan a asegurar que el grupo lleve a cabo el plan se aplican al final de la reunión.

c. Al final de cada reunión, resuma lo que se ha realizado, en dónde queda el grupo en relación con el programa, y cuál será la tarea del grupo en la siguiente reunión. Las metas logradas mediante el uso de esta táctica son similares a las que se consiguen mediante el uso de la primera táctica. Al resumir lo que se realizó, destacamos el éxito y el progreso del grupo. Esto resulta especialmente útil en aquellos casos en donde no se había registrado un progreso considerable, susceptible de medición, en donde todo lo que se podía señalar era que se "intercambiaron opiniones" o "se examinaron alternativas". Resulta extremadamente importante destacar que algo se ha realizado, que la información se ha compartido, y que las comunicaciones no se repetirán.

Al indicar en dónde se encuentra el grupo en relación con su programa, y cuál será la tarea de la siguiente reunión, minimizamos la incertidumbre y maximizamos la probabilidad de que los miembros piensen en las tareas que vendrán después. La cuarta táctica es la siguiente:

d. Al final de cada reunión haga público y deje claro qué miembros tienen tareas para realizar en la siguiente reunión y cuáles son dichas tareas. Si las tareas son sencillas y el dirigente espera que se realicen, puede redefinirlas así, más o menos: "Pedro, según entiendo, usted va a obtener la información acerca del costo de arrendar las terminales de la computadora". Sin embargo, por lo regular es una buena idea buscar alguna especie de respuesta o de reconocimiento, por ejemplo, mediante la continuación de la anterior afirmación resumida con: "¿Es correcto eso?", o bien "¿Necesita usted alguna ayuda de cualquiera de nosotros para hacer eso?" Si la tarea es compleja o el dirigente pretende asegurarse de que se ha establecido el compromiso de continuarla, podría hacer que los miembros con tareas la presentaran. Por ejemplo: "Ahora veamos lo que cada uno de ustedes va hacer entre esta reunión y la siguiente. Carmen, ¿de qué se ocupará usted?"

El uso de esta táctica cumple varias finalidades. Una de ellas es que ayuda a reducir los malos entendidos acerca de las tareas. Otra es que, como el grupo escucha qué se va a hacer, el uso de la táctica tiende a crear una sensación de responsabilidad ante el grupo y ante su líder. Esto tiende a aumentar la motivación. Una tercera finalidad es que sirve para destacar y reconocer las contribuciones que harán los miembros individuales. Esto también tiende a aumentar la motivación. El efecto general de utilizar esta táctica es asegurarse de que estarán disponibles los resultados y la información necesarios en algún momento posterior, generalmente en la siguiente reunión. Pocas cosas son tan perjudiciales como una reunión en donde no se ha hecho ningún progreso debido a que alguien dejó de traer una pieza clave de información.

Estas cuatro tácticas son mecanismos efectivos para instrumentar la segunda guía. Ahora pasemos a la tercera guía. Se apoya básicamente en las ideas tratadas en los capítulo 3 a 7.

Guía 3. Uso de medios visuales de información

El uso de medios visuales de información puede ayudar a los miembros del grupo a superar sus limitaciones cognoscitivas y sus dificultades de comunicación. En el capítulo 3 señalamos que "cada encargado de tomar decisiones puede ponderar y considerar mentalmente sólo una cantidad limitada de información a la vez" (Downs, 1966, pág. 75). Este problema se complica en las reuniones de grupo, debido a que la interacción que tiene lugar es una distracción que realmente aumenta la dificultad de procesar información individual. ¿Qué podemos hacer para contrarrestar el problema?

Una respuesta a la pregunta se deduce de los capítulos 4 a 7, en donde vimos que podrían utilizarse los modelos y las estrategias explícitas de procesamiento de la información para superar las limitaciones cognoscitivas. En los escenarios de grupo debemos llevar esta estrategia un paso más adelante y hacer uso extensivo de pizarrones, rotafolios, folletos y otros medios para presentar auxiliares cognoscitivos y de comunicación como listados (por ejemplo, de restricciones), presentaciones visuales de información (por ejemplo, modelos de utilidad o árboles de decisión) y guías de proceso (por ejemplo, puntos de la agenda o procedimientos de computación paso a paso).

Si el grupo genera alternativas, debemos anotarlas en un gran rotafolios. Esto estimula el pensamiento de los demás, minimiza la indeseable redundancia y aminora la tendencia de los miembros a preocuparse por que otros olviden su idea o contribución particular. Si el grupo piensa en contingencias, debemos utilizar un pizarrón para ponerlas en forma de árbol de decisión. De esta manera no hay ambigüedad o desacuerdo no reconocido acerca de lo que implica la contigencia o en dónde encaja en el análisis general.

Además de ayudar a cada miembro a superar sus limitaciones cognoscitivas, la experiencia muestra que estos despliegues informativos públicos son extremadamente útiles para facilitar la comunicación y el entendimiento entre los miembros del grupo.[1] Estos significa, en efecto, que los modelos y las técnicas de los capítulos 4 a 7 a menudo son más útiles para los grupos que para los individuos. Una última ventaja para el gerente, del uso de mecanismos visuales de información, es que el control físico de ésta —recurso básico para el grupo— resulta útil en el control del grupo.

La utilidad de exhibir la información destaca la necesidad de generar la información, por la cual hay que comenzar. Esta tarea se facilita con la cuarta guía:

Guía 4. Ayude al grupo a alcanzar una participación equitativa, manejando la discusión

La participación equitativa es el nivel de participación que está de acuerdo con la información, los conocimientos de la persona u otra contribución a los esfuerzos del grupo. La participación no equitativa es la participación en un grado que resulta mayor o menor de lo que corresponde a la aportación de la persona. En las reuniones de la mayor parte de los grupos de decisión, las tasas de participación no manejada, o "naturales", son no equitativas, pues algunas personas participan más de lo que justifica su contribución mientras que otras participan menos. Algunas de las causas de ello están contenidas en nuestra anterior enumeración de las fuerzas que interfieren con la efectividad del grupo. Sea cual fuere la causa, es común observar que algunas personas, ya sea por hábito, por intereses especiales o por verbosidad innata, participan en reuniones en un grado que no está de acuerdo con su contribución real a la tarea y al progreso del grupo.

Una participación que sea exactamente igual o absolutamente uniforme también es por lo general no equitativa. Es poco probable que sobre cualquier cuestión dada todos los miembros del grupo tengan igual información, o igual habilidad para dirigir la discusión, o cualquier otra contribución que se requiera en ese momento.

En cualquier caso, ya sea que la variación en la participación entre los miembros sea demasiado grande o demasiado pequeña, la efectividad

---

[1] Ya que viene al caso, recordamos del capítulo 7 la expresión de un ejecutivo que describía una reunión de la junta de planificación de su empresa "... sólo cuando pusimos un árbol de decisión en el pizarrón la gente comenzó a darse cuenta de que habíamos estado hablando de problemas diferentes". (Hayes, 1969, pág. 109).

del grupo se verá afectada. Esto ocurrirá por dos razones. Una es que el tiempo utilizado por el miembro que tuvo niveles de participación elevados de una manera no equitativa no estará a la disposición de quienes podrían haberlo utilizado para hacer contribuciones más valiosas. La segunda es que algunos miembros, que presumiblemente están presentes debido a que tienen el suficiente potencial para hacer una contribución, se sienten inhibidos y no contribuyen aun cuando haya tiempo para ello. La investigación demuestra que la satisfacción también se verá afectada pues los que consideran que su participación se vio limitada reaccionarán en sentido adverso con relación al proceso general. Esto es especialmente perjudicial cuando nos damos cuenta que uno de los beneficios potenciales del uso de grupos de decisión es el mayor entusiasmo y el mayor grado de aceptación inherentes al acto de participar. La cuestión clave es, desde luego, la táctica que puede utilizar un gerente para dirigir al grupo hacia la participación más equitativa. Las dos tácticas que presentamos a continuación han demostrado ser especialmente útiles.

a. Establezca la "equidad" como norma. Esto se realiza mediante el uso de comentarios guía. Por ejemplo, después de un comentario innecesariamente largo o repetitivo hecho por uno de los miembros del grupo, podríamos decir "Muy bien, Juan, creo que hemos comprendido su punto de vista. Ahora me parece justo que le demos a otra persona la oportunidad de ser escuchada en lo que tenga que decir sobre esta cuestión". Los comentarios guía también pueden utilizarse para asegurar una distribución equitativa entre puntos de vista, por ejemplo, con decir: "muy bien, acabamos de oír un argumento en favor de la proposición. Ahora me parece justo que escuchemos un argumento en contra de ella."

En cada uno de los casos anteriores indicábamos solamente al orador que era justo que *no* participara durante un rato. Podemos ser más agresivos, sin dejar de ser diplomáticos, y decir, por ejemplo, "Rita, hemos escuchado su argumentación en favor de la proposición. Quizá debamos dejar que otra persona contribuya con los restantes argumentos en favor de ella." Así, en cada uno de estos casos no sólo cerramos la puerta, sino que con la segunda afirmación la abrimos a otro orador y así no acabamos la discusión. Esto puede expresarse explícitamente como, "No quiero decir que debamos acortar la discusión, sólo pienso que es importante que compartamos las oportunidades de hablar".

Los comentarios guía pueden utilizarse para aumentar la participación de determinados miembros, como cuando decimos: "Señor Smith no lo hemos oído dar su opinión sobre esta proposición. ¿Qué ideas tiene usted al respecto?" Sin embargo, el forzar a la gente a hablar puede ser causa de que ellos se aíslen todavía más. En general, la mejor estrategia es proporcionar aperturas en la discusión como se indicó antes y hacer llamadas generales para ampliar la participación. Se podría decir: "Espero que antes de que cerremos esta discusión lleguemos a oír alguno de ustedes que todavía no haya intervenido".

Los anteriores párrafos se centraron en el uso de comentarios guía para establecer como comportamiento estándar el mantenimiento de la justicia con respecto a las oportunidades para participar en la discusión de grupo. Existe una segunda táctica para ayudar al grupo a alcanzar una participación equitativa.

b. Uso de la técnica de interacción múltiple.[2] Ésta es una técnica muy útil para alcanzar una participación equitativa cuando la tarea inmediata del grupo es identificar y compartir conceptos claves. Hay algunos ejemplos de tales conceptos que incluyen posibles restricciones sobre la elección, posibles candidatos para un puesto vacante, cuestiones que los miembros consideran que se deben discutir, o bien puntos para la agenda de la reunión. El procedimiento consiste en ir alrededor de la mesa o de otra disposición de los asientos y preguntar, por turno, por un concepto a uno de los miembros. A medida que se presenta cada concepto, el líder del grupo lo escribe en el pizarrón o en el rotafolio y después procede a preguntar por el concepto al siguiente miembro del grupo. Las opiniones y el proceso de apuntar continúa alrededor de la mesa hasta que llega de nuevo a la primera persona que participó. Entonces comienza una segunda vuelta.

Cuando los miembros del grupo que al llegar su turno no tienen nada que aportar, simplemente dicen "paso". Cuando les toca de nuevo el turno, en el siguiente ciclo o vuelta, pueden haber pensado en otra idea y se les permite reingresar en el proceso, o en caso contrario pueden pasar de nuevo. El ciclo continúa hasta que todas las ideas están anotadas (esto es, hasta que todos pasan en la misma vuelta).

En general, algunos miembros tendran menos ideas y por lo tanto contribuirán en un número menor de vueltas. Al mismo tiempo, la estructura del proceso ha proporcionado la oportunidad de mantener una participación equitativa.

La técnica de la interacción múltiple es un excelente recurso para permitir a todos los miembros del grupo una oportunidad igual de participar, sin obligar a nadie a participar por igual. Así, resulta ser una ayuda importante para alcanzar una participación equitativa. Además, resulta sumamente útil para separar la generación de ideas de la evaluación de estas ideas. En la aplicación de la técnica, el líder por lo regular pide que la idea se presente de manera simple y que no se argumente en favor o se extiendan en ella hasta que todas las ideas hayan sido manifestadas por todos los miembros. Finalmente, la insistencia en que sólo se presente un concepto durante el turno de cada uno de los miembros resulta útil para evitar el aburrimiento y la frustración que se esta-

[2] *Round-robin (N. del R.)*

blece entre los miembros de un grupo cuando un miembro insiste en enumerar todas sus ideas sobre alguna cuestión.

La guía quinta y última trata el problema del consenso —la condición que existe cuando se hace una elección que no es inaceptable para ningun miembro del grupo. La investigación demuestra que los grupos de decisión trabajan intensamente para alcanzar el consenso, y que a menudo (y por lo general sin intención) sacrificarán la calidad de la decisión en un esfuerzo por obtener el acuerdo necesario.

Por ejemplo, uno de los miembros puede aferrarse obstinadamente a una determinada alternativa que otros consideran como de escasa calidad. Entonces es probable que ese miembro llegue a "fatigar" a los otros para inclinarlos hacia lo que en realidad nadie cree que sea la mejor de las alternativas disponibles. Así se pierde calidad, pero el consenso, tal como se considera en forma típica, se alcanza. Otro ejemplo: Con el fin de asegurarse de que todo mundo está satisfecho, los miembros del grupo pueden entrar en compromisos o en negociaciones que faciliten el consenso pero que produzcan una alternativa de calidad inferior. La posibilidad de que ocurra este comportamiento que logra el consenso, pero que sacrifica la calidad, a menudo provoca que los gerentes hagan uso de su autoridad para tomar una decisión final.

Como deseamos evitar sacrificar la calidad de una decisión cuando ello es posible, resulta beneficioso considerar procedimientos que eviten o minimicen esta negociación de la calidad en aras del consenso. Consideraremos tres. Los dos primeros son familiares y los trataremos brevemente. Uno de ellos intenta que el gerente retenga su autoridad de tomar la decisión final. Desde luego, este enfoque no se aplica a los grupos autónomos que deben tomar sus propias decisiones, ni a los grupos auxiliares de decisión cuya tarea consiste en estimar recurso o en presentar recomendaciones.

El segundo método para evitar la pérdida en la calidad de la decisión asociada con la búsqueda del consenso, es votar acerca de los problemas sobre los cuales los miembros están en desacuerdo. Sus principales desventajas son la clara identificación de los "perdedores", la menor satisfacción, y un compromiso establecido en mejor grado que conlleva este método para resolver diferencias. Como consecuencia, el uso de la votación como mecanismo para hacer elecciones supone una violación de las aspiraciones y las costumbres de muchos grupos.

Estos dos métodos cubren sólo un número limitado de casos encontrados en la práctica gerencial real. Se pueden encontrar otros muchos en donde los grupos deben tomar decisiones, pero, sin embargo, desean evitar el uso de la votación. Este hecho propicia la pregunta "¿Existe algún método para buscar el consenso que reduzca la probabilidad de una pérdida en la calidad de la decisión, y a la vez proporcione resultados aceptables para todos los miembros?"

La respuesta a esta pregunta es afirmativa. Específicamente, este tercer método sirve para aplicar la siguiente:

Guía 5. Concéntrese en el acuerdo acerca de la razonabilidad del razonamiento más que en el acuerdo sobre la elección misma

Existen tres tácticas para aplicar esta guía. La primera se utiliza en un punto inicial en el paso de elección, y es la siguiente:

a. Al inicio del paso de la elección, haga que el grupo esté de acuerdo acerca de cómo hará finalmente su elección. Esta táctica se aplica más fácilmente cuando el problema está muy estructurado, como ocurrió con los problemas que analizamos en los capítulo 4 a 7. Como veremos, también resulta apropiada cuando el problema está menos estructurado, y es sumamente efectiva cuando se aplica mucho antes de que el grupo llegue al punto de elección.

Un ejemplo de un problema moderadamente estructurado en donde esta táctica podría ser útil sería la eliminación o selección de personal clave. En lugar de pasar directamente a una discusión interactuante de los candidatos, el gerente debe hacer que el grupo discuta primero los componentes de la situación de decisión como criterios, restricciones y reglas de decisión. Tal vez el gerente deba incluso desarrollar un modelo de utilidad multiatributo valiéndose del procedimiento paso a paso que se describió en el capítulo 5. En muchos casos se llegará a una decisión de calidad superior si el grupo se pone de acuerdo primero acerca de los elementos de un modelo de decisión y sobre una regla de decisión, en lugar de intentar directamente categorizar las alternativas.

Aun cuando el problema esté menos estructurado o tal vez sea más político, a menudo son útiles las formas abreviadas, o determinados componentes de los modelos y reglas de decisión. Por ejemplo, como parte de una tarea de asesoría, se le pidió una vez al autor consejo por medio del presidente de un comité de jefes de departamento que había recibido instrucciones de diseñar una nueva estructura organizacional. Cada vez que se presentaba un diseño alternativo, era vigorosamente atacado por los jefes de los departamentos que consideraban que era contrario a sus intereses. Después de dieciséis horas de reuniones, aproximadamente, el grupo no había avanzado más allá de donde había comenzado.

En la siguiente reunión de dos horas, el autor hizo que el grupo concentrara su atención en desarrollar y categorizar los criterios y las restricciones que utilizaría para evaluar los diseños organizacionales que se les ofrecerían en el futuro. El contenido de las discusiones en esta reunión fue sumamente analítico, como ocurre a menudo en tareas de esta naturaleza. Guardaba un agudo contraste con las discusiones caldeadas y de índole política de las reuniones anteriores. Valiéndose del modelo muy rudimentario de utilidad multiatributo, el comité pudo, en las sesiones subsiguientes, proceder con rapidez a llegar a un acuerdo sobre un diseño organizacional.

Un beneficio importante de lograr que el grupo decida cómo llevan a cabo su elección en un momento inicial de sus deliberaciones es que la discusión tiende a identificar la información que debe buscarse antes de que pueda hacerse la elección final. La segunda táctica para minimizar la inclinación a sacrificar la calidad por el consenso es la siguiente:

b. Haga que el grupo esté de acuerdo en que es satisfactoria la situación donde todos los miembros comprenden el razonamiento que conduce a la elección del grupo. La lectura atenta de esta táctica muestra que es similar a la primera táctica, aunque más general. Ambas requieren revisar el razonamiento que conduce a una elección. La primera táctica requiere el acuerdo público sobre el modelo y la regla de decisión. Esta segunda táctica requiere comprender el razonamiento (aunque no necesariamente exista acuerdo) que sostiene la elección aparente de la mayoría.

La aspiración de muchos grupos de decisión es convencer a cada miembro de que la elección del grupo es la mejor de las alternativas. Esto constituye una elevada aspiración pero, como notamos anteriormente, no mejora la calidad de la decisión. De hecho, tiende a reducirla.

Por otra parte, la táctica que acabamos de presentar refleja una aspiración de orden inferior. El líder del grupo podría presentar la idea con las siguientes palabras: "Estoy seguro de que todos esperamos estar plenamente de acuerdo con cualesquiera elección del comité en cuanto al sitio donde debe ubicarse esta nueva instalación. Por otra parte, estoy seguro de que también reconocemos la dificultad de escoger entre la lista de sitios tan variada que tenemos en frente de nosotros. En vista de esto, deseo sugerir que trabajemos duramente para asegurarnos de que todo mundo entiende el razonamiento que nos conduzca a cualquier sitio que escojamos. Puede ser demasiado pedir un acuerdo del 100% acerca de los lugares, pero creo que debemos intentar llegar al acuerdo de que una persona razonable pudiera escoger lo que le sea más favorable."

El examen de esta táctica muestra que, aunque refleja una aspiración menor respecto al consenso, conducirá a decisiones de calidad más alta. Esta observación surge del hecho de que su uso pone en duda, y trae plenamente a nuestra vista, el razonamiento que conduzca a la elección. Este proceso de especificación y crítica a menudo eliminará errores en el razonamiento que, en algunos casos, ayudaron a conducir al grupo a favorecer una alternativa de calidad inferior.

c. Obtenga una indicación explícita de que el razonamiento prevaleciente es entendido por cada miembro del grupo. Dependiendo de la situación, el líder podría buscar un acuerdo verbal definitivo o bien satisfacerse con inclinaciones de cabeza. También podría preguntar: "¿existe alguien que se cuestione acerca de la vulnerabilidad del razonamiento que parece habernos conducido a esta elección?" El uso de esta táctica tiende a aumentar la sensación del control compartido. También saca a la superficie un desacuerdo que pueda servir para identificar un razonamiento débil y asimismo causa una sensación de compromiso entre los miembros del grupo.

Las consideraciones anteriores se resumen en la tabla 10.2 como una lista de verificación de guías y tácticas para dirigir y controlar las reuniones individuales.

Tabla 10.2. Guías y tácticas para manejar las reuniones de los grupos de decisión.

1. Ayude a los miembros a conocerse entre ellos.
2. Ayude al grupo a seguir el plan.

   a) Al comienzo de cada reunión, revise el trabajo realizado hasta la fecha y establezca la tarea de la reunión individual.

   b) Al comienzo de cada reunión, o lo más pronto posible, obtenga un informe de cada uno de los miembros que tenía una tarea previamente asignada.

   c) Al final de cada reunión, resuma los logros obtenidos, en qué lugar está situado el grupo respecto a su programa, y cuál será la tarea del grupo en la siguiente reunión.

   d) Al final de cada reunión, haga público en forma clara qué tareas se deben terminar en la siguiente reunión y cuáles son los miembros encargados de realizarlas.

3. Use medios visuales de información.
4. Ayude al grupo a alcanzar una participación equitativa en el manejo de la discusión.

   a) Establezca la "equidad" como norma.

   b) Utilice la técnica de la interacción múltiple.

5. Concéntrese en el acuerdo acerca de la racionalidad del razonamiento, más que en el acuerdo acerca de la elección misma.

   a) Al iniciar el paso de hacer una elección, consiga el acuerdo del grupo acerca de cómo se hará su elección.

   b) Logre que el grupo esté satisfecho con la situación donde todos los miembros entiendan el razonamiento que conduce a la elección del grupo.

   c) Obtenga una indicación explícita de que el razonamiento prevaleciente ha sido comprendido por cada miembro del grupo.

RESUMEN Y PANORAMA

En la primera sección del capítulo revisamos los factores sociales y psicológicos o fuerzas que interfieren con la efectividad de los grupos de decisión. En la segunda parte examinamos cinco guías y diversas tácticas que los líderes de grupo pueden utilizar para ayudar a superar o a eludir algunos de estos factores.

Lo fundamental del capítulo consistió en el uso de guías para manejar las reuniones cara a cara de los grupos interactuantes, que son familiares a todos nosotros. El próximo capítulo se centrará en el uso de técnicas especiales que, cuando la tarea del grupo es proporcionar información, en ocasiones son todavía más efectivas para superar las tendencias contraproductivas que reducen la efectividad de un grupo.

EJERCICIOS

1. La tabla 10.1 contiene cuatro tácticas para ayudar a los miembros del grupo a conocerse. Escriba usted algunas otras que podrían ser útiles.
2. Revise las tácticas que pueden utilizarse para ayudar al grupo a seguir fielmente sus planes. Anote dos consecuencias adversas de no poner en práctica dicha táctica.
3. Recuerde una situación de grupo que haya observado, en donde la participación no equitativa redujera el desempeño, o la satisfacción de los miembros del grupo. ¿Habrían sido útiles las dos tácticas descritas en el capítulo para alcanzar una participación más equitativa? De no ser así, ¿qué tácticas habrían sido útiles?

REFERENCIAS BIBLIOGRÁFICAS

Delbecq, A. L., Van de Ven, A. H. y Gustafson, D. H., *Group Techniques for Program Planning,* Scott, Foresman and Company, Glenview, Ill., 1975.

Downs, A., *Inside Bureaucracy,* Little, Brown and Company, Boston, 1966.

Hackman, J. R. y Morris, C. G., "Group Tasks, Group Interaction Process, and Group Perfomance Effectiviness: A Review and Proposed Integration", *Advances in Experimental Social Psychology,* vol. 8, Academic Press, Nueva York, 1975, págs. 45-99.

Hall, J. y Watson, H. W., "The Effects of a Normative Intervention on Group Decisión Making Performance", *Human Relations* 23, 1970, págs. 229-317.

Hayes, R. H., "Qualitative Insights From Quantitative Methods", *Harvard Business Review* 47, julio y agosto de 1969, págs. 108-117.

Steiner, I. D., *Group Process and Productivity,* Academic Press, Inc., Nueva York, 1972.

11 Técnicas especiales de grupo. Procedimientos y ejemplos

El presente capítulo describe tres técnicas que resultan útiles para los gerentes que intentan utilizar grupos con el fin de generar información. Las técnicas se concentran en superar o eludir las fuerzas sociales y psicológicas que a menudo afectan en sentido adverso el rendimiento potencial de los grupos que interactúan cara a cara.

Cada una de estas técnicas (la tormenta de ideas, la técnica del grupo nominal y la técnica delphi) ha sido estudiada y sometida a prueba, y la han encontrado útil tanto los gerentes como los científicos de la decisión. En el capítulo se describen varios estudios importantes, aplicaciones y procedimientos, paso a paso. Comenzaremos por discutir la técnica de la tormenta de ideas y después analizaremos la técnica del grupo nominal y la técnica delphi.

LA TORMENTA DE IDEAS. TÉCNICA PARA UTILIZAR GRUPOS EN LA IDENTIFICACIÓN DE ALTERNATIVAS

En las situaciones triviales o rutinarias a menudo conviene aceptar la descripción del problema tal como se presenta y, además, adoptar con rapidez alguna alternativa que se identifique fácilmente, en lugar de gastar tiempo y energía en explorar el problema e identificar una alternativa más creativa. Una situación que sirve como ejemplo es aquélla donde necesitamos respuesta a una pregunta y, casi sin pensar "escogemos" preguntar a una persona que ha contestado en el pasado preguntas similares.

Existen, sin embargo, otras situaciones en donde no se piensan rápidamente las alternativas, tal vez porque el problema es inusitado. Por último, hay otras situaciones en donde las alternativas que se identifican fácilmente carecen de calidad. Tal vez parecen inferiores a aquellas otras que creemos que podrían identificarse al poner nuestras mentes o las mentes de un grupo, a considerar la cuestión. Veamos, por ejemplo, un problema que se discutió ampliamente a fines de la década de los 50 y principios de los 60.

> *Problema de educación.* Debido a que la tasa de nacimientos aumentaba rápidamente a partir de la década de los 40, está claro que en 1970 la inscripción en las escuelas públicas será mucho mayor de lo que es ahora. De hecho, se ha estimado que si pudiera conservarse la relación actual entre alumno y maestro, el 50% de todas las personas que se gradúan de una escuela media superior tendrían que ser inducidos para dedicarse a la enseñanza. ¿Qué pasos podrían darse para asegurar que las escuelas continuarán proporcionando instrucción por lo menos con igual efectividad a la que ahora se imparte?

Claramente, éste es un problema en donde el pensamiento creativo estaba justificado y era necesario. Como otro ejemplo, consideremos el siguiente caso:

> *Problema de turismo.* Cada año muchos turistas estadounidenses visitan Europa. Supongamos que se deseara lograr que un número mayor de turistas europeos visitaran Estados Unidos durante sus vacaciones. ¿Qué pasos puede usted sugerir que lograrían este objetivo?

En los dos problemas, se necesitan ideas nuevas. En particular, los problemas similares al segundo (por ejemplo, problemas de mercado o de captación de fondos) con frecuencia justifican un esfuerzo consciente y formal por identificar métodos creativos a sus soluciones. La cuestión que manejaremos en la presente sección es "¿Cómo puede un gerente utilizar a sus subordinados o colegas para ayudarle a identificar soluciones creativas a un problema particular?"

Una de las técnicas que se han desarrollado en respuesta a esa pregunta se denomina tormenta de ideas. Esta técnica supone el uso de un grupo cuyos miembros han recibido la definición del problema y a los que se ha pedido que identifiquen métodos alternativos para resolverlo. El procedimiento para manejar la interacción del grupo comprende la aplicación de cuatro reglas básicas:

1. *La crítica está proscrita.* El juicio o la evaluación de las ideas debe ser retirado hasta que se complete el proceso de generación de

éstas. La crítica incluye juicios adversos de las propias ideas así como el juicio adverso de las ideas de otros participantes.

2. *La asociación libre es positiva.* Cuanto más extraña o radical sea la idea, tanto mejor. (Es más fácil pulir una idea que reconstituirla.)
3. *Se requiere cantidad.* Cuanto más grande sea el número de ideas, mayor será la probabilidad de una idea superior.
4. *Se buscan la combinación y el mejoramiento.* Además de aportar ideas propias, las participantes deben sugerir cómo pueden convertirse en mejores ideas las ideas de otras personas o cómo pueden unirse dos o más ideas en otra nueva.

Los propósitos de la tormenta de ideas son llevar a la gente a pensar con mayor intensidad y a liberarse de la inhibición, la autocrítica y las críticas de los demás. En esta forma, producirán tantas ideas diferentes como sea posible en respuesta a un problema específico. El supuesto es que cuanto mayor sea el número de ideas producidas, más grande será la probabilidad de alcanzar una solución efectiva.

La tormenta de ideas en grupo ganó considerable popularidad como técnica gerencial durante la década de los 50. La utilizaban grandes compañías, unidades del ejército, de la marina y de la fuerza aérea, así como diversos organismos federales, estatales y agencias locales. Su uso dio como resultado la identificación de más ideas de las que podía identificar un gerente solo. También fue una experiencia atractiva y estimulante para los participantes.

Desde fines de la década de los 50 hasta principios de la de los 70, en una serie de estudios realizados por científicos de la decisión, se encontraron que otra técnica, llamada tormenta de ideas *individual*, era todavía más efectiva que la tormenta de ideas grupal para identificar soluciones creativas a los problemas. Las finalidades son las mismas en ambas técnicas. El método difiere en que el procedimiento utilizado para liberar a los participantes de la influencia inhibidora de la posible crítica de otras personas es hacer que trabajen en forma independiente, a menudo separando físicamente a un miembro del grupo, de los demás. Las reglas básicas para la tormenta de ideas individual son las siguientes:

1. *Se prohíbe la autocrítica.* El juicio adverso de las ideas debe diferirse.
2. *La asociación libre es positiva.* Cuanto más extraña es la idea, tanto mejor. (Es más fácil pulir una idea que reconstituirla.)
3. *Se busca cantidad.* Cuanto mayor es el número de ideas, mayor será la probabilidad de una idea mejor.

Con el fin de mostrar la efectividad de la tormenta de ideas individual, repasemos rápidamente los resultados de algunos estudios de campo.

Después pasaremos a hacer una descripción y evaluación detalladas de esta poderosa técnica.

La primera comparación rigurosa de la tormenta de ideas individual y grupal se hizo en la Yale University.[1] Dos de los problemas a los cuales se buscaban soluciones creativas fueron el de la educación y el del turismo, descritos previamente. En los participantes que trabajaban solos, el número promedio de soluciones diferentes al problema de la educación fue dieciocho. En el caso de los grupos interactuantes, formado cada uno por cuatro personas, el número promedio de soluciones diferentes fue de treinta y tres. Las cifras correspondientes al problema del turismo fueron veintiuna y treinta y ocho respectivamente. Está claro que la tormenta de ideas grupal dio por resultado un mayor número de ideas de lo que el individuo promedio era capaz de generar.

Esto no constituía un hallazgo sorpredente. Lo sorprendente fue que cuando las soluciones de los cuarenta y ocho participantes que habían trabajado individualmente fueron reunidas en doce grupos sintéticos de cuatro personas cada uno, el número promedio de ideas diferentes que no se traslapaban, correspondiente a los grupos sintéticos, fue de sesenta y cuatro para el problema de la educación y sesenta y nueve para el problema turístico. Estos resultados indicaron que cuando la gente puso en práctica esta técnica individualmente, se generaron más ideas que cuando lo hicieron en un grupo interactuante.

Algunos de estos resultados se han repetido en diversos escenarios industriales. La tabla 11.1 muestra los resultados de un estudio en donde los participantes eran empleados de la Minnesota Mining and Manufacturing Company (Compañía minera y manufacturera de Minnesota) (3M). Cuarenta y ocho de los participantes eran personal de investigación y cuarenta y ocho eran empleados del departamento central de publicidad. Las entradas de la tabla son el número total de ideas o soluciones para ambos problemas juntos, el de educación y el de turismo.

Tabla 11.1. Número total medio de ideas diferentes bajo las condiciones de tormenta de ideas individual y de grupo.*

	Grupos interactuantes de cuatro miembros	Grupos sintéticos de cuatro individuos
Personal de investigación.	49.3	62.2
Personal de publicidad.	37.3	58.5

* **Dunnette, M. D.** et al., "The Effect of Group Participation on Brain-Storming Effectiveness for Two Industrial Samples," de Journal of Applied Psychology, vol. 47, 1, págs. 30-37.

[1] Taylor D. W., Berry P. C. y Block C. H., "Does Group Participation When Using Brainstormig Facilitate or Inhibit Creative Thinking?" Administrative Science Quarterly 3, junio de 1958, págs. 23-47.

Corresponden a grupos sintéticos de cuatro individuos no interactuantes y a grupos de cuatro personas interactuantes. Como puede verse, los grupos sintéticos fueron más efectivos en términos de la cantidad de ideas o soluciones.

La tormenta de ideas individual, procedimiento y discusión

El procedimiento paso a paso para utilizar la técnica de la tormenta de ideas individual o de grupo sintético es el siguiente:

Paso 1. Describa el problema, y después describa la tarea, que consiste en identificar tantas soluciones del problema como sea posible. La experiencia muestra que se obtienen buenos resultados cuando el problema se plantea en forma de pregunta (por ejemplo, " ¿Cómo podemos hacer que la gente se interese?") y cuando se presenta por escrito.

Paso 2. Describa como puede lograrse la independencia. Se puede lograr ya sea mediante la separación física de los participantes o mediante instrucciones firmes de que no debe haber discusión mientras los participantes ponen por escrito su lista de ideas o de soluciones.

Paso 3. Presente las tres reglas básicas de la tormenta de ideas individual (descritas antes) y haga saber a los participantes que tendrán diez minutos para poner por escrito sus soluciones. La experiencia demuestra que con diez o doce minutos hay tiempo suficiente para generar las ideas que los individuos conciben, sin que este periodo sea tan largo que los participantes lleguen a exasperarse.

Paso 4. Haga que los participantes pongan por escrito sus ideas según las instrucciones que constan en el paso 3. Como puede verse, la fuerza tanto de la tormenta de ideas de grupo como de la individual se orienta hacia la cantidad de ideas; pero, ¿qué ocurre con la calidad? ¿No es la calidad promedio inferior en el caso de la técnica que genera la mayor cantidad? Con el objeto de contestar esta pregunta, los investigadores evaluaron las ideas o soluciones en una escala de 0 a 4, en donde 0 significa "ninguna contribución concebible a la solución del problema", y 4 significaba "evidentemente una gran contribución a la solución del problema". La evaluación se hizo sin que los investigadores supieran qué técnica había producido cada idea o cada solución. Las puntuaciones de la calidad en promedio pueden verse en la tabla 11.2. En todo caso, la calidad de las ideas y de las soluciones generadas por este personal de investigación y de publicidad fue mayor cuando trabajaron como individuos que cuando funcionaron en grupo.

El hecho de que estos dos estudios utilizaran los mismos problemas y grupos del mismo tamaño no debe llevarnos a pensar que los resulta-

Tabla 11.2. Puntuaciones medias de calidad total bajo las condiciones de tormenta de ideas individual y de grupo.*

	Grupos interactuantes de cuatro miembros	Grupos sintéticos de cuatro individuos
Personal de investigación.	94	128
Personal de publicidad	65	116

* **M. D. Dunnette** *el al.*, "The Effect of Group Participation on Brain-Storming Effectiveness for Two Industrial Samples," from *Journal of Applied Psychology*, vol. 47, 1, págs. 30-37.

dos no se generalizan. Otros estudios que utilizan diferentes problemas y grupos hasta de nueve miembros han obtenido los mismos resultados.

Los componentes claves de la técnica de la tormenta de ideas individual incluyen las siguientes instrucciones:

1. Las ideas deben ser tan creativas y originales como sea posible.
2. Los participantes no deben criticar las ideas que surgen.
3. Deben generar una lista tan larga como sea posible.

El componente adicional de la tormenta de ideas grupal es la instrucción de que los participantes deben intentar desarrollar ideas propias como resultado de escuchar las ideas de otros miembros del grupo. El que este *relevo* sea significativo o no, es algo que desconocemos. Lo que sí se sabe es que cuando ocurre, resulta más que compensado por la influencia inhibidora de los demás participantes en el grupo. Incluso cuando los participantes saben que sus ideas no serán criticadas públicamente, en forma inconsciente o consciente suprimen algunas de las ideas que identificarían si estuvieran trabajando solos.

Como puede verse, la tormenta de ideas es una técnica importante para generar soluciones creativas a los problemas. Existen dos condiciones en donde parece ser específicamente apropiada. Una es donde hay necesidad de ideas o de soluciones creativas, en contraste con las ideas o las soluciones que podrían estar fácilmente a la disposición de cualquier persona que esté familiarizada con el problema. La segunda es donde las descripciones de las alternativas buscadas no son tan complejas que no puedan ser puestas brevemente por escrito (esto es, la tarea no consiste en diseñar una solución al problema).

La tormenta de ideas se concentra sólo en una parte del proceso de toma de decisiones, el paso de generación de alternativas. Facilita bastante bien la realización de este paso, pues el número de alternativas generadas es sorprendentemente grande. ¿Cómo podemos utilizar un grupo para clasificar las alternativas en las pocas que merecen consideración ulterior y las que, debido a la falta de recursos o alguna otra razón, no están en esa situación? En otras palabras, ¿cómo podemos utilizar a un grupo para generar ideas y hacer una evaluación inicial de ellas? Un método para ello es utilizar la *técnica del grupo nominal*.

LA TÉCNICA DEL GRUPO NOMINAL PARA UTILIZAR GRUPOS EN LA GENERACIÓN Y EVALUACIÓN DE INFORMACIÓN

En muchas situaciones, los gerentes saben que deben obtener las ideas de diversos individuos y deben intentar obtener cierto acuerdo público sobre el valor de estas ideas. Un ejemplo de ello es la situación en donde un gerente busca forma de aumentar las ventas y quiere tener seguridad de obtener las ideas de los representantes de ventas sobre cómo puede realizarse esto de la mejor manera. Otro ejemplo es la situación en donde el presidente de la junta escolar quiere obtener ideas sobre programas o iniciativas nuevos que las escuelas locales deben emprender. Está claro que tales situaciones requieren que se obtengan, e incluso se consideren públicamente a veces, las ideas de aquellos que resultarán afectados.

Éstas no son situaciones fáciles de manejar. ¿Cómo podría hacerse esto bien? ¿Cómo debe obtener un gerente la opinión o el conocimiento de gente que podría tener metas diferentes, distintas creencias acerca de la mejor forma de alcanzar sus metas comunes, o bien, informaciónes diferentes acerca de la situación de decisión?

Uno de los procedimientos de manejo del grupo que se ha desarrollado en respuesta a estas preguntas es la *técnica del grupo nominal*. Está diseñada explícitamente para obtener y revisar información sensible en un escenario de grupo. Puede ser que los gerentes descritos obtengan las ideas o la información de su personal de ventas o de los demás gerentes por medio de entrevistas personales o valiéndose de un cuestionario; pero hay casos en que los gerentes quieren obtener la información en un escenario público de grupo (tal vez con el fin de protegerse a sí mismos de acusaciones de favoritismo o de asegurarse de que todos entienden la situación). Para estas situaciones se ha desarrollado la técnica del grupo nominal.[2]

Aquí debemos advertir que la información deseada puede ser de varios tipos. Recordemos que en la tormenta de ideas individual, la información que se busca es la identidad de situaciones alternativas a un problema. Por ejemplo, la técnica del grupo nominal se utiliza frecuentemente para identificar preocupaciones que los miembros del grupo

---

[2] Véase **Delbecq A. L., Van de Ven, A. H. y Gustafson, D. H.,** *Group Techniques for Program Planning*, Scott, Foresman an Company, Glenview, Ill., 1975.

tienen acerca de la solución que podría adoptarse para un problema. En otras palabras, se utiliza para identificar los criterios y las restricciones de que se valdrían los miembros para evaluar una solución. Como otro ejemplo, la técnica también se utiliza para identificar los problemas que los miembros ven en su situación actual. En otras palabras, se utiliza en la fase de exploración del problema, dentro de la actividad general de toma de decisión.

La técnica del grupo nominal, procedimiento y discusión

La ténica del grupo nominal fue desarrollada a fines de la década de los 60 por Andre Delbecq y Andrew Van de Ven a partir de estudios psicosociales sobre la decisión, estudios de la ciencia de la administración sobre la agregación de juicios de grupos y estudios de trabajo social, sobre los problemas que rodean la participación de los ciudadanos en la planificación de programas. Desde entonces, la técnica ha ganado un extenso reconocimiento y ha sido ampliamente aplicada en organizaciones de salud, de servicio social, de educación, industria y dependencias gubernamentales.

La técnica comprende una reunión de un grupo estructurado que procede según el siguiente formato. Imaginemos una sala de reuniones en la cual están sentados de siete a diez individuos alrededor de una mesa, uno frente al otro. Al comenzar la reunión no hablan entre sí. En cambio, cada uno de los individuos escribe ideas en su cuaderno de trabajo. Al final de cinco o diez minutos tiene lugar un compartimiento estructurado de ideas. Cada persona a manera de interacción múltiple presenta una idea de su lista privada. Un registrador o líder escribe esa idea en el rotafolios a la vista de todos los demás. Todavía no hay discusión en este punto de la reunión sino sólo el registro. Continúa la presentación tipo interacción múltiple de las ideas hasta que todos los miembros indican que ya no tienen ideas que presentar.

La producción de esta fase nominal de la reunión es una lista de ideas, como alternativas o criterios. Esta fase incluye aspectos de la tormenta de ideas individual que ya analizamos, y de la técnica de interacción múltiple discutida en el capítulo 10. Durante la siguiente fase de interacción de la reunión tiene lugar una discusión de índole muy estructurada. El método consiste en solicitar secuencialmente preguntas o comentarios sobre cada una de las ideas apuntadas en el rotafolios. Cuando este proceso ha terminado, tiene lugar la evaluación independiente de las ideas expresadas. Cada uno de los miembros del grupo, indica individualmente sus preferencias al clasificar por orden de importancia la subserie de alternativas que prefiere. La producción inicial del grupo es el resultado matemáticamente agrupado de estas dos fases.

Pasemos ahora de este panorama resumido de las primeras dos fases, a examinar el procedimiento paso a paso para utilizar la técnica en su totalidad.

Paso 1. Haga que los participantes generen sus ideas o su información en un escenario de grupo nominal [3]

Este paso es muy similar a la tormenta de ideas individual. Existen solamente dos diferencias. Una es que siempre hacemos que los participantes trabajen en presencia de los demás. La otra es que evitamos que critiquen las ideas de los demás al darles instrucciones terminantes de no comunicarse entre sí, en lugar de utilizar la separación física. Por ejemplo, podríamos decir, "durante estos diez minutos de reflexión independiente, les pido que no hablen con los demás miembros, que no interrumpan su pensamiento y que no miren sus hojas de trabajo". Nuestra finalidad al hacer deliberadamente que los participantes trabajen en presencia de los demás es crear algún grado de tensión orientada hacia la tarea. Al poner a cada uno de los participantes en un ambiente social en donde el objetivo de crear una lista extensa es tan específico, y al verse claramente impulsados por los demás, los miembros individuales estarán fuertemente motivados para buscar el mismo objetivo.

La segunda diferencia es que, contrariamente al procedimiento de la tormenta de ideas individual, no aseguramos a los participantes que sus ideas no serán mostradas a los demás participantes. El siguiente paso en la aplicación de la técnica que supone el intercabio estructurado de ideas y de información es de hecho precisamente lo contrario. Supone compartir las ideas de todos los participantes. El razonamiento que sustenta este procedimiento lo proporciona la investigación, que nos dice que cuando los miembros del grupo conocen anticipadamente que se van a presentar sus ideas o su información a los demás miembros del grupo, se verán motivados para trabajar más intensamente en la tarea (esto es, desarrollarán mejores ideas). Por otra parte, también sabemos que se sentirán más inhibidos debido a la posible crítica de sus ideas. En el paso 2 se describe un procedimiento para tratar con estos argumentos conflictivos.

La experiencia enseña que cuando el gerente utiliza la técnica del grupo nominal para llegar a los problemas sensibles, políticos o personales en la fase de exploración del problema, obtiene más efectividad si este paso se realiza dos veces. La primera vez, se expresan los problemas técnicos u operacionales (esto es, los problemas impersonales). La

---

[3] Un grupo nominal es aquel que no interactúa verbalmente y, en este sentido, es un grupo "sólo de nombre".

segunda vez surgen los problemas políticos (esto es, los problemas emocionales). Si no se utiliza este proceso en dos pasos, los aspectos sensibles e incómodos tienden a no salir a la superficie.

Paso 2. Haga que los participantes compartan sus ideas utilizando un procedimiento de registro de interacción múltiple

En este paso, la información que los miembros han escrito se registra en un rotafolios o en el pizarrón, de modo que sea visible para todo el grupo. El registro tipo interacción múltiple significa ir pasando de uno de los miembros a otro para que, por turno, vayan presentando una de sus ideas cada vez. El líder escribe la idea de un miembro del grupo en el rotafolios y después procede a preguntar por otra idea al siguiente miembro del grupo. Los beneficios de registrar con el método de interacción múltiple son:

1. Igual participación en la presentación de ideas.
2. Aumento de la disposición hacia el problema.
3. Despersonalización: separación de ideas de las personalidades específicas.
4. Incremento en la habilidad de tratar con un número mayor de ideas.
5. Tolerancia en las ideas conflictivas.
6. Fomento de la actividad de acarreo.[4]
7. Proporcionar un registro y una guía por escrito.

El hecho de que figure una lista por escrito reviste importancia particular. Una idea escrita es más objetiva y menos personal que una expresión verbal. Si la idea figura por escrito, las personas están en mejores condiciones de separarla de la personalidad o de la posición del individuo que la aporta. Asimismo, sabemos por nuestros anteriores análisis de las limitaciones cognoscitivas, que los miembros del grupo estarán en condiciones de tratar con un número mayor de ideas si estas ideas se ponen por escrito y se presentan visualmente.

Delbecq, Van de Ven y Gustafson (1975) ofrecen los siguientes datos respecto a un registro efectivo:

1. Registre las ideas lo más rápidamente posible.

---

[4] La expresión "acarreo", tal como aquí se utiliza se refiere al hecho de que las ideas anotadas en el rotafolios por un miembro, pueden estimular a otro miembro para que conciba una idea que no se presentó en la hoja de trabajo durante el periodo silencioso. En este caso, el miembro está en libertad de agregar la idea nueva a la hoja de trabajo y presentarla para ser apuntada en el rotafolios cuando llegue su turno.

2. Registre las ideas con las palabras utilizadas por el miembro del grupo.[5]
3. Proporcione ayuda para abreviar sólo en situaciones especiales.
4. Haga visible la lista completa al grupo arrancando las hojas terminadas del rotafolios y fijándolas a la pared.

Existe preocupación de que los participantes se inhiban al generar ideas si saben que estas ideas sea harán públicas a los demás miembros del grupo. Si el gerente considera que esta inhibición puede ser crítica, debe pasar las hojas escritas en forma anónima. El gerente escribe una idea procedente de la primera lista después otra de la segunda lista y así sucesivamente, aplicando la interacción múltiple. Al hacer uso de esta técnica para trabajar en las listas escritas, mantiene el interés del participante en una forma más efectiva de lo que sería anotar todas las ideas de la lista de una persona antes de pasar a la de la siguiente.

Paso 3. Haga que los participantes discutan cada idea registrada, en una secuencia predeterminada

Esta discusión ofrece a los que originaron las ideas, y a otros miembros del grupo, la oportunidad de aclarar su sentido y su intención. Los miembros pueden compartir sus opiniones respecto a la importancia, viabilidad y méritos de la idea. En otras palabras, la discusión proporciona el compartimiento de la información.

En las primeras aplicaciones de la técnica del grupo nominal, este paso se realizaba en una forma altamente controlada; sólo se permitían explicaciones (y no evaluaciones). La investigación reciente y la experiencia con aplicaciones indican que una discusión más abierta conduce a una mayor satisfacción del miembro, y al facilitar el intercambio de información, también consigue una mejor calidad en la decisión. El requerimiento continuado de utilizar algunas secuencia predeterminada para ordenar la discusión ayuda a obtener la seguridad de que esta discusión no se ha distorsionado por referencias a ideas que todavía no se han discutido. También asegura que todas las ideas serán discutidas. Ocasionalmente, con el fin de tener dicha seguridad, el líder del grupo puede limitar el tiempo de discusión dedicado a cualquiera de las ideas.

---

[5] Las ventajas de utilizar las palabras que empleó el miembro del grupo al presentar la idea son: 1. una mayor sensación de igualdad o importancia de ser miembro, 2. una identificación mayor con la tarea, y 3. se evita la sensación de que el líder-registrador manipula al grupo. El sustituir las palabras del miembro del grupo con las nuestras es de mal gusto y tiende a causar resentimiento.

Paso 4. Consiga que todos los participantes hagan una votación por rangos para indicar sus puntos de vista respecto a la importancia de las ideas. Después determine el resultado del grupo al sumar los votos clasificados

El método típico para ejecutar este paso es que el dirigente pida a cada uno de los participantes lo siguiente: 1. que seleccione las cinco ideas que considere más importantes, 2. que las ordene en una secuencia por importancia, y 3. que asigne una puntuación de cinco puntos a la idea que ocupa el primer lugar, cuatro al segundo y así sucesivamente.[6] La *preferencia del grupo* se determina al sumar las puntuaciones de cada idea. Así, la idea preferida es normalmente aquella que recibió varios votos de cinco o de cuatro puntos.

Si el líder del grupo considera que algunos miembros no votarán de acuerdo con sus verdaderos sentimientos si los votos individuales se hacen públicos, la votación puede hacerse por medio de una papeleta secreta. Sin embargo, en muchos casos conviene que el dirigente del grupo señale las ideas registradas de una en una y a los que asignaron cinco puntos a la idea que levanten la mano. Entonces escribe junto a la idea el número de cincos que se indican. El proceso se repite en todas las categorizaciones. Este ciclo de obtención del voto se repite para cada una de las ideas enlistadas.

El uso de votación por rangos permite a todos los participantes influir en la evaluación relativa de varias ideas. Resulta más satisfactorio que permitir que cada participante tenga sólo un voto para asignar precisamente sólo a una idea.

Paso 5. Discuta los resultados de la votación y decida si es necesario otro ciclo adicional de votación por rangos

Una vez que la votación y la tabulación han terminado, la reunión del grupo nominal procede a menudo a discutir los resultados de la votación. Esto ayuda a alcanzar una sensación de clausura y de realización.

Si la reunión incluye este paso, a menudo conviene recalcar el análisis de aquellas ideas que fueron categorizadas en forma totalmente distinta por diferentes miembros del grupo. Por ejemplo, debemos estimular al grupo para que hable acerca de las ideas que recibieron puntuaciones individuales de cinco, así como de uno (o de cero, si algunos miembros ni siquiera incluyeron la idea en su lista de las mejores cinco

---

[6] El uso de rangos en lugar de las puntuaciones asegura que las evaluaciones de cada miembro tienen el mismo promedio y variación acerca de este promedio, lo cual, a su vez, reduce la posibilidad de que un miembro pueda manipular el resultado del grupo al dar una puntuación muy elevada a una alternativa, en tanto que a las demás les da una puntuación muy baja e igual a todas.

ideas). Si esta discusión indica que a algunos miembros les gustaría cambiar su votación, resulta apropiado repetir al paso 4 (esto es, hacer la votación por categorías de nuevo).

Como puede verse, la técnica del grupo nominal puede utilizarse en cada fase del proceso de toma de decisiones, en la *exploración del problema*, en la *generación de alternativas* así como *en la elección*. Por tanto, puede utilizarse en lugar de la reunión del grupo interactuante típico, con la cual todos estamos familiarizados. Su ventaja es que ayuda al líder del grupo a superar o eludir varios de los factores sociales y psicológicos que disminuyen la efectividad del grupo de decisión. Sus desventajas son que, incluso cuando su fase nominal es efectiva para sacar a luz información, el elevado nivel de control durante la fase de discusión puede inhibir la evaluación plena de esta información. La técnica ha sido específicamente efectiva al tratar con grupos en donde probablemente aparecerían grandes diferencias de estatus o de opinión que condujeran a escasa generación o compartimiento de información u opiniones. También resulta útil cuando el gerente desea hacer una evaluación preliminar y pública de las ideas o alternativas en que pretende apoyarse en forma más completa posteriormente.

Las técnicas de tormenta de ideas y del grupo nominal son útiles para obtener información en un escenario de grupo. Nos permiten capitalizar el hecho de que los grupos tienen más información que los individuos. En ocasiones, sin embargo, no es posible reunir a la gente de la cual deseamos obtener información. La siguiente parte de esta sección describe una técnica que ha demostrado ser útil para los gerentes que se enfrentan a esta situación.

LA TÉCNICA DELPHI; UN MÉTODO PARA OBTENER LAS OPINIONES DE UN EQUIPO NUMEROSO DE EXPERTOS

En muchas situaciones de planificación, los datos históricos no son muy buenos indicadores de los acontecimientos futuros. Por ejemplo, la demanda de aparatos domésticos en 1990 resultará tan afectada por las escasez de recursos y por los progresos de la tecnología, que las proyecciones estadísticas de las tendencias históricas no tendrán sentido. Cuando el ambiente futuro de una organización o su rendimiento no pueden pronosticarse adecuadamente a partir de los acontecimientos históricos, los gerentes de la organización tenderán a confiar en los juicios de los expertos.

Una técnica bien conocida para obtener sistemáticamente los juicios de un gran número de expertos es la técnica delphi. Esta técnica fue desarrollada originalmente por la RAND Corporation (Corporación Rand) y ahora se usa con frecuencia para hacer pronósticos de los acontecimientos futuros como parte del proceso general de planificación de la organización. En las páginas que siguen describiremos la técnica delphi tal como se instrumenta por lo regular y analizaremos con cierto detalle dos aplicaciones, después describiremos algunas variaciones de la técnica y la revisaremos en donde supone un procedimiento especialmente efectivo para reunir información de personas expertas.

La técnica delphi puede considerarse como una forma avanzada de una encuesta de opiniones o de un procedimiento de comunicación. Tal como fue originalmente concebida y como se utiliza por lo general, la técnica tiene tres características: 1. anonimato, 2. oportunidad de revisar opiniones, y 3. retroalimentación de resúmenes.[7] El anonimato se mantiene al evitar una comunicación cara a cara y utilizar en cambio cuestionarios por correo, o bien utilizando algún otro procedimiento formal (como el de comunicaciones de computadora en línea). La oportunidad de revisar opiniones se logra al dirigir la encuesta general en una serie de "vueltas", donde en cada vuelta se permite a los participantes expresar opiniones revisadas. La retroalimentación estadística se obtiene al proporcionar a los participantes un resumen de las respuestas de la vuelta anterior antes de solicitar sus opiniones revisadas.

Estas tres características le permiten a la técnica aprovechar la información procedente de un equipo numeroso de expertos y además evitar algunos de los problemas que se producen en las reuniones en donde los miembros del grupo trabajan cara a cara. Hemos analizado algunos de estos problemas en el capítulo 8, pero debemos advertir aquí que la técnica minimiza los problemas asociados con los siguientes tipos de miembros del panel:

1. El experto que, consciente de la posición que ocupa, considera necesario defender públicamente la opinión que ha presentado.
2. El ejecutivo de alta categoría con el cual los subordinados se muestran poco dispuestos a diferir.
3. El vendedor con mucha labia, que puede convencer a cualquiera de su punto de vista.

A continuación vamos a analizar las dos aplicaciones publicadas de la técnica delphi.

La primera trataba acerca del pronóstico de los adelantos que tendrían lugar en la medicina.[8] Este estudio se realizó para ayudar en la planificación de una gran compañía farmacéutica. Los miembros del

---

[7] Una aplicación que incorporó las tres características consta en **Basu, S. y Schroeder, R. G.**, "Incorporating Judgements in Scales Forecasts: Aplication of Delphi Method at American Hoist and Derrick", *Interfaces* 7, mayo de 1977, págs. 18-27.

[8] **Bender, A. D., Strack, A. E., Ebrigth, G. W. y Von Halter, G.**, "Delphic Study Examines Developments in Medicine", *Futures* 1, junio de 1969, págs. 280-303.

equipo eran investigadores o practicantes de biomedicina y áreas relacionadas. Ninguno era empleado de la empresa. Originalmente fueron entrevistados 111 expertos, de los cuales 78 estuvieron de acuerdo en participar. Participaron 42 en la primera fase del estudio y 35 en la segunda fase.

La primera vuelta consistía en el envío a los participantes de una breve definición de los cinco campos en que la compañía estaba interesada (investigación biomédica, diagnóstico, terapia médica, atención de la salud educación médica). Se les pidió que anotaran los descubrimientos, la apertura de nuevos senderos, los cambios de métodos (siempre que fueran importantes), y los acontecimientos que podrían ocurrir en cada uno de los campos en los siguientes cincuenta años. Los directores del estudio reunieron entonces los 867 sucesos, muchos de los cuales eran muy similares, en 209 acontecimientos.

La segunda vuelta implicaba enviar a los participantes la lista de los 209 acontecimientos y se les pedía que estimaran la fecha en la cual existía un 50% de probabilidades de que el acontecimiento ocurriera y la fecha en la que tuvieran por lo menos un 90% de certeza de que tal suceso pudiera ocurrir. A los expertos que pensaran que el acontecimiento no ocurriría en el transcurso de los siguientes 50 años se les pidió que marcaran la columna que decía "nunca". Los directores del estudio entonces tomaron estas respuestas y las resumieron.

El resumen de los resultados de este estudio delphi se presentó en dos formas. La primera era un diagrama de cada acontecimiento donde se mostraba la proporción de participantes que habían escogido fechas diversas en que el acontecimiento ocurriría según probabilidades del 50% (o del 90%) con seguridad. Sólo se incluyeron aquellos acontecimientos para los cuales existía un cierto consenso. Éste fue definido como el consentimiento de el 60% de los expertos por lo menos, acerca de que el acontecimiento tenía un 50% (o un 90%) de probabilidades de ocurrir dentro de un periodo particular de diez años.

La segunda forma del resumen consistía en *escenarios*, o descripciones de los diversos acontecimientos que tendrían lugar en un campo determinado en un momento determinado. Esta forma se dedujo de la primera al escoger una fecha determinada y observar de los diversos diagramas cuáles acontecimientos sería más probable que tuvieran lugar en aquel tiempo.

Otra información obtenida durante la segunda vuelta era la necesidad médica y la conveniencia socioética del acontecimiento descrito. Aunque no se indica si esta información fue resumida, puede haber sido útil para los planificadores de la empresa identificar cuáles acontecimientos podrían tener tras de sí recursos profesionales, sociales o económicos.

Otra aplicación publicada de la técnica se ocupaba de pronosticar los adelantos que tendrían lugar en la tecnología. Este estudio tuvo lugar en una gran empresa dedicada a actividades aeroespaciales.[9] Los participantes fueron 135 científicos e ingenieros escogidos por los mandos intermedios entre los más de 6 000 que trabajaban para la organización. La finalidad del estudio era ayudar a los gerentes de investigación y desarrollo a modificar sus planes a largo plazo. Estos planes se sometieron posteriormente a la evaluación habitual por los ejecutivos, con el fin de determinar lo bien que encabajan con los planes y objetivos de la corporación.

En la primera vuelta, cada miembro del equipo fue asignado a una de catorce categorías tecnológicas y se le pidió que hiciera una lista de los probables acontecimientos técnicos dentro de esa categoría, que podrían ejercer un impacto importante sobre la compañía. Además, se pidió al participante que ponderara cada acontecimiento sobre la base de los siguientes factores:

1. *Conveniencia desde el punto de vista del cliente* (esto es, reflejar la demanda potencial del mercado). Se utilizó una escala de respuestas de tres puntos: "se necesita con urgencia", "conveniente" e "inconveniente pero posible".

2. *Viabilidad desde el punto de vista del productor* (esto es, reflejar la viabilidad y la dificultad de alcanzar desarrollos previos). También se utilizó una escala de tres puntos: "sumamente viable", "probable" e "improbable pero posible."

3. *Oportunidad.* La fecha a la que correspondería una probabilidad de que el suceso ocurra, del 10%; la fecha a la que correspondería una probabilidad de que el suceso ocurra, del 50%, y la fecha a la que correspondería una probabilidad que el suceso ocurra, del 90%.

La primera vuelta produjo 2 100 acontecimientos previstos. Cuatro revisiones, realizadas principalmente por gerentes técnicos de nivel medio, eliminaron los acontecimientos duplicados, los triviales y los no relevantes y redujeron la lista a 1 186 conceptos.

En la segunda vuelta, a cada participante se le envió una lista de aquellos conceptos que guardaban relación con su categoría tecnológica o con otra estrechamente relacionada con ella. De nuevo se les pidió que determinaran la conveniencia y la viabilidad de tal acontecimiento, así como la probabilidad de que ocurriera alguna vez. Después se les pidió que supusieran que el acontecimiento de hecho ocurriría, y que indicaran las tres fechas por las cuales el suceso tenía un 10%, un 50% y un 90% de probabilidades de ocurrir. Finalmente se les pidió que indicaran su grado de familiaridad con la teconología necesaria para emitir las opiniones requeridas.

9 **Pyke, D. L.**, "A Practical Approach to Delphi", *Futures* 2, junio de 1979, págs. 143-152.

La tercera y última vuelta comprendió sólo a aquellos participantes que calificaron su familiaridad como "excelente" en lugar de "aceptable" o "buena" y que, debido a que su respuesta sobre uno o más parámetros, estaba fuera de límites arbitrariamente establecidos, pensaban que tenían información con la que no contaban por lo general los demás miembros del equipo. Estos miembros del equipo recibieron los resultados resumidos de la segunda vuelta, más una nota "de desafío". La nota recalcaba aquellas preguntas sobre las cuales su estimación estaba lejos de ser la norma, y solicitaba la información que podría haber causado que su estimación fuera lo que era. Si, después de haber visto las estimaciones resumidas de la segunda vuelta, deseaban revisar sus estimaciones, podían hacerlo, pero no se les presionaba para que lo hicieran. Además, podían explicar sus estimaciones de la segunda vuelta pero no se les presionaba para proceder así. Durante este proceso guardaban completo anonimato. Cuando se terminó esta vuelta, sus resultados fueron incorporados en la información obtenida en la segunda vuelta.

El resumen del estudio tenía naturaleza numérica. Las tres respuestas posibles sobre conveniencia y viabilidad recibieron la puntuación de $+1$, 0 y -1. Se informó acerca del promedio de estos valores para cada acontecimiento, como la probabilidad promedio de que ocurriera el suceso. También se proporcionó la media de las fechas de probabilidad, de .1, .5 y .9 y se incluía un asterisco si una o más opiniones minoritarias de uno de los expertos desafiados estaba disponible en un apéndice separado. Se preparó un volumen especial de informe que contenía los resultados de cada uno de los catorce equipos tecnológicos. Además, todos los datos se mantuvieron como un sistema de información gerencial que permitía a la administración recibir respuestas a preguntas tales como "¿Cuáles son los acontecimientos en el campo de los materiales compuestos que tienen un índice de conveniencia mayor de .2 y una fecha probable de ocurrencia de .5 en 1985 o antes?"

Variaciones de la técnica, procedimiento general y análisis

Aunque ninguna de las dos aplicaciones demostró el hecho, la versión originalmente concebida y frecuentemente instrumentada de la técnica delphi proporciona retroalimentación a todos los participantes acerca de los resultados de la vuelta anterior. A la luz de la información que ellos tienen entonces acerca de las opiniones de otros sobre el asunto que se tiene a mano, también se les pide que emitan un nuevo juicio o que conserven su juicio original. Esta retroalimentación y solicitud de otro paso en el juicio se puede repetir varias veces, pero en la práctica real es raro que se repita más de una vez.

Existen dos finalidades de esta repetición de vueltas que implican retroalimentación y oportunidad de revisar juicios. Una de ellas es aumentar el grado de acuerdo o de consenso entre los expertos. La otra es aumentar la exactitud o la calidad de la respuesta general del grupo.

La investigación y la experiencia han demostrado que la primera finalid se alcanza invariablemente. La variación entre las respuestas de los participantes se reduce con más respuestas cerca del promedio del grupo en las vueltas posteriores. Resulta que la segunda finalidad se logra sólo si existe alguna variación entre los participantes sobre lo enterados que piensan que están acerca de la cuestión. Los participantes que se consideran menos enterados tienden a revisar sus juicios ulteriores respecto al promedio del grupo que los que se consideran a sí mismos como bien enterados. Así la tendencia es que el promedio del grupo cambie en la dirección correcta.

Algunas veces la retroalimentación en estas repeticiones es más que un resumen numérico de lo que fueron las estimaciones generales del equipo en la vuelta anterior. En ocasiones es un diagnóstico (esto es, contiene las explicaciones de varios miembros del equipo acerca de por qué expresaron los juicios presentados). Tal procedimiento tiende a ocasionar que los miembros del equipo revisen sus opiniones en dirección de aquellos miembros que tienen argumentos más convincentes. Esto, por lo general, aumenta la calidad del juicio definitivo del grupo.

El hecho de que este procedimiento de repetición no se haya seguido en las dos aplicaciones descritas muestra que son posibles las variaciones de la técnica delphi, y en ocasiones incluso son deseables. Como ejemplo, algunas aplicaciones de la técnica delphi tienen lugar con teléfonos conectados a un sistema de registro controlado por computadora, de manera que los participantes pueden recibir instrucciones y retroalimentación del monitor y hacer o contestar preguntas de otros participantes, según lo prefieran. En algunas aplicaciones, la repetición de vueltas se eliminó, como en el primer estudio analizado. Aunque tuvieron lugar dos vueltas, no se hizo intento alguno de utilizar la retroalimentación para alcanzar el consenso o para mejorar la exactitud. Algunas autoridades afirman que un estudio no debería considerarse como aplicación de la técnica delphi a menos que tenga todas las características de la técnica original, es decir, la oportunidad de que todos los miembros del equipo revisen sus juicios a la luz de la retroalimentación acerca de cómo otros miembros contestaron a la misma pregunta. Otros afirman que es mejor ser liberales en el uso del término, y no crear toda una lista de términos para cubrir todas las posibles variaciones de las características típicas. Nosotros seguiremos este último punto de vista.

Teniendo presentes estos comentarios, resumamos el procedimiento general en los siguientes seis pasos.

Paso 1. Defina el problema para el cual la técnica delphi constituye una solución, y diseñe un cuestionario. El definir explícitamente el problema ayuda en el diseño del cuestionario, al proporcionar un criterio para evaluar las preguntas que deben incluirse. El diseño de un cuestionario es una actividad decisiva porque los participantes pueden ser, o bien incapaces de pedir que se aclaren preguntas, o inclinarse a no hacer tales preguntas. Asimismo, un cuestionario bien diseñado asegura que se ha reunido toda la información necesaria. Si el tiempo lo permite, el cuestionario debe ser probado previamente.

Paso 2. Determine quién debe participar en el proceso delphi, y solicite su participación. Los participantes en un proceso delphi suponen una determinante básica para la utilidad de la información obtenida. El número de expertos que intervengan estará en función de los criterios utilizados para identificar "expertos", los estímulos utilizados para hacer participar a dichos expertos, y los recursos (por ejemplo, apoyo del personal para procesar cuestionarios) disponibles para realizar el estudio.

Paso 3. Envíe por correo a todos los participantes el material de los antecedentes así como el cuestionario de la primera vuelta.

Paso 4. Tabule y resuma los resultados del cuestionario de la primera vuelta, y diseñe el cuestionario de la segunda vuelta.

Paso 5. Envíe por correo a los participantes los resúmenes correspondientes, los mensajes de retroalimentación y el cuestionario de la segunda vuelta.

Paso 6. Analice los resultados del cuestionario de la segunda vuelta. Si son necesarias vueltas adicionales de cuestionarios, pueden repetirse los pasos 4 y 5.

Quienes apoyan la técnica delphi sugieren que existen por lo menos cinco situaciones en donde tiene ventajas sobre otras alternativas, para obtener sistemáticamente los juicios de los expertos. Las situaciones son:

1. Cuando las personas necesarias para aportar conocimientos al examen de un problema complejo no tienen historia de una comunicación adecuada, y se debe estructurar el proceso de comunicación con el fin de alcanzar la comprensión.
2. Cuando el problema es tan amplio que se necesita un número mayor de individuos de los que puedan interactuar significativamente en un intercambio cara a cara.
3. Cuando la falta de acuerdo entre las personas es tan seria que el proceso de comunicación debe obtenerse por medio de un tercero.
4. Cuando el tiempo es escaso y los individuos implicados o las distancias geográficas son grandes o ambas cosas a la vez, por lo que son difíciles las reuniones frecuentes del grupo.
5. Cuando un proceso suplementario de comunicación del grupo pudiera hacer aumentar la eficiencia de una reunión subsecuente cara a cara.

RESUMEN Y PANORAMA

En este capítulo se describieron tres técnicas que sirven para superar o eludir las fuerzas y las tendencias contraproductivas que a menudo interfieren con la efectividad de los grupos de decisión. Las técnicas son útiles cuando las circunstancias especiales de la situación de decisión sugieren que la aplicación de las guías del capítulo 10 no responden plenamente a las dificultades a las que podría enfrentarse el gerente.

EJERCICIOS

1. Utilice la técnica de la tormenta de ideas individual en usted mismo. Proporciónese un problema por escrito, y trabaje en la generación de sus ideas durante diez minutos. Determine los méritos de la técnica en su "aplicación" particular.
2. Recuerde una situación de grupo que usted mismo haya observado en donde la falta de control haya producido un bajo rendimiento del grupo o una baja satisfacción del miembro. ¿Serían útiles algunas de las tres técnicas, o modificaciones de ellas? De no ser así, describa aspectos de la situación que habrían interferido con el hecho de ser útiles.
3. Piense en una situación de decisión en donde la técnica delphi sería útil, y complete el paso 1 de la técnica.

REFERENCIAS BIBLIOGRÁFICAS

Basu, S. y Schroeder, R. G., "Incorporating Judgements in Sales Forecasts: Aplication of the Delphi Method at American Hoist and Derrick", *Interfaces* 7, mayo de 1977, págs. 18-27.

Bender, A. D., Strack, A. E., Ebright, G. W. y Von Halter, G., "Delphic Study Examines Developments in Medicine", *Futures* 1, junio de 1969, págs. 289-303.

Delbecq, A. L., Van de Ven, A. H. y Gustafson, D. H., *Group Techniques for Program Planning*, Scott, Foresman and Company, Glenview, Ill., 1975.

Dunnette, M. D., Campbell, J. y Jaastad, K., "The Effect of Group Participation on Brainstorming Effectiveness for Two Industrial Samples", *Journal of Applied Psychology* 47, febrero de 1963, págs. 30-37.

Osborn, A. F., *Applied Imagination,* Charles Scribner's Sons, Nueva York, 1957.

Pyke, D. L., "A Practical Approach to Delphi", *Futures* 2, junio de 1970, págs. 143-152.

Souder, W. E., "Effectiveness of Nominal and Interacting Group Decision Processes for Integrating R & D and Marketing", *Management Science* 23, febrero de 1977, págs. 595-605.

Taylor, D. W., Berry, P. C. y Block, C. H., "Does Group Participation When Using Brainstorming Facilitate or Inhibit Creative Thinking?" *Administrative Science Quarterly* 3, junio de 1958, págs. 23-47.

12 Cómo predecir las decisiones de la organización y cómo influir en ellas[1]

En el capítulo 1 afirmamos que el propósito del presente libro era "ayudar a los gerentes a mejorar sus decisiones así como las decisiones de sus subordinados y colegas". Como lo demostraron los capítulos subsecuentes, nuestro enfoque para alcanzar este propósito fue presentar técnicas que puedan ayudar a los individuos y a los grupos a superar las limitaciones intelectuales y los comportamientos contraproductivos que tienden a reducir la calidad de sus decisiones. Repetidamente advertimos que tanto los estudios científicos como la experiencia gerencial han demostrado que el uso de las técnicas, o incluso de versiones, resumidas de esas técnicas, pueden aumentar la calidad de la decisión.

Los capítulos 4 a 11 se concentraron en mejorar las decisiones mediante el uso de técnicas formales auxiliares de la decisión. Existen otros factores (además del uso de las técnicas formales) que influyen en las decisiones tomadas en la organización y las predicen. La siguiente sección del presente capítulo se ocupa de estos factores: los botones y llaves que controlan los resultados de las decisiones de la organización. La sección subsecuente y la última constituyen un panorama integrador del libro.

LOS BOTONES Y LAS LLAVES

Todos nosotros hemos observado decisiones organizacionales que parecían no tener sentido. "Nunca entenderé cómo escogieron esta

---

[1] Una decisión organizacional es una decisión tomada en nombre de una organización, por un miembro o miembros de la misma. Los criterios utilizados para tomar tal decisión por lo regular reflejan tanto las metas establecidas por la organización como las metas personales de los encargados de tomar decisiones. La importancia relativa concedida a las diversas metas y criterios varían considerablemente con la situación.

tontería", es una exclamación desesperada que frecuentemente se deja oír. En muchos casos el que habla acaba de encontrar que su predicción de lo que sería la elección era equivocada, y en consecuencia también lo fue su planificación. En otros casos, la alternativa que fue considerada como mejor no fue la escogida por la organización. En cualquier caso, los resultados incluyen decepciones, así como una pérdida de recursos y de impulso.

La finalidad del presente capítulo es revisar algunos de los factores que determinan las decisiones de la organización y proporcionar alguna asesoría práctica sobre cómo utilizar estos factores para *predecir* e *influir* sobre tales decisiones. Si aumentamos nuestra habilidad de hacer una y otra cosa, podemos ser al mismo tiempo más útiles para nuestros colegas y obtendremos mayor éxito en llevar adelante las metas de nuestra profesión.

Existen, desde luego, muchas determinantes en las decisiones de la organización. Discutiremos cinco de las más importantes. Cada una de ellas satisface dos criterios. Uno es que los estudios científicos han demostrado que afecta a las decisiones organizacionales, el otro es que conduce a estrategias operativas.

1. Disponibilidad de alternativas conspicuas

Probablemente no hay nada que esté más estrechamente asociado con la probabilidad de que sea escogida una alternativa particular, como la seriedad de esa alternativa en la mente del que toma las decisiones. La investigación demuestra que las alternativas conspicuas son las que, en general se escogen con mucha mayor frecuencia de lo que su naturaleza merece. Este hallazgo se deduce del hecho de que la mayoría de las personas y de las organizaciones tienden a no buscar alternativas con el suficiente interés y que, en cambio, realizan una búsqueda excesiva de información que apoye sus elecciones anteriores (que a menudo están relativamente poco informadas). Nosotros y nuestras organizaciones tendemos a ser buscadores perezosos y no consideramos como debiéramos el costo de la búsqueda como una inversión para obtener lo que podría ser un mejor resultado.

Hace cincuenta años un consejo que se daba frecuentemente a los jóvenes que iniciaban sus carreras en el campo de los negocios era: "Hijo, consíguete un escritorio cerca de la oficina del presidente de la compañía". En aquellos días la gente se apoyaba en la experiencia y en la observación para llegar a ese conocimiento, un ejemplo de lo que la investigación nos ha demostrado desde entonces como un fenómeno generalizable: los que toman decisiones tienden a escoger la alternativa conspicua.

Dado este hecho, ¿qué podemos hacer para llevar adelante los objetivos de nuestra unidad organizacional o a nosotros mismos? Una estrategia es asegurarnos de que la alternativa favorecida (por ejemplo, nuestro producto o nosotros mismos) es conspicua. La táctica con la cual esto puede lograrse mejor no puede ser identificada en abstracto; el procedimiento particular para hacer algo conspicuo debe ser específico a la situación de decisión, pero debemos aclarar algo: en muchas situaciones, cuando nosotros, o nuestro departamento, llegamos al momento de presentar con fuerza nuestra alternativa, ya es demasiado tarde, la decisión ha sido tomada.

No podemos darnos el lujo de reaccionar sólo ante los procesos de elaboración de decisiones. En muchas situaciones también debemos ser diligentes. Por ejemplo, no siempre podemos esperar que se presente una solicitud para concursar o una proposición, antes de que el cliente se entere de nuestros productos o de nuestros méritos. En muchos casos, la elección del comprador estará ya tomada antes de obtener la proposición o de solicitarla. Debemos hacer que nuestras alternativas favorecidas sean conspicuas en la mente de la gente que podría tomar decisiones en el futuro. Eso, desde luego, es lo que la publicidad de los medios masivos de comunicación trata: las futuras compras. Debemos advertir que, especialmente en las situaciones de decisión menos formales, una "decisión", en muchos aspectos, es simplemente la intersección casi aleatoria de un problema en busca de una solución y de una solución en busca de un problema. Necesitamos tener la certeza de que nuestra alternativa favorecida es una de las soluciones más activas y conspicuas que existen en busca de problemas.

Debemos presentar aquí una nota de advertencia. Indudablemente existen circunstancias en donde la conspicuidad se convierte en abrasiva o impetuosa y, si bien podemos ganar nuestra meta a corto plazo, perjudicaremos nuestras relaciones con los que están encargados de tomar decisiones a largo plazo. También aquí, la táctica exacta que se utilice dependerá de la situación. Hay un método que consiste en que la gente enterada de nuestra alternativa en términos generales después se entere de ella en términos particulares, cuando sea el momento en que se haga la elección (suponiendo que el proceso señale que se está cerca del punto de la elección). Puede decirse con seguridad que las alternativas que carecen de seriedad raras veces se escogen, de modo que debemos hacer lo que podamos por tener la certeza de que nuestras soluciones preferidas no son poco serias.

Muy bien, dirá el lector, he captado el mensaje y soy lo suficientemente listo para figurarme cómo instrumentarlo, pero ¿qué sucede si sabemos que el que toma decisiones ha comenzado ya a concentrarse en alguna otra alternativa, que no es la que pensamos que debe escogerse? ¿Cómo podemos competir? ¿Cómo podemos superar los efectos de esta "ley natural" cuando opera en contra de nosotros? Éstas son preguntas importantes que pueden ser contestadas. Sin embargo, seremos más capaces de contestarlas después que hayamos revisado algunas de las otras condiciones que afectan las decisiones. Hagamos esto a un lado, por el momento, y pasemos a familiarizarnos primero con una serie más amplia de factores que afectan a las decisiones que se toman en la organización.

2. Tiempo disponible para tomar la decisión

En general, los que toman decisiones tratan de resolver sus problemas con soluciones "viejas y probadas" que han servido bien en otras ocasiones y que parecen adecuadas al nuevo problema de hoy. Este método se utiliza con frecuencia debido a que minimiza el tiempo requerido para tratar con el problema.

Como puede verse, de nuevo hemos destacado la importancia de la conspicuidad, pero también hemos resaltado el hecho de que el tiempo disponible para tomar la decisión es un factor poderoso que influye en la cantidad de información que se busque y tendrá que ver en el proceso de toma de decisiones. Esto es válido sobre todo con respecto a la información concerniente a la disponibilidad de alternativas. Si hay poco tiempo disponible, ya sea por causa de plazos o por cargas de trabajo, se tenderá a buscar pocas alternativas. Así podemos predecir que en una situación en donde el tiempo es escaso, será más fácil que se escojan las alternativas fácilmente identificables o disponibles. Suponiendo que sabemos cuáles de las posibles soluciones son conspicuas, y por lo regular nuestra experiencia y nuestros asesores nos lo harán saber, podemos predecir las elecciones de la organización cuando el tiempo para tomar decisiones es limitado.

Si bien en general no deseamos que se apresure a los que toman decisiones, la necesidad de proceder con rapidez aumenta nuestra capacidad de predecir resultados. También puede ser causa de que se adopten nuestras soluciones preferidas si figuran en la serie más conspicua. Así, si sabemos que la alternativa que consideramos mejor es también la que tiene más probabilidades, entonces no debemos hacer nada que alargue el tiempo necesario para tomar la decisión. En cambio debemos intentar hacer todo lo posible (dentro de los límites de la ética, del buen gusto y de nuestras futuras relaciones con la gente que participa en la operación) para lograr que el periodo de decisión termine.

3. Ambigüedad relativa asociada con diversos datos

Cuando los que toman decisiones utilizan información, no lo hacen de una manera uniforme. Hay cierta información que tiene mayor impacto que otra. La investigación demuestra que los datos difíciles de obtener producen un efecto más fuerte que los datos que se han obtenido con facilidad, y que los datos no ambiguos ejercen un efecto mayor que los ambiguos o menos fáciles de interpretar. En consecuencia, podemos suponer que, si permanecen iguales todas las demás cosas, las soluciones que dependen mucho de los datos de difícil interpretación tenderán a ser escogidas con preferencia a las soluciones cuya dependencia es alta en cuanto a datos ambiguos. Es cierto que hay otros factores que afectan la importancia relativa de los datos además de su relativa ambigüedad. Con todo, la ambigüedad asociada con datos que son claves en potencia puede constituir un indicador al predecir las elecciones de la organización.

¿Cómo podemos utilizar el conocimiento de que la ambigüedad es un factor determinante de las decisiones? Pueden utilizarse diversas estrategias. Una de ellas es asegurarse de que la alternativa que favorecemos es tan buena como posiblemente pudieran serlo las que se vean a la luz de criterios cuantitativamente determinados. Otra que no podemos pasar por alto es dudar de la pertinencia o utilidad de las series de datos en los cuales nuestro producto o nuestra proposición no sobresale. Finalmente, si el tiempo y la búsqueda adicional de información reducen la ambigüedad asociada con los criterios que favorecen lo que consideramos la mejor alternativa, entonces debemos estimular el gasto de ese tiempo y ese esfuerzo de búsqueda. Ésto, desde luego, también debe hacerse dentro de los límites de la ética profesional y del buen gusto.

El problema de que los criterios se ponderen en parte por la ambigüedad asociada con los datos relevantes tiene implicaciones para el papel de la política de la organización en la toma de decisiones. Trataremos ahora este importante tema.

4. La influencia y el interés de las personas poderosas

Todos sabemos de situaciones en donde lo que parecía ser la mayor solución sobre bases técnicas o económicas no se escogió debido a razones políticas. Y todos conocemos casos en donde los argumentos técnicos y económicos o bien superaron a los argumentos políticos o pareció que eran los únicos considerados. Aquí nos interesa poder predecir cuándo dominarán la decisión los criterios no políticos y cuándo predominarán los criterios políticos.[2] Una vez con este conocimiento, estamos en mejores condiciones de predecir los resultados y los procesos de decisión, así como de escoger nuestra estrategia para afectarla.

---

[2] Antes de redactar estas líneas, el autor se dedicó parcialmente durante dos años a realizar determinadas gestiones con la legislatura de Wisconsin. La presente subsección actual refleja en particular no sólo la literatura de la organización sino también sus propias observaciones y experiencias relativas al papel que desempeña este factor en las decisiones colectivas.

Un error que se comete frecuentemente al intentar predecir o afectar las elecciones de la organización analizando o manipulando las actitudes de personas poderosas, es suponer que estas personas están interesadas en solucionar el problema, y que están dispuestas a utilizar su influencia. No lo cometamos. La gente poderosa por lo regular está rodeada de muchos problemas, y el problema que reviste interés máximo para nosotros puede no ser de interés máximo para ellos. Además, el poder de la organización es un recurso escaso, y si bien su uso en ocasiones crea más poder, el abuso en ocasiones sólo disipa la reserva. Hay muy pocas personas dispuestas a utilizar su poder en todos los casos que se presenten. Si contamos con que la influencia de alguien ayudará a nuestra causa, debemos tener la seguridad de que esa persona está lo suficientemente interesada en utilizar su influencia. Muchos que confiaban en ello se han mostrado decepcionados. Los hemos oído: "Nos dejó plantados", o "Me dejaron que confiara y después se sentaron a observar mientras otros idiotas sacaban las ventajas". Esto, desde luego, no es la forma como lo vieron todos. La persona poderosa con la cual se contaba vio que otros problemas demandaban más su atención o que la influencia debía dejarse para ser utilizada en otra batalla. Siempre hay otras batallas.

Ahora que comprendemos mejor cuándo podría utilizarse el poder de la organización, debemos considerar cuándo será efectivo. La respuesta a la pregunta de cuándo dominarán los criterios políticos a los criterios económicos y técnicos depende hasta cierto punto del concepto de ambigüedad. Si las "puntuaciones" de las diversas alternativas son tales que no está claro cuál debe ser escogida (esto es, si existe ambigüedad en los criterios no políticos), entonces el escenario está listo para que el poder dicte su elección. Si, por otra parte, el equilibrio o el papel del poder son ambiguos, entonces los criterios no políticos tienden a dominar. El equilibrio o el papel del poder serán ambiguos en los siguientes casos: a) las coaliciones que son igualmente poderosas sostienen diferentes soluciones; b) las personas poderosas no están interesadas o están poco dispuestas a ejercer influencia; o c) la situación es tal que el uso del poder o la capitulación serían altamente visibles y violarían normas de la organización.

Algunas de las estrategias que se deducen de las anteriores observaciones son obvias. Por ejemplo, si nuestra alternativa preferida parece tener buenas probabilidades según criterios económicos o técnicos, podemos tratar de minimizar cualquier ambigüedad que pudiera haber en las puntuaciones y llegar al término antes de que puedan incidir los criterios políticos. O bien, si nuestra causa tiene un enemigo poderoso, podríamos tratar de contrarrestar a esta persona con amigos poderosos. Algunas de las estrategias, sin embargo, son un poco más sutiles. Por ejemplo, podríamos dar pasos para reducir el interés del enemigo poderoso retrasando el proceso de decisión hasta que esta persona se ocupe de otras cosas. También podríamos satisfacer su interés principal con una alteración leve a nuestro paquete de soluciones. Podríamos también hacer que el uso del poder fuera una violación de las normas de la organización al apelar a procedimientos codificados, a prácticas anteriores, a la ética profesional o a cualquier otra cosa que sea razonable.

Antes de dejar esta importante serie de estrategias, mencionemos dos que pueden ser muy efectivas para disminuir el poder de alguien que se oponga a lo que consideremos la solución mejor. Una de ellas es restringir el uso del poder al hacer que el proceso de decisión tenga un carácter más público. La publicidad no es amiga de los políticos, especialmente cuando las normas de la organización se inclinan a utilizar criterios económicos y técnicos. Así podríamos estar de acuerdo en publicar las minutas de las reuniones donde se tomaron decisiones, hacer que los superiores revisen el progreso del comité, traer observadores neutrales pero interesados en la decisión, o bien celebrar sesiones públicas. La segunda estrategia es diluir el poder al ampliar el grupo de toma de decisiones con elementos neutrales y propugnar por que se aplique la regla de que a un hombre corresponde un voto, o regla de consulta. Estas dos estrategias tienen la ventaja adicional de reducir el nivel del conflicto, meta por la cual se esfuerzan a menudo los involucrados en organizaciones progresistas.

5. Disponibilidad de recursos

Todo el mundo sabe que las limitaciones sobre los recursos disponibles para resolver un problema permiten que algunas alternativas continúen como contendientes y hacen que otras alternativas sean eliminadas. Por ello debemos tratar de adecuar nuestra alternativa a las restricciones de los recursos. Si la situación lo demanda, sin embargo, debemos tratar de diseñar o de rediseñar las restricciones para que se adecuen a nuestra alternativa.

Aunque se trata de estrategias útiles, no necesitamos insistir en ellas dado que forman parte de nuestros conocimientos generales. En cambio, debemos dedicar tiempo a examinar algunas de las implicaciones más sutiles de las limitaciones de los recursos.

Una de ellas es que cuando existe un cambio adverso en el equilibrio entre recursos y problemas (esto es, cuando hay menos recursos y los mismos problemas, o los mismos recursos y más problemas), entonces la competencia por los recursos para resolver problemas aumenta. Esto conduce a incrementos en los conflictos dentro de la organización y tiende a impulsar a los que toman decisiones, lejos del uso de estrategias de solución de problemas y a aproximarlos hacia el uso de otras que sean competentes como la negociación y la politiquería. Estas estrategias aumentan la propensión al uso de poder. Así, con finalidades de predicción, podríamos decir que con un cambio adverso en el equilibrio de los recursos para resolver problemas, esperaríamos que el poder desempeñara un papel más importante en la toma de decisiones.

Otra implicación sutil de las limitaciones en los recursos es que si nuestra solución favorita al problema excede a los recursos disponibles para resolver éste, puede ser lo suficientemente grande para resolver otros. Sus soluciones junto con la del primer problema justificarían el excederse en la limitación original de recursos. Así, una táctica común de los vendedores es proponer una costosa parte del equipo y después señalar que resuelve problemas que no sabíamos que teníamos. Tal vez tiene "capacidad de reserva" o "capacidad para ajustarse a nuestras crecientes necesidades". Para generalizar la conducta del vendedor, podemos decir que una estrategia útil hace que nuestra alternativa favorita en realidad sea como una cartera de soluciones que resuelven problemas múltiples, todos ellos importantes, y que, en conjunto, estos problemas justifican el gasto de los recursos agregados.

En párrafos anteriores, al tratar de la disponibilidad de alternativas conspicuas, aceptamos manejar la cuestión de qué se debe hacer cuando una alternativa que consideramos que no es la mejor tiene la mayor probabilidad de ser escogida (es decir, corresponde a la alternativa más conspicua). Ahora tenemos algunas respuestas. Una de ellas es prolongar el tiempo disponible para tomar decisiones de manera que las otras alternativas probablemente reciban un escrutinio más a fondo y así se hagan más conspicuas. Una segunda es identificar ambigüedades en los datos o en la lógica que apoya la alternativa que tiene más probabilidades. Una tercera es tratar de alterar la distribución de poder que se hace incidir en el proceso de decisión. La cuarta es ocasionar que el ajuste entre los recursos disponibles y las alternativas que se consideran se altere en favor de la alternativa que consideramos mejor. Esto puede hacerse al señalar que puede satisfacer más necesidades que la alternativa conspicua, o que es suficiente pero no demanda tantos recursos de la organización.

Suponiendo que somos profesionales competentes y bien intencionados, va en el mejor interés de nuestra propia unidad y de nuestra organización matriz que seamos partidarios de predecir e influir en las decisiones de la organización. Existen varios factores que son útiles para realizar estos dos procesos. Entre ellos figuran los siguientes: 1. la disponibilidad de alternativas conspicuas, 2. el tiempo disponible para tomar la decisión, 3. la ambigüedad relativa asociada con diversos datos, 4. la influencia y el interés de personas con poder, y 5. la disponibilidad de recursos. La intención de la presente sección fue describir estrategias que podrían ser útiles en el empleo de estos factores como mecanismos para predecir e influir (dentro de los límites de la ética profesional, del buen gusto y de la continuidad de relaciones) en las decisiones de la organización. A continuación ofrecemos un panorama breve e integrador del libro.

Panorama integral

En el presente libro examinamos diversas técnicas para ayudar a la decisión. Cada una de ellas ha demostrado ser útil en el mejoramiento de las decisiones de personas, grupos u organizaciones. En estos últimos párrafos revisaremos brevemente el contenido de cada uno de los capítulos de la obra y recalcaremos algunas de las relaciones integradoras que existen entre las técnicas que se presentaron en los diferentes capítulos.

Los capítulos 1 y 2 fueron de naturaleza introductoria, y el capítulo 3 examinó algunas de las dificultades a las que se enfrentan los gerentes cuando toman decisiones. En los capítulos 4 y 5 encontramos por primera vez una técnica formal auxiliar de la decisión. En estos capítulos en particular fue donde discutimos el uso de modelos de utilidad multiatributo como mecanismos para superar algunas de las limitaciones intelectuales del encargado de tomar decisiones, individualmente considerado, cuando se enfrenta con un problema de múltiples criterios. Nuestra finalidad aquí es destacar que los conceptos y los procedimientos asociados con esta técnica, aun cuando fueron presentados en el contexto de las decisiones individuales, son útiles también para auxiliar en la toma de decisiones grupales y organizacionales.

Los recursos visuales asociados con esta técnica (por ejemplo, las curvas de utilidad y las tablas de rendimientos) también son válidos en los escenarios de decisión grupales y organizacionales, en donde pueden utilizarse como auxiliares tanto en la comunicación como en la identificación de fuentes de confusión o de causas de desavenencia. Cuando se emplean en este último papel diagnóstico, los modelos y los recursos pueden ser útiles para identificar ya sea la información necesaria para reconciliar diferencias de opinión, o la naturaleza de alternativas que satisfarían a todas las partes interesadas.

En los capítulos 6 y 7 analizamos el uso de las matrices de decisión y árboles de decisión como herramientas para tratar, de una forma sistemática, la incertidumbre y el riesgo. Como en el caso de los modelos MAU, los recursos visuales asociados con estas técnicas son también útiles como auxiliares de la comunicación y de diagnóstico en los escenarios de decisión grupales y organizacionales. Además, debemos advertir que el concepto "valor de la información" del capítulo 7 puede ser útil cuando los grupos u organizaciones intentan decidir en qué momento deben terminar su búsqueda de información y dedicarse a hacer una elección. Por ejemplo, si consideramos que el proceso de decisión debe hacerse más lento, podríamos sugerir que parte del análisis se dirigiera a determinar si la información adicional sería efectiva con respecto a los costos. Si consideramos que se dedica tiempo a obtener información innecesaria, podríamos utilizar un análisis de árbol de decisión para examinar y desafiar la efectividad en cuanto al costo de la búsqueda de información propuesta o ya emprendida.

En los capítulos 8 a 11 examinamos técnicas para manejar gupos auxiliares de decisión. En particular advertimos que un método para ganar aceptación para las decisiones es hacer participar a la gente en los análisis que conducen a estas decisiones. La estrategia que sugiere esto es el uso de grupos como asesores en el empleo de auxiliares de la decisión que aquí presentamos por su utilidad para los que toman decisiones individuales. Por ejemplo, las técnicas de los capítulos 8 a 11 pueden ser utilizadas con ventaja para manejar grupos que emplean las técnicas analíticas de los capítulos 4 a 7, como en el diseño de tablas de rendimientos, en la determinación de curvas de utilidad o en el desarrollo de la forma y el contenido de árboles de decisión. Así, las técnicas de grupo pueden ser útiles en el empleo de las técnicas analíticas y las técnicas analíticas pueden ser útiles en el manejo de grupos.

Finalmente, en este capítulo analizamos estrategias y tácticas para predecir e influir en las decisiones de la organización. Una revisión de esto muestra que las elecciones de la organización están determinadas tanto por la información disponible como por el proceso de decisión utilizado. Como las técnicas de los capítulos anteriores representan procesos de decisión y debido a que influyen notablemente en la información que se hace incidir sobre los problemas, su uso tiende a producir un poderoso efecto sobre las decisiones de la organización. En particular, las técnicas de los capítulos anteriores afectan a las decisiones de la organización en las siguientes formas:

1. Tienden a conducir a la identificación de un mayor número de alternativas, por lo que reducen la propensión a escoger la alternativa más conspicua.
2. Tienden a aumentar el periodo de tiempo utilizado para tomar una decisión debido a que identifican la necesidad de información que en otras condiciones no podría buscarse. Por otra parte, cuando las decisiones se demoran por causa de conflicto o de confusión, el uso de estas técnicas puede a menudo reducirlos, lo cual lleva a una decisión más rápida.
3. Tienden a reducir la ambigüedad asociada a determinados datos (por ejemplo, las probabilidades subjetivas generadas en el capítulo 7 son menos ambiguas que la frase "razonablemente probable"). También tienden a reducir la ambigüedad respecto de

cualesquiera datos ya que claramente especifican el papel de estos datos en el proceso de decisión.

4. Tienden a redistribuir el poder entre las partes interesadas, al dar más poder a los que proporcionan la información utilizada en los modelos y menos poder a aquéllos cuyas metas no se reflejan por los criterios utilizados en los modelos o procesos.

5. Tienden a aumentar las relaciones entre las decisiones de la organización y los recursos de la misma. Por ejemplo, las curvas de utilidad cuantifican los beneficios que se recibirán por cada uno de los incrementos adicionales de recursos, y los árboles de decisión identifican el valor de la información para la organización. La programación explícita de las reuniones y de las actividades de los grupos de decisión vincula el tiempo que se empleará con el tiempo que hay disponible.

En esencia, estos últimos párrafos nos dicen que el uso de las técnicas auxiliares de la decisión presentadas en este libro tienden a racionalizar y a mejorar las decisiones de la organización tanto en forma directa como indirecta.

RESUMEN Y PANORAMA

En este punto parece haber unas cuantas ideas que requieren repetición. Una es que nuestras carreras y nuestras satisfacciones personales pueden aumentar en forma notable si mejoramos nuestras tomas de decisiones. Las buenas decisiones conducen a resultados exitosos sobre los cuales podemos construir. Las malas decisiones conducen a horas y días consumidos en la actividad reparadora, y a oportunidades diferidas. Existe una gran brecha entre lo que es la calidad promedio de nuestras decisiones y lo que podría ser.

La segunda idea es que las técnicas descritas en el presente libro pueden ser valiosos auxiliares al ayudar a los gerentes a mejorar sus decisiones, así como las decisiones de sus subordinados, colegas, y de las organizaciones. Cada una de las técnicas ha sido sometida a prueba y ha demostrado ser útil tanto para los científicos de la decisión como para los gerentes de las organizaciones.

La tercera reflexión es que el autor ha disfrutado con la redacción del presente libro y espera que el lector haya disfrutado al leerlo.

EJERCICIOS

1. Describa una situación en donde se intentó influir en la decisión de una organización. ¿Cuál de los factores descritos en el pre-

sente capítulo se utilizó parcialmente para ello? ¿Cuánto éxito se alcanzó?

2. Identifique uno o dos factores más, aparte de los que se han analizado en el presente capítulo, que podrían ser útiles para predecir, o influir, en las decisiones de la organización. Describa las estrategias o las tácticas que podrían utilizarse en el empleo de el (los) factor (es) para influir en una decisión.

REFERENCIAS BIBLIOGRÁFICAS

Allison, G. T. "Conceptual Models and the Cuban Missile Crisis", *The American Political Science Review* LXIII, septiembre de 1969, págs. 689-718.

Beach, L. R. y Mitchell, T. R., "A Contingency Model for the Selection of Decision Strategies", *Academy of Management Review* 3 julio de 1978, págs. 439-449.

Bryan, S. E., "TEX: A Case in Policy Level Decision Making", *Academy of Management Journal* 7, marzo de 1964, págs. 54-70

Cecil, A. A. y Lundgren, E. G., "An Analysis of Individual Decision Making Behavior Using a Laboratory Setting", *Academy of Management Journal* 18, septiembre de 1975, págs. 600-604

Cohen, M. D., March, J. G., y Olson, J. P., "A Carbage Can Model of Organizational Choice", *Administrative Science Quarterly* 17, marzo de 1972, págs. 1-25.

Cyert, R. y March, J., *A Behavioral Theory of the Firm*, Prentice-Hall, Inc., Englewodd Cliffs, N. J., 1965.

Gerwin, D., "Towards a Theory of Public Budgetary Decision Making", *Administrative Science Quarterly* 14, marzo de 1969, págs. 33-46.

Lindblom, C. G., "The Science of 'Muddling Through'", *Public Administrative Review* 19, primavera de 1959, págs. 155-169.

Logsdon, J., *The Decision to Go to the Monn*, The University of Chicago Press, Chicago, 1976.

Pfeffer, J., "Power and Resource Allocation in Organizations", en *New Directions in Organizational Behavior*, Staw B. M. y Salancik, G. R. eds., St. Clair Press, Chicago, 1977, págs. 235-266.

Índice alfabético

La publicación de esta obra la realizó
Editorial Trillas, S. A. de C. V.

División Administrativa, Av. Río Churubusco 385,
Col. Pedro María Anaya, C. P. 03340, México, D. F.
Tel. 56884233, FAX 56041364

División Comercial, Calz. de la Viga 1132, C. P. 09439
México, D. F. Tel. 56330995, FAX 56330870

Se imprimió en
Impresora Publimex, S. A.
BM2 80 ASS